国外国防生物与医学领域科技发展报告

（2023）

主　　编　王　磊
执行主编　刘　伟
副 主 编　张　音　李丽娟　刘　伟

国防工業出版社
·北京·

图书在版编目（CIP）数据

国外国防生物与医学领域科技发展报告. 2023 / 王磊主编. --北京：国防工业出版社，2025. 7. -- ISBN 978-7-118-13797-2

Ⅰ. E916；E82

中国国家版本馆 CIP 数据核字第 20252TK764 号

※

国防工业出版社出版发行

（北京市海淀区紫竹院南路 23 号　邮政编码 100048）

雅迪云印（天津）科技有限公司印刷

新华书店经售

*

开本 710×1000　1/16　**印张** 22　**字数** 390 千字

2025 年 7 月第 1 版第 1 次印刷　**印数** 1—2000 册　**定价** 98.00 元

国防书店：（010）88540777　　书店传真：（010）88540776

发行业务：（010）88540717　　发行传真：（010）88540762

《国外国防生物与医学领域科技发展报告》

(2023)

编辑部

主　　编　王　磊

执行主编　刘　伟

副 主 编　张　音　李丽娟　刘　伟

发展

报告

《国外国防生物与医学领域科技发展报告》（2023）

审稿人员（按姓氏笔画排序）

王以政　杨晓明　杨瑞馥　伯晓晨　陈惠鹏
邵宁生　徐天昊　高　月　曹务春　窦桂芳

撰稿人员（按姓氏笔画排序）

丁　倩　刁佳飞　马文兵　王　磊　王常勇
王静怡　方　勇　尹荣岭　卢姗姗　刑　航
朱煜阳　刘　迈　刘　伟　刘　珺　闫群娇
孙立宁　杜思铭　杨　柳　杨　湛　李　哲
李丽娟　李晓红　李晓燕　吴飞飞　吴丽颖
张　音　张　栖　张玉龙　张向阳　张并戌
张阵阵　张莉莉　陈　婷　林　榕　岳　文
周　巍　周晴霖　郝　彤　郝继英　荆象新
胡译文　祖　勉　栾　洁　陶　克　谌　为
葛朝丽　程　鲤　谢　多　楼铁柱　詹林盛
蔡登亚　臧茹歌　廖　扬　颜　颢　薛晓芳

报告

前　言

生命科学和生物技术的飞速发展，及其与信息技术、纳米技术等交叉融合的不断深入，推动国防科技领域产生重大变革。当前，世界主要国家高度重视推进高投入、高回报的前沿科技创新，大力发展能够大幅提升军事能力优势的颠覆性技术，其中国防生物与医学技术领域取得多项进展和成果，有效提升了部队战斗力。

为帮助广大读者及时、准确、系统、全面地掌握2023年度国防生物与医学领域科技的发展动态和重点方向，军事科学院军事医学研究院牵头编写了2023年度的《国外国防生物与医学领域科技发展报告》。本报告由综合动向分析、重要专题分析和附录三部分构成。其中，综合动向分析部分对2023年国防生物与医学科技、生物安全、脑科学、军事作业医学、野战输血、战伤救治、放射医学等领域发展情况进行系统梳理；重要专题分析则针对美国国防部《生物制造战略》《生物防御态势评估》、英国《国家生物安全战略》、DARPA 2023年度生物科技项目进展、俄罗斯联邦成立生物安全委员会等热点专题展开深入研究和讨论；附录部分记录了2023年国防生物与医学科技领域新发布的战略政策和规划文件，以及发生的重大事件和重大科技进展。

本报告是在“小核心、中辐射、大外围”统一编撰思想的指导下完成的，凝聚了军内外国防生物与医学领域优势单位数十位专家学者的智慧，在此向所有参编单位及专家学者表示衷心的感谢。由于时间紧迫、水平有限，错误和疏漏之处在所难免，敬请各位读者批评指正，并提出宝贵意见。

编者

2024 年 3 月

目　录

综合动向分析

重要报告解读专题

DARPA 专题

技术发展专题

卫勤保障专题

文献计量专题

附录

发展

报告

综合动向分析

发展

报告

2023 年国外国防生物与医学领域科技发展综述

2023 年，国外主要国家在国防生物与医学领域，以推进生物防御作战能力为主线，以技术发展、组织机构调整等为抓手，加紧推进脑科学、人效增强、生物材料、生物制造、生物传感、生物安全、战伤快救、再生医学等前沿颠覆性技术创新和研发应用，着力提升士兵视听觉增强、战场环境生物威胁识别、战伤救治等军事作战能力。

一、国外国防生物与医学领域科技发展战略谋划

世界主要国家围绕未来军事作战需求，制定多层次、全方位的国防生物科技战略和规划，加强生物制造、生物安全等领域前瞻布局和战略谋划。规划建设未来生物制造生态系统，保持国防供应链韧性和弹性，以及规划未来生物防御作战能力，为未来国防生物与医学领域科技发展提供目标指引。

（一）美国开展生物防御态势评估，抢占生物安全领域战略高地

美军认为其目前面临前所未有的生物威胁，正处于生物防御的关键时刻，特别是美国国防部将中国列为其在相关领域的“关键长期威胁”，将“应对中

国带来的多领域威胁及抵御与中国在印太地区的冲突”作为优先事项。2023 年 8 月，美国国防部首次发布《生物防御态势评估》报告。该报告是继 2022 年《国家生物防御战略和实施计划》后，针对“中国威胁”做出的具体部署。其目标是打造自我维持能力，为美国生物防御提供支援，加强与盟友合作，监视和打击对手国家。提出“建立国防部层面的管理机构、加强态势感知、提升战备能力、实现快速响应、加强国际合作”等建议，注重基因改造、增材制造、生物监测、大数据、人工智能等新兴和颠覆性技术发展。

（二）美国推动生物制造战略布局，打造全球生物技术领先优势

生物制造已被美国列为保持军事优势的战略性技术，成为美国国防部乃至国家的重要发展方向。美国国防部通过专设管理机构、布局研究项目、出台相关战略等举措系统布局生物制造发展。2023 年 3 月，美国国防部发布首份《国防部生物制造战略》，该战略根据美国 2022 年《国防战略》和关于“生物技术和生物制造”的 14081 号行政令制定，旨在开发关键生物技术，快速实现原型和规模化生产，维护国防供应链的安全性，提供作战能力支持。其战略目标为构建全球生物制造生态系统，开发生物制造、合成生物学、生物材料等关键生物技术，维护美国国防供应链的安全性，进一步推进生物制造向军事应用转化。制定了支持原始创新，为满足军事需求的生物制造公司，提供早期投资技术指导；通过技术创新实现生物制造领域发展；持续迭代完善国内生物制造能力建设，构建创新支持生态等原则。该战略有助于美国在未来主导建立国际生物制造标准体系，提高国际对其产品技术的黏附力和依赖性，助力美国生物制造供应链弹性以确保国家生物安全。

（三）美国注重大规模杀伤性武器防御谋划，应对全球生物安全威胁

聚焦大国竞争，美国国防部全面考虑大规模杀伤性武器对抗风险，加

强规划、训练和技术研发，建立持久优势。2023 年 9 月，美国国防部发布新版《应对大规模杀伤性武器战略》，将中国视为“步步紧逼的挑战”，提出应对大规模杀伤性武器的 4 个战略优先事项（保卫美国国土免受大规模杀伤性武器攻击、遏制对美国及其盟友使用大规模杀伤性武器、联合部队具备在核化生环境中制胜能力、防止新的大规模杀伤性武器威胁）。该战略聚焦“情报信息、领导力培养、人力资源、研发、采办”5 个方面加强投入，提出“采取措施防止大规模杀伤性武器的扩散和使用”“开展前沿技术研发应对未来化生威胁”等 6 项措施，以维护其应对大规模杀伤性武器全球优势。

（四）英国注重国家生物安全规划，提升国家整体安全防御能力

英国非常注重生物安全战略规划，使其到 2030 年有能力应对各种生物威胁，成为科技创新的全球领导者，不断提升其生物安全防御能力和全球领导力。2023 年 6 月，英国政府发布《国家生物安全战略》，通过感知、预防、检测、应对四大支柱，着力推进英国生物安全的跨越式发展。提高管理能力，成立由工业界和学术界专家组成的专家咨询委员会。强化科学研究，进一步推动英国对生物安全的投资，重点开展下一代测序和监测、工程化生物剂检测、100 天疫苗和药物研发等重大科研任务，激发英国科技创新能力。加强国际领导，英国将制定国际生物安全和生物安保规范、标准、做法，加强不扩散机制，同时实施“One HMG”（一个英国政府）计划，开展多边合作，在生物安全方面发挥更大的全球领导作用。

二、国外国防生物与医学领域科技主要进展

国外主要国家聚焦战场态势感知、士兵能力增强、战场伤员救治等能

力需求，在脑科学、人效增强、生物材料与生物制造、生物传感、战伤救治、生物安全、干细胞与再生医学技术等方面取得新进展，对未来国防生物与医学军事应用带来重要影响。

（一）脑科学技术在多个领域实现技术突破与应用转化

脑科学关键技术产出一批突破性成果，未来或可实现“人-人”和“人-机”交互，大脑意念控制军事装备，有望对未来战争产生颠覆性影响。①迄今最全面的人脑细胞图谱发布。2023年4月，《科学》发布了“脑细胞普查”专题，21篇系列研究论文同步发表，汇集全世界数百名来自“脑计划-细胞普查网络”项目科学家研究成果，发布了迄今最全面的人脑细胞图谱。该项目的众多科研小组利用单细胞测序等技术，从转录、表观遗传和功能水平成功解析了人脑的细胞类型组成和基因调控机制，有助于解决有关人类大脑及其遗传组织的基本科学问题，代表着在单细胞层面全面解析人类大脑的时代已经到来。②脑机接口技术首次与生成式人工智能联动实现心灵感应。2023年12月，美国心灵入口（MindPortal）公司开发一种与生成式人工智能ChatGPT进行心灵感应交互的新技术。该技术开发了独特的人工智能系统，首次验证了部署在非侵入性设备中的光学传感器可以解码人类语言，实现了大型语言模型人工智能进行直接脑机通信，创造了人机交互的新范式。③美国FDA批准马斯克公司开展首次脑机接口人体临床试验。2023年5月，美国食品药品监督管理局批准马斯克脑机接口公司开展脑机接口临床试验。9月，该公司启动首个脑植入物人体临床试验，有望实现脑机接口植入物的临床应用。

（二）人效增强技术在促进士兵视听觉增强方面取得重要突破

美军聚焦复杂军事作战环境能力保障，吸收和运用新兴技术，多维度保障军人视听觉增强。①视觉增强技术有助于提升士兵复杂环境视觉能力。

美国陆军前任参谋长詹姆斯·麦康维尔（James McConville）上将2020年11月称，综合视觉增强系统（Integrated Visual Augmentation System，IVAS）是“士兵在战场上最具有变革性的能力之一”。2023年7月，微软向美国陆军交付了20个IVAS1.2新系统进行用户评估，新系统配备有全天候耳机和混合现实显示屏，具备下一代感知能力，其中内置的沉浸式虚拟训练工具可模拟战斗场景，增强士兵在敌对环境中导航能力，指导士兵解决战场困境。②听觉增强技术提升士兵特殊环境听力增强。2023年9月，美国海军开始配发空勤系统项目办公室牵头研发的新型听力保护头盔。该头盔提供3个级别的听力保护，包括耳罩扬声器、泡沫耳塞和头盔边缘密封组件，可在极端噪声条件下，降低声音骨传导率，减少冲击碰撞影响，增加语音清晰度，减低听力损失，增强沟通能力。

（三）生物材料和生物制造技术在防止设备老化、维持供应链弹性方面取得重要进展

美军利用自然界中生物能够自我复制、自我修复等优越性能，开发新材料和新技术，有效解决各类设施和设备的老化维修，增强国防供应链弹性。①新型生物材料防止军用海岸基地损坏。2023年3月，DARPA资助的“海岸基地设施防护材料”项目取得阶段性进展。迈阿密大学的研究人员研发了一种仿珊瑚礁的六边形蜂巢结构材料，可以允许海水流过，以消耗海浪能量。同时，研究人员还将天然珊瑚种植在该结构材料上，吸引鱼类和虾类等海洋生物建立栖息地，形成一个适宜天然珊瑚生长的类珊瑚礁群落。下一步研究团队将该结构材料部署到不同的海岸环境中，推动该项目成果尽快部署到美军各海岸基地。保护海洋生态，可解决近年来美军海岸基地生物礁严重退化问题，具有明显的军事、经济和生态效益。②新型有益细菌生物被膜防治军用设施老化。2023年4月，DARPA资助的“阿卡迪亚”

项目研发出有益细菌生物被膜，可在军用设施表面形成保护性涂层，防止美国军用设施受到霉菌侵蚀而发生霉变，为当前美国军用设施性能退化严重的问题提供新的解决方案。③美军首次开展太空生物制造研究。2023 年 3 月，DARPA 资助启动太空生物制造研究，探索太空环境下微生物制造的可行性，将生物制造延伸至太空领域。开展太空优选生物制造最佳微生物、太空辐射对微生物影响、太空微生物替代原料等方面研究，以满足其未来国防供应链可持续发展。

（四）新型生物传感技术在复杂战场环境化生威胁识别和预警方面取得一定进展

美军结合人工智能、生物技术和传感器技术等，实现多目标探测生物型传感器的军事应用能力，基本可以替代人工侦查及探测，提高战场环境实时监测能力。相继部署了“先进植物技术”（Advanced Plant Technologies，APT）、“新型微生物传感器系统”（“特勒斯”，Tellus）等项目，不断提升美军战场环境及对核生化监测能力。①新型微生物传感器提升远程智能核生化监测能力。2023 年 4 月，DARPA 启动“特勒斯”项目，旨在开发新型微生物传感器，提升复杂战场环境下远程智能核生化监测能力。运用交互式设计理念，为微生物传感器提供可视化操作界面，用户可远程输入环境特征、危害因素、监测需求等，实现实时响应和无人状态下长期运行，为复杂战场环境下监测预警等提供支撑，实现具有感知和检测功能的微生物设备的快速设计，以满足美军对部队部署环境的实时监测需求。②新型激活剂有助于战场环境生物威胁监测。2023 年 5 月，DARPA“先进植物技术”项目取得进展，研发的新型激活剂可在植物中诱导报告基因和内源性基因的高水平转录，实现工程化植物在模拟环境中感知和报告多种威胁能力，用于探测生物、化学等多种威胁。③增强型海上生物检测系统提升海上生物战剂检测能力。2023 年 6 月，美国国防部核化生防御联合计划执行办公室研发出增强型海上生物检测系统，可以收集、检测和识别潜在的生物战剂。该系统不仅提高了生物制剂检测的效率，还提高了其特异性，同时降低了海军生物检测系统的成本，使其更具经济效益，为作战人员提供了更高水平的安全性。④新型生物传感器实现对地雷的远程安全探测。2023 年 11 月，以色列生化公司和耶路撒冷希伯来大学受 DARPA 资助，开发出一种可检测未爆炸弹药的微生物新型传感器。该团队利用基因工程技术改变了大肠杆菌的性质，使其在检测常见炸药时激发一种发光蛋白，从而检测出未引爆的弹药和地雷，实现对 TNT 等地雷或爆炸物的远程安全探测。

（五）前沿战伤快速救治技术在伤员救治方面取得进展

美军遵循“医疗与士兵同在”“铂金十分钟”“黄金一小时”等原则，研发新型创伤性脑损伤检测产品；利用野战输血技术提升战场精准输血能力，提高战场伤员救治水平。①新型创伤性脑损伤体外血液诊断检测产品实现快速创伤性脑损伤检测。2023 年 3 月，美国陆军医学研究发展司令部资助雅培公司开发出一种新型创伤性脑损伤体外血液诊断检测产品，获得美国食品药品监督管理局批准上市许可。该产品包括一组体外诊断化学发光微粒免疫测定试剂，可对受伤后 12 小时内出现的疑似轻度创伤性脑损伤伤员进行检测，并在 18 分钟内提供客观分析结果，用于评估轻度创伤性脑损伤。②院前急救输血在乌克兰战场发挥重要作用。2023 年 8 月，在俄乌冲突环境下，乌克兰利用输液加温、新鲜全血和低滴度 O 型通用全血等前沿战伤救治技术，对伤员进行院前急救，取得了较好的效果。③新型麻醉剂有助于提高战场伤员救治率。2023 年 6 月，DARPA 发布“战伤救治新型麻醉剂”项目公告，旨在通过研发更加易于操作、使用安全的新型麻醉剂，提高美军战现场救治能力。该项目为期 60 个月，将分为两个研发阶段。该项目聚焦两个技术领域：开展麻醉剂作用的靶标和机制研究，解析麻醉过程中涉及的大脑神经回路和生物标志物，揭示麻醉剂对人体的不利影响，有效避免麻醉剂可能产生的潜在致命性不良反应；设计和筛选针对特定靶标的新型麻醉剂候选药物，开展单一药物与单一靶标之间的相互作用研究，并进行计算机生物信息学、体外动物模型试验和人体体内临床试验研究。

（六）野战输血新进展助力提升战场精准输血能力

现场为大量失血伤员及时补充丢失的血液能够显著改善伤员预后，降低死亡率，野战输血已经成为战伤救治中重要的环节之一。2023 年野战输血领域也取得了系列阶段性的突破。①工程化红细胞用于重症战伤感染防治。2023 年 7 月，DARPA 资助“血液病原体定位和抗感染”项目，旨在保护机体免受真菌和细菌病原体的侵害。该项目采用新兴技术为战士输入经过改造的红细胞，非特异性吸附多种细菌、真菌，达到预防和治疗的目的。②人工智能助力精准输血。2023 年 10 月，匹兹堡大学外科创伤与输血医学研究中心专家在《美国医学会杂志》（JAMA）杂志上发表文章，提出了未来精准输血的前进方向。强调了人工智能技术在临床输血决策中的应用，通过大数据分析和深度学习，人工智能能够为医生提供更加准确和及时的输血建议，从而提高了输血的效率和安全性。③美国研发常温下可长期保存的全血替代品。2023 年 3 月，DARPA 开展“战场出血解决方案——生物制造复苏液研发”项目研究，旨在开发一种可以在战场使用的、常温条件下存储的全血替代品。研究计划分为两个研究阶段：第一阶段整合多种生物制造和合成技术，研发全血替代品，具备输送氧气、止血和补充容量等液体复苏的关键治疗功能；第二阶段开发化学修饰和合成技术，使全血替代品能够在常温条件下存储半年以上，并评估全血替代品的疗效和安全性。马里兰大学为项目的主责单位，参与单位包括凯斯西储大学、俄亥俄州立大学、加州大学圣地亚哥分校、匹兹堡大学等。

（七）干细胞与再生医学技术在组织器官修复方面取得突破

随着生命科学的蓬勃发展，干细胞产品被应用于多种疾病的临床治疗中，极大地推动了再生医学的发展，在军事领域展现了良好的应用前景。组织器官损伤与功能障碍是战斗减员和人体伤害的主要形式，2023 年相关成果为战场伤员救治提供了重要的技术支撑。①生物 3D 打印打印出心脏复制品。2023 年 2 月，麻省理工学院研究人员开发出能根据患者心脏医学图像进行 3D 打印的心脏复制品，可模拟患者心脏泵压和流量，为战争中心脏创伤的快速救治提供了潜在的替代方案。②人造血干细胞有助于战场血液储备。2023 年 3 月，日本东京大学首次利用无细胞因子的新范式培养方法，实现了人造血干细胞体外扩增，并降低了生产成本，为战时血液规模化制备提供技术保障。③人体细胞和组织产品得到军事应用。2003 年 8 月，美国仿生血管公司（Humacyte）研发的人脱细胞血管（Human Acellular Vessels™，HAV），该血管由人体血管细胞和可降解聚合物制成，在保留血管生物力学特征的同时，去除了导致免疫排斥反应的成分，具有即用和抗感染等优势，可避免战场伤员因血管受伤感染而截肢或死亡。在乌克兰战场上为血管损伤患者提供了及时治疗，避免伤员因为血管受伤或感染而截肢或死亡。2023 年 11 月，16 名乌克兰血管损伤士兵使用美国仿生血管公司研发的人类无细胞组织工程血管，临床使用效果良好。

（八）人工智能技术对生物安全领域影响备受关注

美国、英国、德国等国家关注人工智能对生物安全影响，认为人工智能在生物安全领域应用可能存在较大风险。①人工智能对生物安全的风险。

2023年7月，德国汉堡大学研究人员发布《人工智能：〈禁止生物武器公约〉和〈禁止化学武器公约〉可能面临的风险和利益》报告，分析了人工智能技术在药物设计和合成生物学等领域的应用，认为存在恶意利用大量科学数据和计算工具建立有毒物质预测模型，提高微生物病原体致病性、产生耐药性等生物安全风险。②人工智能技术可能会推动化生武器研发。2023年10月，美国兰德公司发布《人工智能在大规模生物攻击中的风险》，表示“大语言模型可能成为规划生物袭击的潜在助手”。2023年10月，英国非盈利组织发布《人工智能助力生物武器开发》研究报告，分析了人工智能工具在生命科学领域的应用风险，认为“人工智能工具具有推动生物武器发展的可能性”。③生物技术两用性风险不断加大。2023年4月，俄罗斯发布关于美国在乌克兰生物实验室活动的调查报告，指出美国打着反恐等旗号开展生物军事化活动，其真正目的是开发一种通用的基因工程生物武器。2023年5月，美国国立卫生研究院宣布重启生态健康联盟蝙蝠冠状病毒研究资助，相关领域科学家对此类研究存在争议。

三、国防生物与医学领域科技发展主要做法

西方主要国家针对国防生物与医学技术形成战斗力难、前沿颠覆性生物技术军事应用快速转化慢等问题，通过组织机构调整、加速成果转化应用、军地融合驱动等方式，实现国防生物科技领域颠覆性创新。

（一）建立国家级生物安全管理机构，应对新形势下生物安全威胁

美国、俄罗斯、英国等国家开展生物安全领域机构改革调整，提高生物安全管理级别，统领国家和军队生物安全发展。①美军自2018年启动“卫生系统有史以来最全面彻底的一次改革”之后，于2023年10月继续对

军队卫生体系进行深入调整，将各军种的公共卫生中心转隶美国国防卫生局统一管理，整合全球国防卫生网络，优化组织架构，加强总部与分支机构联系，缩短响应时间，提升战斗保障能力。②2023 年 10 月，俄罗斯总统普京签署命令成立俄联邦生物安全委员会。其主要职能是应对新型生物威胁，包括“评估生物安全威胁”“统筹协调生物技术领域科学研究”“制定预防和应对生物威胁措施”“开展生物安全领域国际合作交流”等。③2023 年 9 月，英国政府成立国家层面的生物安全领导委员会并举行首次会议。该委员会旨在“推动形成英国在安全使用工程生物学的全球领导地位，防范潜在生物安全风险，促进英国卫生健康行业发展和经济增长”。

（二）谋划“前瞻布局”生物科技创新，推动生物技术研究成果军事应用

美军着眼于未来战争与国防战略需求，注重培育颠覆性技术创新，着力提升生物技术和产品创新研发能力，并积极促进研究成果转化应用。如“生命铸造厂”项目利用合成生物学技术，研发了超过 1630 个分子和材料，多种新生物制品生产提速 7.5 倍，生物合成设计时间从以往的 1 个月缩短至 1 天，打造按需设计、按需制造、快速生产超常生物材料的能力。“下一代非侵入性神经技术”项目旨在提高士兵与武器装备的高水平交互能力，实现战场士兵的超级认知、脑控人机编队等“超脑”和“脑控”能力。

（三）强化军地联合协同，推动国防生物与医学科技促进战斗力生成

美军非常注重各个领域的军地联合协同，在生物技术领域进行了深度融合，运用地方优势资源研发生物交叉领域新技术。95%以上的 DARPA 资助项目主要投向大学和企业，如哈佛大学、斯坦福大学、麻省理工学院、银杏公司、自主疗法公司、阿斯利康公司等，真正做到了“小核心，大外围”，利用地方生物科技优势助力军事战斗力提升。

四、结语

综上所述，2023 年国防生物与医学领域科技发展，总体呈现智能技术加速赋能生物技术研发、提升士兵作战效能、提高战伤救治水平发展态势。脑机接口与 ChatGPT 联动技术、士兵视听觉增强技术、生物传感技术、合成生物学等前沿技术进展值得关注。未来，国防生物与医学前沿技术有望在战场生物威胁态势感知、战伤救治、人机协同等方面发挥更大作用，推动国防生物与医学技术向智能化和精准化的军事应用发展。

（军事科学院军事医学研究院　刘伟　王磊　张音　李丽娟
陈婷　祖勉　习佳飞　张玉龙　李哲　闫群娇）

2023 年脑科学领域发展综述

2023 年，在神经科学领域，脑机接口（BCI）技术与计算机深度学习算法结合、大脑可塑性与认知功能、神经损伤与修复、增强感官刺激与感觉恢复救治、重大疾病治疗方法研究及应用等方面取得了较大进展，加快了神经科学的飞速发展。

一、脑机接口技术与计算机深度学习算法结合

脑机接口（BCI）是一种不需要依赖大脑正常输出通路，通过检测大脑神经活动信号特征，解码识别大脑正在进行的思维活动与运动意图，实现人与外界设备直接交互的一种技术。BCI 被公认为是未来生命科学和信息技术交叉融合的主战场，是具有重要社会价值和战略意义的研究方向。近年来，BCI 技术的突破取得了成就，计算机深度学习算法结合，其应用范围越来越广泛，涉及医疗、军事等。

（一）脑机接口在语言恢复方面的强大能力

2023 年 5 月，科学家在《自然》杂志报告，研究人员在一名男子的大

脑和脊髓之间架起了一座数字桥梁，这名男子之前因骑车事故而瘫痪。脑机接口解码了移动意图，并引导脊椎植入物刺激他的腿部神经，使他能够行走。2023 年 8 月，《自然》文章展示了脑机接口在语言恢复方面的强大能力。《自然 · 神经科学》最新一期公布了一份研究成果，美国加州理工学院研究团队基于 BCI，开发了一种功能性超声（fUS）神经影像新兴技术，通过在两只恒河猴上进行实验测试，发现 fUS 技术可以成为“在线”BCI 技术的基础——它可以读取大脑活动，通过用机器学习编程的解码器破译其含义，从而控制一台延时极短、可准确预测运动的计算机。这一研究发现为确认超声脑机接口技术的可行性，以及新型微创（硬膜外）脑机接口技术发展提供重要指导。fUS 技术是一种全新的模式，它提供了比大脑植入物侵入性更小、更有吸引力的选择方案，并且不需要持续重新校准，从而可添加到脑机接口方案中，帮助更多瘫痪患者恢复神经损伤。

（二）从非侵入性大脑记录中重建连续语言的语义

2023 年 5 月，美国得克萨斯大学奥斯汀分校计算机科学系和神经科学系科学家，在美国国家耳聋和其他沟通障碍研究所的支持下发表了这一项研究，旨在解决目前非侵入式语言解码器只能从一小部分单词或短语中识别刺激的局限。在这里介绍了一种非侵入式解码器，该解码器通过功能磁共振成像（fMRI）记录的皮质语义表征重建连续语言。给定新的大脑记录，该解码器生成可理解的单词序列，恢复感知语音，想象语音甚至无声视频的含义，表明单个解码器可以应用于一系列任务。通过测试整个大脑皮层的解码器，发现连续语言可以从多个区域分别解码，证明了非侵入性语言脑机接口的可行性。

（三）利用深度学习解码低时间分辨率钙成像的多肢体运动

美国印第安纳州西拉斐特普渡大学韦尔登生物医学工程学院科学家在

2023年11月发表了相关研究成果。研究表示双光子成像已经成为解剖脑回路和理解脑功能的重要工具。然而，由于相对较低的成像采样率，将慢速双光子钙成像数据与快速行为相关联一直具有挑战性，从而限制了神经假体的潜在应用。同时展示了一个输出长度大于输入长度的循环编码器-解码器网络可以从双光子钙成像数据中准确解码跑步小鼠的肢体轨迹。该编码器-解码器模型能够准确地从单个皮质半球记录的钙成像数据中解码四肢（对侧和同侧前肢和后肢）的信息。此外，对解码很重要的神经元被发现对同侧和对侧肢体运动都有很好的调节，这表明，人工神经网络可以通过识别与感兴趣的行为相关的神经元子网络来理解大脑的功能。

（四）侵入式BCI系统研究进展

加州旧金山的Neuralink、纽约布鲁克林的Synchron、犹他州盐湖城的Blackrock Neurotech、得克萨斯州奥斯汀的Paradromics和纽约曼哈顿的Precision Neuroscience分别进行了侵入式BCI相关研究。美国马斯克创立的脑机接口公司Neuralink是一家致力于开发能够读取大脑波的可植入芯片的公司。Neuralink创新性地将植入物无线化，并增加了植入电极的数量。

2022年11月，埃隆·马斯克（Elon Musk）在加州召开了一场发布会，宣布旗下的脑机接口公司Neuralink计划在6个月内开始大脑芯片的人体试验。马斯克团队已经向美国食品和药物管理局（FDA）提交了大部分文件，以获得大脑芯片人体实验的批准。2023年5月26日，马斯克脑机接口公司Neuralink公司宣布首次人体临床试验获得了FDA的批准，对脑机接口领域和Neuralink来说是一个关键的里程碑。在近一年的时间里，Neuralink一直受到美国农业部（USDA）关于违反动物福利的联邦调查。USDA最终得出的结论是，在该公司的试验中没有发现“任何证据”显示有违反动物福利。2024年1月30日，马斯克在社交媒体上宣布，Neuralink已经完成了首例人类大脑芯片植入手术，并且目前手术恢复状况良好。这一突破性进展意味着人类距离实现大脑与电脑的直接连接更近了一步。

埃隆·马斯克称，要为首次人体试验做好准备。在大脑芯片植入人体之前，要非常小心并确定大脑芯片能够运行良好。Neuralink 将专注于两项初步应用，第一个是恢复视力，大脑皮层中感知视觉的部分仍然存在。第二个是帮助严重瘫痪者，帮助瘫痪者用意念使用智能手机，且能比普通用户用手使用智能手机更快速。在此基础上，Neuralink 还希望更进一步，在大脑和脊髓中植入多个 Neuralink 脑机接口，帮助四肢瘫痪者重新行走。

二、大脑可塑性研究进展

神经损伤是指神经干及其分支受到外界直接或者间接的力量而发生的损伤，损伤会造成典型的运动障碍、感觉障碍和自主神经功能障碍。神经损伤后机体具有一定的修复能力，但自身修复的过程非常缓慢，可以应用一些促进神经再生的方法促进修复进程。

（一）创伤性脑损伤研究进展

创伤性脑损伤是世界范围内导致死亡和残疾的主要原因，造成巨大的经济和社会负担。原发性颅脑损伤多为不能挽救的脑组织损伤，但其触发的一系列神经生化过程所造成的神经功能障碍和神经元受损等继发损伤是可以修复的，若未能及时采取干预措施，也会进展为不可逆的损伤，导致损伤病灶扩大，因此，在脑创伤后应及时采取措施阻断继发性损伤对患者的危害。美国哈佛医学院的研究人员发现了一种新的 DNA 修复机制，它只发生在神经元中，而神经元是人体中一些寿命最长的细胞。这项在小鼠身上进行的研究，有助于解释为什么神经元在高强度的重复工作中仍能长期发挥功能。研究结果显示，一种名为 NPAS4-NuA4 的蛋白复合物启动了一种修复神经元活动诱发 DNA 断裂的途径。相关研究结果于 2023 年 2 月在线发表在《自然》期刊上。该研究解释了神经元得以长期存在并发挥功能的分子机制，也为神经损伤修复提供了新的靶点。

（二）脊髓损伤研究进展

脊髓损伤是一类严重的中枢神经损伤，导致损伤平面以下感觉和运动功能部分或完全丧失。脊髓损伤不仅造成严重的组织损伤，还严重扰乱了脊髓神经回路的兴奋性/抑制性平衡，对脊髓的正常功能产生极大影响。尽管人类脊髓损伤幸存者极少出现完全脊髓损伤，但许多情况下患者仍表现出偏瘫等严重后遗症。因此，如何激活损伤后残留的神经回路发挥功能，一直是该领域的研究重点。2023 年 6 月，科学家在《自然》期刊上报道了他们设计的一种新电极，能靶向与脊髓中腿部和躯干运动相关的所有神经。通过使用更长、更宽的植入导线，其电极排列方式与脊神经根完全一致，从而能精确控制调节特定肌肉的神经元。该技术与人工智能相结合建成脑-脊髓接口装置，为每种类型的活动编写对应的电刺激程序，患者可以在平板电脑上选择所需的活动，然后程序启动位于腹部的起搏器，刺激特定的肌肉神经元，帮助完成活动。在接受治疗后仅仅几个小时，患者就能够实现独立自主的站立、行走、骑车、游泳和控制躯干运动。这一重大突破显示了调控残留神经环路在治疗脊髓损伤中的巨大潜力。

（三）周围神经损伤研究进展

周围神经损伤主要是由于牵拉伤、切割伤、火器伤、压迫性损伤、缺血等原因导致的短暂或终生的神经功能障碍，它的病理变化包括轴浆运输受损、轴突变性、雪旺细胞损伤、节段性脱髓鞘和完全瓦勒氏变性。目前常用的治疗主要包括神经松解和缝合修复、神经移植及多种形式的神经移位手术。但长距离的神经缺损常需要自体神经移植，且由于周围神经轴突生长速度缓慢，神经再生往往需要1年多甚至数年的时间。损伤神经支配肌肉的长期失神经支配将导致几乎不可逆的肌肉萎缩，这一直以来是康复医学的难题。2023年11月，美国塔夫茨大学的研究团队利用成人气管细胞制造了新一代的机器人 Anthrobots，研究人员将其放置在被划伤的神经组织表层，3天之内，受损的神经元完全愈合。该研究发表在《先进科学》杂志。目前，这项研究仍处于早期阶段，尽管 Anthrobots 有助于修复神经元受损区域，但目前还不清楚愈合的机制，它可能为旨在加强修复过程和有效治疗周围神经病变的创新疗法铺平道路。

三、增强感官刺激与感觉恢复救治

（一）体感皮层仿生多通道微刺激为仿生手传递高分辨率反馈

2023年7月，美国伊利诺伊州芝加哥市芝加哥大学、美国宾夕法尼亚州匹兹堡大学在美国国立神经疾病和中风研究所（NINDS）的资助下发表了“体感皮层仿生多通道微刺激为仿生手传递高分辨率力反馈”研究。研究指出，在基于体感觉皮层的皮质内微刺激（ICMS）的触觉反馈中，可以通过调节仿生手上的力传感器输出的刺激强度来发出接触力的信号，从而调节感知到的感觉的大小。通过测量由 ICMS 振幅的增加和参与者区分不同强度水平的能力引起的感觉强度的增加。评估了是否可以通过实施“仿生” ICMS 训练来提高反馈的保真度，该训练旨在激发更接近于模仿自然触摸的神经元活动模式，并通过多个通道同时传递 ICMS。研究人员发现，与单通道 ICMS 相比，多通道仿生 ICMS 产生的感觉更强，更容易区分。同时在仿生手上实现了仿生多通道反馈，并让参与者执行依从性识别任务。发现仿生多通道触觉反馈比单通道线性反馈产生更好的辨别。最后得出结论，多通道仿生 ICMS 传达了精细分级的力反馈，更接近自然触觉所赋予的灵敏度。

（二）刺激大脑沟区以恢复知觉

麻痹和神经病变，影响着全世界数百万人，可能伴有躯体感觉的严重丧失。2023 年 9 月，美国纽约诺思韦尔健康中心范斯坦医学研究院生物电子医学研究所研究人员发表了一项研究旨在恢复四肢瘫痪患者对自己手部的运动控制，这项研究的目的是利用立体脑电图（SEEG）深度电极有针对性地刺激 S1 的沟区，来唤起指尖的焦点感觉知觉。该研究得到了北威尔健康（Northwell Health）费恩斯坦医学研究所的支持。研究人员对两名顽固性癫痫患者分别通过高密度皮质电图（HD-ECoG）网格和 SEEG 深度电极引线对脑回与脑沟进行皮质刺激。描述了局部手部唤起的感觉知觉。我们发现，通过神经沟刺激可以在手部的指尖唤起高度聚焦的知觉。参与者内部比较显示，通过 SEEG 电极进行的脑沟刺激引起的感知明显更集中，并且与通过 HD-ECoG 电极进行的脑回刺激相比，更常局限于指尖。最后，在指尖的机械触觉刺激过程中，具有一致的高频神经活动调制的沟位显示出与皮层刺激相同的体位对应关系。最终研究结果表明，通过 SEEG 电极进行微创脑沟刺激可能是临床上可行的恢复感觉的方法。

（三）非侵入性迷走神经刺激改善人类的感觉表现

2023 年 8 月，在 Sharper Sense 公司和空军科学研究办公室的资助下（出版经费由康奈尔理工大学雅各布斯技术学院-康奈尔研究所提供），研究人员针对由衰老、神经功能障碍、注意力不集中和疲劳等因素引起的中枢感觉加工受损，且提供按需治疗的方法很少的问题发表了这项研究。假设通过强直性经皮迷走神经刺激（tVNS）的非侵入性神经调节可以改善人类的感觉表现。对29名未报告神经功能障碍的成年人完成了3个假对照实验，测量了tVNS对感觉性能指标（听觉间隙检测、视觉字母识别）和心率变异性的影响。结果与假刺激相比，颈部tVNS使听觉间隙检测平均提高35%，视觉字母识别平均提高20%。值得注意的是，在控制条件下，感官表现较差的参与者经历了较大的tVNS转播介导的改善。最后，相对于被动观看时的假刺激，tVNS增加了心率变异性，证实了迷走神经的参与。研究发现，非侵入性迷走神经刺激可改善神经正常成人的感觉加工。这些发现证实了啮齿动物的基础研究，并将tVNS定位为一种神经调节方法，用于靶向和按需干预与中枢感觉处理功能障碍相关的损伤。

（四）通过周围神经刺激增强自然触觉的仿生计算机-大脑通信

2023年7月，瑞士苏黎世联邦理工学院机器人与智能系统研究所健康科学和技术系神经工程实验室、贝尔格莱德大学电气工程学院、德国弗赖堡大学生物医学微技术实验室、贝尔格莱德大学医学院骨科研究人员发布了一项研究，该项目已获得欧洲研究委员会（ERC）欧盟“地平线2020”研究与创新计划、Gebert Rüf基金会、瑞士国家科学基金会（SNSF）、塞尔维亚共和国科学基金IDEJE项目、圣彼得堡国立大学项目、圣彼得堡天狼星科技大学项目等资助。研究指出，通过周围神经刺激与大脑的人工交流在感觉运动缺陷患者中显示出有希望的结果。在这项研究中，设计并测试了一个受大自然启发的仿生神经刺激框架，能够将生理上合理的信息“写”回周围神经系统。从机械感受器的硅模型开始，并制定了仿生刺激政策。研究人员通过实验评估它们与机械触摸和常见的线性神经调节。仿生神经调节引起的神经反应一致地向猫的背根神经节和脊髓传递，其时空神经动力学与自然诱导的神经动力学相似。通过在仿生设备中实现这些范例，并对患者进行测试。与传统方法相比，仿生神经刺激提高了活动能力，减少了脑力劳动。这项受人体启发的神经科学驱动技术的成果，可能会成为推进辅助神经技术的典范。

（五）脑电记录初级运动皮层对经颅磁刺激的反应-优化假手术的应用

2023 年 4 月，德国蒂宾根赫蒂临床脑研究所研究人员发表了一项研究。研究表明，经颅磁刺激与相当大的听觉和体感刺激有关，在脑电图中引起外周诱发电位（pep），这污染了对经颅磁刺激的直接皮层反应（TEP）。以前所有控制 pep 的尝试都有很大的局限性。研究的目的是设计一种优化的假手术控制阈下真实经颅磁刺激产生的所有感觉输入，目标是初级运动皮层（M1）的手部区域，从而实现 TEP 和 pep 的可靠分离。通过在 23 名健康受试者（16 名女性）中，记录了经过优化的假经颅磁刺激（TMS）条件所诱发的脑电图活动，该条件掩盖和匹配了真实经颅磁刺激条件下的听觉和体感共刺激。通过心理物理测试比较假经颅磁刺激和真实经颅磁刺激条件下的听觉和体感输入的感知。通过将假性脑电活动与真实经颅磁刺激条件下的脑电活动相减来识别经颅磁刺激诱发的脑电信号变化。结果表明，听觉和体感输入在假经颅磁刺激与真实经颅磁刺激条件下的感知是可比的。假经颅磁刺激和真实经颅磁刺激均引起一系列相似的脑电信号偏转，并诱发振荡活动的宽带功率增加。结果验证了我们优化的伪方法的有效性。尽管存在可归因于感觉输入的典型反应，但该过程为 M1 的阈下经颅磁刺激直接激活皮层提供了证据。

四、重大疾病治疗方法研究及应用

（一）一种用于语音解码和化身控制的高性能神经假体

2023 年 2 月，加利福尼亚大学、威尔神经科学研究所、加州大学伯克利分校研究人员在美国国立精神卫生研究所（NIMH）的资助下发表了一项研究成果。研究旨在解决语言神经假肢有可能恢复瘫痪患者的交流能力，但难以达到自然的速度和表达能力。在这里，通过使用重度肢体和声带瘫痪的临床试验参与者的高密度表面语音皮层记录实现3种互补的语音相关输出模式的高性能实时解码：文本、语音音频和面部化身动画。方法是使用参与者试图默念句子时收集的神经数据训练和评估深度学习模型。对于文本，展示了准确和快速的大词汇解码，平均每分钟78个单词，平均单词错误率为25%。对于语音音频，展示了对参与者受伤前声音的可理解和快速的语音合成和个性化。对于面部化身动画，演示了语音和非语音交流手势的虚拟面部运动控制。最终解码器在不到两周的训练中就达到了很高的性能。研究结果提供了一种多模态语言-神经义肢的方法，它有很大的希望为严重瘫痪的人恢复完全的、具体的交流能力。

（二）高度可变形双面神经探针与一体化电极系统实时体内检测多巴胺帕金森病

2023年10月，在韩国科学和信息通信技术部国家研究基金（NRF）资助下，韩国大邱庆北科学技术学院（DGIST）、韩国国家灵长类动物研究中心韩国生物科学与生物技术研究所等机构共同发表了一项研究成果，研究指出，精确监测神经递质如多巴胺（DA），对于理解脑功能和治疗神经系统疾病至关重要，因为DA的失调与一系列疾病有关，包括帕金森病（PD）、精神分裂症和成瘾。研究提出了一种多变形双面（MDD）-DA传感探头，该探头具有三电极系统，通过在单个探头上集成工作电极、参考电极和反电极，可以可靠地实时监测DA动态。该探针通过酶固定在工作电极上生长的三维纳米结构上，具有较高的DA灵敏度和选择性。此外，通过实现高拉伸性和控制探针上引起的应力，采用蛇形设计使电极能够承受各种变形。实验和计算分析表明，电极上的诱导应力有效降低。MDD - DA 传感探针成功植入大脑，能够实时监测啮齿动物体内的 DA 水平。观察半 PD 小鼠左旋多巴治疗前后 DA 的动态变化。证明这种高度可变形的植入式探针在神经退行性疾病的研究和治疗中具有潜力，在对脑组织损伤最小的情况下提供可靠的 DA 动态监测。

（三）神经包络跟踪预测听力损失儿童的语音清晰度和助听器效益

2023 年 7 月，鲁汶大学神经科学系，在欧洲研究理事会（ERC）欧盟“地平线 2020”研究与创新计划下提供的资金支持，鲁汶大学研究基金的支持下开展了相关研究。本项研究旨在评估助听器的益处，因为助听器提供可听语音信息的程度可以预测语音和语言的结果。越来越多的研究提出，神经包络追踪可以作为一种客观的言语测量方法，特别是对于无法提供可靠行为反馈的个体。然而，它在评估听力受损儿童的语音清晰度和助听器效益方面的潜力仍未得到探索。该研究通过两个独立的实验检验听障儿童的神经包膜跟踪。在辅助和非辅助条件下（使用个人助听器），记录儿童在多种刺激强度下听与年龄相适应的故事（实验 1）或动画电影（实验 2）时的脑电图数据。在辅助条件下，只要保持语音清晰度，神经跟踪在很宽的强度范围内保持稳定。这表明，语音信号的声学退化并不一定影响神经跟踪。此外，神经包络跟踪与行为测量的语音可理解性密切相关。这些发现表明，神经包络追踪可能是一个有价值的工具，用于预测个人助听器对听力受损儿童的语音清晰度的好处。结合叙述故事或引人入胜的电影扩展了这些方法在临床环境中的可及性，为使用客观言语测量来指导儿科听力学决策提供了新的途径。

（四）准确、快速校准的语音神经假体

2023 年 12 月，美国加州大学戴维斯分校、美国斯坦福大学、布朗大学

弗吉尼亚州普罗维登斯医学中心、美国马萨诸塞州总医院研究人员发表了一项研究成果。旨在克服脑机接口虽然可以为瘫痪患者提供一种快速、直观的交流方式，即通过将与试图说话相关的皮层活动转化为文本。但由于需要数周的训练数据和解码精度不足，与脑机接口的通信一直受到限制这一问题。该系统的日错误率低至1%（平均2.66%，比以前最先进的语音脑机接口低9倍），使用全面的12.5万字词汇。在系统使用的第一天，经过30分钟的语音训练数据，BCI在50个单词的词汇量下达到了99.6%的单词准确率。在使用的第二天，将词汇量增加到125000个单词，经过1.4小时的额外训练数据，BCI达到了90.2%的单词准确率。在随后几天的使用开始时，BCI可靠地达到了95%的单词准确率，并且自适应在线微调在一天中不断提高这一准确率。参与者在自定节奏的对话中使用语音BCI与朋友，家人和同事进行了超过32小时的交流（包括面对面和视频聊天）。这些结果表明，该项语音脑机接口研究成果已经达到了恢复严重构音障碍患者自然沟通的水平。

五、结语

脑科学改变了传统的人机交互，融入了脑科学、神经科学、信息科学、材料科学、生物科学、专业规范、医学工程等多学科的专业知识，将生物意义上的大脑与人工智能产品融为一体，根据即时感知和翻译理念完成了设备与人类的信息交换。作为一项颠覆性的技术，脑机接口在医疗领域的疾病治疗、功能恢复上展现出巨大的价值，同时，在工业自动化、军事侦察等行业中，也有充足的应用场景。脑科学相关技术在军事领域的应用包括人机协同、直接对大脑进行操控和交流，以及通过机器解析脑电信号来窥测心智意图等。总体来看，该技术在军事领域的应用具有巨大的潜力，正在成为世界主要经济体之间军事竞争的新焦点。

（军事科学院军事医学研究院　吴丽颖）

（苏州大学　杨湛　孙立宁）

2023年生物安全领域发展综述

2023年，全球生物安全风险呈现复杂化、多样化，多种流行病持续流行。多国政府调整重视全球生物安全风险治理，出台生物防御战略规划，调整改革国家生物安全治理体系。生物技术研发频现突破性进展，同时，人工智能对生物安全的影响引发多方关注。

一、生物安全威胁形势

新冠、霍乱、登革热等传染病仍在部分地区流行。俄罗斯发布调查报告，继续指责美国在乌克兰开展的生物军事化活动。人工智能对生物安全的影响引发关注。多份报告关注人工智能技术可用于制造生物武器的风险。

（一）全球多种传染病仍持续流行

2023年，世界卫生组织宣布新冠不再构成国际关注的突发公共卫生事件，新冠疫情进入全球“季节性流感模式”。新冠病毒新型变异株JN. 1在全球流行毒株中的比例增长至30%，世界卫生组织将其从“需要监测的变异株”升级为“需要关注的变异株”。5月，世界卫生组织宣布猴痘疫情不再构成“国际关注的突发公告卫生事件”。世界卫生组织数据显示，猴痘疫情暴发以来共有111个国家和地区报告确诊8.74万例，死亡140例。世界卫生组织表示，全球第七次霍乱大流行已经卷土重来，霍乱在尼日利亚、刚果民主共和国、乍得共和国和布隆迪等85个国家和地区持续流行。登革热疫情持续在东南亚和美洲流行。受气温升高、雨量增加等因素影响，法国、意大利和西班牙等以前没有登革热的温带欧洲国家报告了登革热。2023年，全球登革热的发病率飙升至接近历史最高水平，全球确诊500万余例，死亡约5000例。此外，印度暴发尼帕疫情，阿根廷等南美国家暴发高致病禽流感疫情，世界卫生组织发出预警，H5N1禽流感已蔓延至哺乳动物，必须防范人际传播的可能性。

（二）俄乌冲突引发的生物安全问题继续发酵

俄乌冲突爆发后，俄罗斯通过召开新闻发布会、网上公开资料等方式，多次公开指责美国开展生物军事化活动。2023年4月，俄罗斯国家杜马和联邦委员会发布关于美国在乌克兰生物实验室活动的调查报告。报告指出，美国打着反恐等旗号开展生物军事化活动，其真正目的是开发一种通用的基因工程生物武器。报告阐述了美国对全球生物安全造成的威胁、美军在乌克兰开展的活动详情、美乌违反的《禁止生物武器公约》条款。报告认为，美国长期以来一直实施生物军事化计划，近年来，以反恐为借口广泛开展进攻性生物研究活动，其目的是开发既能攻击人类也能攻击动植物的基因工程武器，给对手造成大规模人员伤亡和经济损失，从而实现其军事战略目标。

（三）生物技术谬用误用安全风险增大

生物技术的飞速发展显著降低了恶意使用的门槛，生物技术滥用和误用的安全风险和威胁显著增大。2023年5月，美国国立卫生研究院宣布重新资助生态健康联盟开展蝙蝠冠状病毒研究，引发领域专家关注，认为天然野生病毒研究存在严重的病毒实验室逃逸风险。2023年11月和12月，英国和美国政府相继批准基于基因编辑技术的开创性基因编辑疗法Casgevy上市，用于治疗镰状细胞病患者。英国科研人员研究警告对人类胚胎使用CRISPR-Cas9存在重大风险，对胚胎细胞DNA的高效靶向多发生DNA链永久断裂并导致胚胎遗传异常。美国政府问责局发布报告，认为利用合成生物学可恶意开发新的生化武器。

（四）人工智能对生物安全的影响引发关注

以ChatGPT为代表的生成式人工智能给人类社会带来了巨大的技术红利，然而，滥用或不负责任地开发人工智能工具也带来系列安全风险。2023年，全球范围内，多国政府、国际组织和智库机构纷纷发出对人工智能技术潜在生物武器风险的警告。2023年6月，麻省理工学院研究人员声称，利用ChatGPT或其他大型语言模型可创造危险病毒。7月，德国汉堡大学研究人员阐述了人工智能技术在药物设计、合成生物学等领域的滥用风险，恶意行为体有可能使用人工智能技术研究毒性更高的生物武器，人工智能可促进微生物病原体设计、提高致病性、扩大宿主范围、改变传播途径、对可用药物产生耐药性、有能力规避免疫系统等。8月，美国VOX网站发文指出，ChatGPT在助力生物工程发展的同时，可能会产生潜在的威胁。10月，美国兰德公司发布报告，阐述了大型语言模型在鼠疫大流行和肉毒毒素气溶胶传播两个虚拟场景中的应用案例。10月，英国非盈利组织长期复原力中心发布报告，探讨了人工智能对生物武器开发的影响，研判人工智能工具在生命科学领域的应用风险，可视化分析生物武器开发风险链。

二、生物安全治理态势

（一）出台战略规划计划，加强顶层战略谋划

2023 年，美国、英国、俄罗斯等国制定多项生物安全相关战略文件和规划计划，加强该领域前瞻布局和战略谋划。

1. 注重国家生物安全规划，提升国家整体安全防御能力

2023 年 3 月，美国卫生与公共服务部发布《国家卫生安全战略 2023—2026》。该战略提出 3 个目标：一是强化卫生保健和公共卫生系统；二是提升应对威胁的能力；三是确保公共卫生产业基础和供应链的弹性和可持续性。2023 年 6 月，英国政府发布《国家生物安全战略》，重点提出“应对生物风险的四大支柱”（感知、预防、检测、应对）和三大措施（成立生物安全专家咨询委员会；重点开展下一代测序、生物监测、工程化生物剂检测、100 天疫苗和药物研发等重大关键生物技术，激发英国科技创新能力；加强国际领导，开展多边合作），目标是“到 2030 年英国能够应对各种生物安全威胁，成为科技创新的全球领导者”。2023 年 9 月，美国国防部发布新版《应对大规模杀伤性武器战略》，取代 2014 年发布的版本。该战略提出应对大规模杀伤性武器的 4 个战略优先事项：保卫美国国土免受大规模杀伤性武器攻击；阻止对美国及其盟友使用大规模杀伤性武器；确保联合部队具备在化生放核环境中取胜的能力；防止新的大规模杀伤性武器威胁。战略提出“采取措施防止大规模杀伤性武器的扩散和使用，开展前沿技术研发应对未来化生威胁”等 6 项措施。

2. 持续推进生物制造战略布局，打造生物技术生态领先优势

2023 年 3 月，美国政府发布 3 份文件，进一步推进美国生物技术和生

物制造发展。此前，2022 年 9 月 12 日，美国白宫发布行政命令，宣布政府启动“生物技术和生物制造计划”。白宫科技政策办公室发布名为《美国生物技术和生物制造的大胆目标和优先事项》的报告，阐述了利用生物技术和生物制造能实现的愿景，提出通过评估生物技术和生物制造研发潜力，促进实现 5 个目标：解决气候变化问题，加快粮食和农业领域创新，增强供应链弹性，促进人类健康，以及推进交叉领域研发。美国国防部 2023 年 3 月发布首份《生物制造战略》，该战略明确表示，“生物技术和生物制造不仅有助于国防部在未来重点建立一支可持续、有韧性、生存能力强、灵活且响应及时的联合部队，还使美国在创新领域保持世界领先地位，维护国防部利益，并确保维持美国在生物技术领域全球竞争力”。其战略目标为构建全球生物制造生态系统，开发生物制造、合成生物学、生物材料等关键生物技术，维护美国国防供应链的安全性，进一步推进生物制造向军事应用转化。

3. 发布开展生物防御态势评估，应对全球生物安全威胁

2023 年 8 月，美国国防部发布《生物防御态势评估》报告，目标是打造自我维持能力，为美国生物威胁防御提供行动支援，加强与盟友合作，监视和打击对手国家。该报告提出建立国防部层面的管理机构、加强态势感知、提升战备能力、实现快速响应、加强国际合作等建议，注重基因改造、增材制造、生物监测、大数据、人工智能等新兴和颠覆性技术发展。

（二）成立生物安全管理机构，改革国家生物安全治理体系

美国、英国、俄罗斯等国政府重视生物安全治理机制的建设。2023 年均对国家生物安全管理机构进行改革。世界卫生组织也成立生命科学两用性研究咨询小组，监管生命科学两用性研究。

1. 美国成立两个生物安全新机构

2023 年 7 月，美国白宫启动大流行防范与应对政策办公室。该办公室

职能包括：协调政府工作，以应对潜在大流行病和公共卫生威胁；推动和协调与疫情响应相关的科技工作，监督开发、制造和采购下一代医疗产品的工作，并与卫生与公众服务部合作开发下一代疫苗和治疗方法，以应对新冠肺炎和其他公共卫生威胁。美国政府官网 8 月报道，为应对全球卫生危机带来的国家安全挑战，进一步巩固美国在全球卫生安全合作与外交中的领导地位，美国整合多部门职能成立全球卫生安全与外交局。该局直接隶属于美国国务院，将整体提升美国生物安全管理机构层级，优化全球生物安全治理，系统提升美国生物安全能力。

2. 英国政府成立生物安全领导委员会

英国政府 2023 年 9 月宣布成立生物安全领导委员会并举行首次会议。该委员会的成立是英国《国家生物安全战略》的目标之一。委员会旨在推动英国在安全和负责任地使用工程生物学方面的全球领导地位；将制定工程生物学的风险管理方法，完备随时应对突发和长期生物安全风险的能力，防范潜在生物安全风险，同时确保英国在生物、健康卫生和生命科学方面的领先地位，促进英国卫生健康和经济增长。

3. 俄罗斯成立生物安全委员会

俄罗斯总统普京 2023 年 10 月签署总统令，在新发传染病防范委员会的基础上成立生物安全委员会，同时撤销原新发传染病防范委员会。生物安全委员会隶属于俄罗斯联邦安全会议，相关工作由俄罗斯联邦安全会议副主席梅德韦杰夫领导。根据总统令，新成立的生物安全委员会的主要职能是应对现代生物安全威胁，主要包括评估生物安全威胁、统筹协调生物技术领域科学研究、规划国家生物安全政策、制定预防和应对生物威胁措施、开展生物安全领域国际合作交流，以及对其他国家威胁俄罗斯生物安全利益的活动实施反制措施等。

4. 世界卫生组织成立生命科学两用性研究咨询小组

2023 年 12 月，世界卫生组织公布生命科学两用性研究技术咨询小组候选名单。来自美国、英国、加拿大、澳大利亚、中国等 16 个国家的 19 人入选。据世界卫生组织网站发布的消息，咨询小组具有以下职能：跟踪生命科学及相关技术、两用性研究治理进展，向世界卫生组织提供科学、技术和战略方面的建议；发现存在的差距、挑战、优势和机遇，在预测、预防和减轻生物风险、管理两用性研究方面，向世界卫生组织和相关技术部门建议优先事项；对世界卫生组织“确保负责任地使用生命科学：减轻生物风险和管理两用性研究”项目的工作和活动提供咨询意见；应世界卫生组织要求，对减轻生物风险、管理两用性研究的报告机制向世界卫生组织提供咨询意见。

（三）提出生物安全法案举措，规范生物技术监管

美国高度重视生物安全治理，建立了相对完善的生物技术监管法规体系，如《美国政府生命科学两用性研究监管政策》明确需要重点监管的 15 种危险病原体或毒素以及 7 类两用性研究。生物技术的快速发展使得生物风险不断变化，美国政府不断调整规范两用性生物技术的监管措施。俄罗斯关于危险生物设施的两个规范性文件正式生效。

1. 美国国会议员提出两项生物安全新法案

2023 年 7 月，美国国会议员提出《基因合成安全法》和《人工智能与生物安全风险评估法》。《基因合成安全法》意在改善美国医疗安全，减少基因合成带来的风险。该法案将指导卫生与公共服务部（HHS）评估基因合成产品不同法规的不确定性、风险、成本和收益，要求联邦政府资助的实体及联邦政府只能从符合规定的供应商处采购。《人工智能与生物安全风险评估法》要求卫生与公众服务部开展风险评估并实施战略举措，以应对

因人工智能和其他新兴技术领域的技术进步对公共卫生和国家安全造成的潜在威胁。

2. 美国众议院批准禁止功能获得性病原体研究

2023 年 11 月，美国众议院禁止联邦资助“功能获得性研究”（GOF），此类研究通过改变高风险病原体的方式使其对人类的危害更大。该禁令是美国卫生与公众服务部 2024 年众议院支出法案修正案的一部分，将修改去年通过的法律条款。修正案现在的内容是“本法案提供的资金不得直接或间接用于开展或支持任何涉及潜在大流行病病原体的功能获得性研究”。

3. 美国总统拜登签署开发和使用人工智能行政令

2023 年 10 月，美国总统拜登签署《安全、可靠、可信地开发和使用人工智能》的行政令，要求对人工智能（AI）展开安全评估，制定指导方针和预防措施，研究 AI 对劳动力市场的影响等，以应对 AI 快速发展带来的风险。该行政令特别指出，生物安全为重点关注领域，存在人工智能潜在应用风险。AI 对生物安全的影响主要是大语言模型和生物设计工具具有潜在两用性。行政令要求政府机构评估 AI 技术赋能武器化的可能性和严重性，指出利用大型公开生物数据集进行 AI 模型训练存在的风险，AI 模型本身可大大提升功能获得性研究（包括致病性或毒性）的设计能力，要求能源部开发 AI 模型评估工具、测试平台和网络安全防护工具。

4. 俄罗斯关于危险生物设施的规范性文件正式生效

2023 年 3 月，俄罗斯联邦政府关于危险生物设施的两个规范性文件正式生效，分别是《潜在危险生物设施清单》和《遏制和消除因事故和（或）破坏造成的生物污染区措施规定》。根据俄罗斯政府 2022 年 7 月 4 日发布的第 1203 号政府令，这两个文件是落实《俄罗斯联邦生物安全法》第十二条第二款的具体措施。《潜在危险生物设施清单》规定了具有潜在危险的三类生物设施，分别是：建有病原微生物和病毒库的设施；从事Ⅰ–Ⅲ类病原体研究的设施；从事Ⅰ–Ⅱ类病原体相关生产活动或Ⅲ–Ⅳ类病原体相关工作的生物企业。《遏制和消除因事故和（或）破坏造成的生物污染区措施规定》规定了针对上述三类潜在危险生物设施的措施。

三、生物安全技术发展趋势

传染病检测诊断和预防性疫苗研发对维护公众健康与全球公共卫生安全至关重要。世界各国政府和科研人员积极推进创新性生物威胁检测诊断技术产品与疫苗研发，开发针对烈性病原体的疫苗。

（一）生物威胁检测趋向高灵敏快速方向发展

美国加州大学洛杉矶分校科研团队开发出一种基于核酸扩增检测的病毒自动化检测平台，可在灵活工作流程中并行执行可编程的液体处理和生物分析操作，显著提高了检测速度和通量，降低了检测成本。美国哈佛大学威斯研究所开发出一种电化学传感器装置 eRapid，能够快速、多重识别感染病毒变体，以极小的样本和极低的成本快速、准确、差异化地评估个体中针对病毒抗原的抗体。美国宾夕法尼亚州立大学开发出一种针对猴痘的快速检测技术，可针对未来的突变或新出现的病原体进行定制，且经济成本低。美国圣路易斯华盛顿大学科研团队家开发出一种病毒呼气检测技术，只需一两次呼吸即可在 1 分钟内提供结果。

（二）针对烈性病原体的疫苗研发取得积极结果

美国食品药品监督管理局（FDA）批准全球首款用于保护新生儿和婴儿免受呼吸道合胞病毒（RSV）感染的 Nirsevimab 疫苗。欧盟委员会批准了首款呼吸道合胞病毒疫苗 Arexvy 在欧盟上市，以保护 60 岁及以上人群免受呼吸道合胞病毒引起的下呼吸道疾病感染。FDA 批准首款基孔肯雅病毒疫苗 Ixchiq 用于 18 岁及以上有感染基孔肯雅病毒风险的人群。美国国立卫生院国家过敏和传染病研究所开发的马尔堡病毒疫苗 cAd3-Marburg 在Ⅰ期人体临床试验中展示出良好的安全性与有效性，并诱导机体产生免疫反应。美国北卡罗莱纳州立大学研究团队将新冠病毒刺突蛋白的受体结合结构域与灭活的甲型流感病毒 H1N1 相结合，研发出新型双效疫苗，可同时针对流感病毒和新冠病毒。美国麻省理工学院科研团队开发出 mRNA 疫苗，可在小鼠中以较低的剂量产生更强的免疫反应。美国萨宾疫苗研究所启动马尔堡病毒候选疫苗的Ⅱ期临床试验。该试验将在乌干达、肯尼亚和美国本土分阶段进行。该疫苗属于重组腺病毒载体疫苗，在临床前和Ⅰ期临床试验中表现出良好的安全性和免疫原性。军事科学院军事医学研究院秦成峰与首都儿科研究所联合发表论文，首次报道了将锰作为矿化材料用于修饰病毒，为研发高效、快速、通用型病毒疫苗奠定基础。

（三）多国投巨资资助生防疫苗药物研发和储备

美国拜登政府宣布，将投资 50 亿美元用于“下一代项目”（NextGen），开发广谱高效的新冠疫苗。NextGen 将通过政府间机构合作以及公私机构合作等方式，共同研发下一代新冠疫苗，预防新冠病毒变异株和其他未知的冠状病毒。丹麦诺和诺德基金会承诺提供 18 亿丹麦克朗（约合 2.6 亿美元），建立最先进的研究和疫苗开发计划，为结核病、流感等致命呼吸道疾病研制新的或改进的疫苗。欧盟委员会向芬兰拨款 2.42 亿欧元，用于建立首个应对化学、生物、放射性和核威胁的战略储备（rescEU CBRN），包括个人防护设备、测量设备、药品及抗体，救援设备和医疗用品等。美国农业部根据《动物健康保护法》向动植物健康检验局提供 5.02 亿美元，为美国可能出现的高致病性禽流感的额外检测做好准备。欧盟委员会与美国辉瑞公司以及几家欧洲制药公司签订合同，为欧盟每年生产 3.25 亿剂疫苗，以应对未来可能的全球传染病大流行。

（军事科学院军事医学研究院　李丽娟）

2023 年野战输血领域发展综述

在当前的国际局势下，局部战争和冲突频繁发生，及时有效的战伤救治不仅对保障伤员的生命安全至关重要，更是恢复战斗力和保持战斗意志的重要手段。在各种创伤类型中，失血过多是导致士兵伤亡的主要原因之一，输血治疗能够显著提高伤员的生存率。但由于战场环境的特殊性，野战输血领域仍然面临着诸多挑战。随着科技进步，野战输血研究将更注重创新技术的应用，以实现更快速、更高效、更安全的输血救治。本文概述 2023 年年度国外野战输血研究的最新进展，特别关注院前输血和临床输血领域的最新共识，以及新型工程化血细胞在战场抗感染方面的应用。

一、俄乌冲突院前急救输血实战经验

低血容量休克是由于急性失血和组织损伤导致的血容量严重减少，是士兵中最常见的可预防死亡原因之一。面对这种情况，需要尽快使用止血带减缓出血，然后快速补液输血以恢复重要器官供血，防止长时间缺氧导致器官不可逆性损伤。2023 年 8 月，《军事医学》（*Military Medicine*）杂志上发表了一篇来自北约各国和乌克兰的战地医疗专家的评论文章。这篇文章回顾了 2022 年以来，在俄乌冲突的背景下，乌克兰在战地伤员救治方面所取得的经验和教训。其中，文章特别关注了在伤员送往二级救治机构之前的救治过程，以及在救治过程中血液制品的使用情况，可概括为以下 3 个方面。①在救治严重创伤的伤员时，使用加温的液体、新鲜血浆和其他血液制品是首要考虑的措施。无论是使用晶体液还是血浆，都应该考虑使用输液加热器，以确保血液的温度不会过低。②低滴度 O 型通用全血目前在乌克兰的使用并不普遍，为了降低伤员的死亡率，应该在尽可能靠近前线的区域使用低滴度 O 型全血，包括从伤员负伤到送达二级救治机构的过程中。③虽然院前血液管理和输血在乌克兰是合法的，但培训、监测和评估仍然是首要任务。

二、美军院前急救输血研究进展

院前输血在美军及其盟军在战伤救治中已经大量开展，并取得显著效果，但在地方急救中心是否开展院前输血救治尚未形成共识，大量相关研究持续在开展。2023 年 1 月，伦敦玛丽女王大学创伤科学研究所的 Harriet Tucker 等在 *Crit Care* 杂志公开发表一项关于院前输血的多中心研究结果，该文通过前瞻性和回顾性数据收集，分别比较了血浆（Plasma）、悬浮红细胞（RBC）和血浆联合悬浮红细胞（RBC&P）对创伤出血患者死亡率的影响。研究发现，与单独输注 RBC 相比，Plasma 组和 RBC&P 组能够显著降低伤员 24 小时死亡率，尤其是对于穿透性损伤类伤员。来自亚利桑那大学医学院的 Hamidreza Hosseinpour 等于 2023 年 4 月在 *J Am Coll Surg* 发表了一篇回顾性分析研究，探讨了全血输血时间对创伤患者结果的影响。通过分析 2017—2019 年的美国外科医师协会 TQIP 数据库，该研究将接受全血治疗的成年创伤患者按第一次全血输血的时间进行了分层，并评估了 24 小时和住院期间死亡率。研究结果显示，全血输注延迟 30 分钟与伤员死亡率增加相关，尤其是在入院休克指数较高的患者中。该研究认为，全血应在创伤患者的早期复苏中易于获取和输注，以降低死亡率。此外，关于院前输血与儿童伤害结局的关联性，匹兹堡大学医学中心的 Katrina M. Morgan 团队于 2023 年 7 月在 *JAMA Pediatr* 杂志进行了相关报道，作者通过回顾性队列研究，在宾夕法尼亚州创伤系统基金会数据库中选取了 2009—2019 年接受院前输血或急诊室输血的儿童作为研究对象。主要结局指标是 24 小时死亡率，采用倾向评分匹配和逻辑回归分析方法，考虑患者性别、损伤严重程度、保险状况和潜在的中心异质性。研究结果显示，与急诊室输血相比，院前输血显著降低 24 小时死亡率和住院死亡率。因此，研究认为，出血的儿科患者可能受益于早期止血复苏，但这需要进一步的前瞻性研究。

三、新版美国临床输血指南发布

2023 年 10 月，国际知名期刊 *JAMA* 在线发表了美国血库协会（AABB）有关红细胞输血最新指南。虽然在本指南发布之前，已有不少指南文件，用于指导临床红细胞输血。但由于输血潜在的风险，血液资源的紧张，以及更多临床研究提示，输血阈值可能与患者预后相关，基于这些丰富的临床研究资料，持续的更新，形成指导文件对于临床输血工作较为重要。这篇指南基于 45 项成人和 7 项儿童随机试验的数据，与旧版相似，增加了对成年血液肿瘤患者、危重症儿童以及先天性心脏病儿童的输血建议。主要内容包括以下几方面。①对于血流动力学稳定的住院成年患者，专家建议采取限制性输血策略，即血红蛋白浓度低于 7 克/分升时才考虑输血（强烈推荐，中等证据质量）。具体来说，接受心脏手术的患者阈值可选 7.5 克/分升，接受骨科手术或心血管疾病的患者阈值可选 8 克/分升。②对于患有血液疾病和肿瘤疾病的住院成年患者，专家建议血红蛋白浓度低于 7 克/分升时考虑限制性输血策略（较弱的推荐，低证据质量）。③对于危重儿童和有危重症风险的儿童，若没有血红蛋白病、发绀性心脏病或严重低氧血症，专家建议血红蛋白浓度低于 7 克/分升时采取限制性输血策略（强烈推荐，中等证据质量）。④对于血流动力学稳定的先天性心脏病患儿，专家组建议根据手术修复阶段设定不同阈值：7 克/分升（双心室修复）、9 克/分升（单心室姑息）或 7~9 克/分升（未纠正的先天性心脏病）（较弱的推荐，低证据质量）。综上所述，专家组更倾向于推荐限制性输血策略，成人和儿童的阈值通常为 7 克/分升。不过，专家组也承认还有其他重要因素需要考虑，如患者的体征、症状、合并症、价值观和偏好等。这些因素在不同患者之间存在差异，因此输血阈值应根据情况适度调整。

四、人工智能助力精准输血发展方向

匹兹堡大学外科创伤与输血医学研究中心的 Matthew D. Neal 博士及其团队于 2023 年 10 月在医学期刊 *JAMA* 上发表了一篇述评性文章。这篇文章深入探讨了精准输血在未来的发展方向，并强调了人工智能技术在临床输血决策中的重要作用。文章详细阐述了人工智能如何通过大数据分析和深度学习，为医生提供更加精准和及时的输血建议。他们认为，通过利用这些先进技术，医生可以更准确地评估患者的输血需求，减少不必要的输血，以及降低因输血不当而引发的并发症风险。

手术中输血需求的准确预测有助于提高血库和手术科室的工作效率，降低成本。范德比尔特大学医学中心的 Matthew A. C. Zapf 及其团队于 2023 年在 *J Clin Anesth* 杂志发表相关研究性论文，他们通过回溯单中心医院数据，利用机器学习模型预测手术中是否需要输血。这样做的目的是为了更好地准备血液供应，并决定是否需要进行血液相容性检测。研究发现，使用机器学习预测手术中的输血需求是可行的。特别是 LightGBM 模型表现最好，在外部验证中准确率达到了 76.1%，敏感性也达到了 91.2%。这表明，我们可以通过分析患者的临床特点，利用机器学习模型来预测手术中的输血需求，作者建议将该模型整合到患者电子健康记录中，以便于有针对性地进行输血、备血和开展血液相容性检测，提高血库效率，减少非必要的检测成本。韩国天主教大学医学院汝矣岛圣玛丽医院的 Hi Jeong Kwon 及其团队在 *Digital Health* 杂志也发表了类似的工作，他们利用与输血相关的国家开放大数据，开发了包括 XGBoost、LGBM 和 CatBoost 在内的预测模型，预测医疗机构每月的血液输血需求，结果表明，血液需求预测算法能够提前为医疗机构准备适当数量的血液，可有效提高血库和临床用血单位的工作效率，为患者提供更优质的医疗服务。

机器学习应用于创伤出血诊断或治疗决策中，能够更好地协助临床医生快速开展救治工作。加拿大国防研究发展部多伦多研究中心的 Henry T. Peng 及其团队在 *Mil Med Res* 杂志发表相关综述性文章。Peng 指出，国际上对该领域的研究目前主要集中在 5 个方面，包括结局预测、伤情严重度的风险评估和分诊、输血预测、出血检测和凝血障碍预测。在这些方面，机器学习已经展现出了一定的优势。然而，大部分研究都是回顾性的，只有少数研究真正验证了模型的性能，相关的研究成果尚未得到广泛应用。不过作者对于该领域充满信心，基于人工智能的机器学习技术正在逐渐成为创伤复苏救治中不可或缺的一部分，未来的发展空间非常大。伦敦玛丽皇后大学创伤科学中心的 Sankalp Tandle 及其团队针对该文章进行了评述，肯定了上述文章在机器学习在创伤出血诊断或治疗领域中的价值，同时也提出建议，应重点开发受伤后几小时内输血需求的预测模型，此外，在开发创伤大失血相关预测模型方面，应注意避免二分阈值的方式，二分阈值虽然具有简单易懂、分类明确和计算效率高等特点，但也会导致对数据分布的过度拟合而忽视数据的连续性，并且使得模型在处理不同数据集时不够灵活。

综上所述，人工智能在临床输血决策中的应用不仅提高了输血的效率和安全性，还为医生提供了更多的支持和参考，尤其是在战场环境下，战伤救治经验缺乏的卫生员也可以借助人工智能决策，快速开展输血救治工作。

五、工程化血细胞用于重症战伤感染的防治

通过工程化血细胞的技术方式来实现广谱长效抗菌，国内外已经开展了大量工程化红细胞和血小板相关领域的研究工作。2023 年 5 月，加州大学圣地亚哥分校纳米研究所的张良方团队在 *Angew Chem Int Ed Engl* 杂志上发表了一项突破性研究。他们成功研发了一种新型的纳米医学平台——红细胞纳米盘，并探索了其在抗菌方面的应用。研究团队利用人类红细胞膜与两亲性支架共聚物苯乙烯-马来酸混合制备出红细胞纳米盘（RBC-NDs）。RBC-NDs 因其具有独特的圆盘形状和超小尺寸（仅 20 纳米），能有效避免被网状内皮系统吞噬，从而成为靶向输送抗肿瘤、抗病毒和抗菌药

物的理想选择，甚至可以用作纳米疫苗制剂。在体内外实验中，RBC-NDs展现出对耐甲氧西林金黄色葡萄球菌（MRSA）产生的α-toxin和wSP毒素的非特异性吸附，显著提高了MRSA感染小鼠的生存率。此外，RBC-NDs在体内显示出良好的生物相容性和生物安全性。这种具有中和MRSA外毒素活性的红细胞纳米盘的设计思路，为广谱抗菌产品的研制提供了全新策略，未来有望得到广泛应用。这项研究得到了美国国防部国防威胁降减局的资助。此外，2023年11月，来自韩国蔚山基础科学研究所的Mamata Karmacharya及其团队在*Adv Healthc Mater*杂志发表文章，介绍了一种包裹超分子金属催化剂的人类血小板膜囊泡，用于将抗生素前药在接近细菌处转化为活性抗菌药物，用于口腔感染性疾病的防治。

基于前期大量的研究基础，源于战场上的现实需求，2023年6月28日，美国国防高级研究计划局（DARPA）公布了一项名为“血液病原体定位和抗感染”（SHIELD）的全新计划。血液感染（BSI）已经成为影响作战人员健康和战斗力的重要因素。由于战场环境恶劣，伤员容易受到各种真菌和细菌感染，如果不及时治疗，这些感染可能导致严重的后果，甚至威胁生命。SHIELD计划的目标是研发出一种能有效预防和治疗血液感染的方法。这种方法需要具备快速定位并清除血液中病原体的能力，防止感染扩散。更为重要的是，该计划希望能够开发出一种广谱的预防方法，能够对所有真菌和细菌病原体产生效果，使用后能够提供至少72小时的保护期，且产品本身安全性高，不会对使用者造成新的健康威胁。为此，该计划将运用先进的生物学技术，包括但不限于工程化血细胞，大范围清除血液中的微生物，以达到预防和治疗血液感染的目的。这项计划的成功实施，将为作战人员提供更有效的血液感染预防和治疗手段，进一步保障他们的生命安全和健康状况。

六、结语

提升野战输血救治能力，对于提高战场医疗救治水平、保障士兵生命安全以及维护国家安全具有深远意义。本文概述了2023年度野战输血研究的最新进展，包括俄乌冲突院前急救输血实战经验、新版国际临床输血指南发布、人工智能助力精准输血发展方向和工程化红细胞用于重症战伤感染的防治等内容。在未来复杂战场环境下，增强院前输血救治的能力，丰富优化血液供应品种，重点增加低滴度O型通用全血的配备。人工智能辅助精准输血、工程化血细胞用于广谱抗菌等的创新技术均处于研发阶段，尚未有相应成型的产品，以寻求进一步的突破。

（军事科学院军事医学研究院　詹林盛　张玉龙）

2023年干细胞与军事再生医学领域发展综述

再生医学领域是目前生命科学和生物医学研究最为活跃的领域之一，旨在修复或替换人体内受损或患病的细胞、组织和器官；是一门利用生命科学、材料科学、计算机科学和工程学等多种学科理论和技术的交叉学科，涉及干细胞、基因治疗、细胞治疗和组织与器官工程等方向。近年来，干细胞等新兴领域快速发展，其在战场创伤及其并发症的治疗方面具有重要前景，包括皮肤、器官、神经系统、骨骼肌肉系统、生殖器/睾丸等损伤治疗，以及血液循环系统的再生和急性放射病的治疗和新型生物传感器的开发应用。干细胞在各国军事再生医学中逐渐显现的举足轻重的作用，使其成为一个国家在军事方面的重要医学储备。本文将从按需制作器官技术、细胞治疗技术等方面概述2023年干细胞与再生医学在军事方面的前沿进展。

一、“按需制作器官技术”助力解决移植用器官短缺问题

2023年，“按需制作器官技术”被《麻省理工科技评论》评选为2023年

全球十大突破性技术之一（图1）。该技术是通过基因编辑克服异种器官排异、3D生物打印、干细胞再生医学等技术手段，未来领域内有望制造出日趋完善的人造心脏、肝脏、肾脏等可移植器官，让移植器官短缺成为过去。

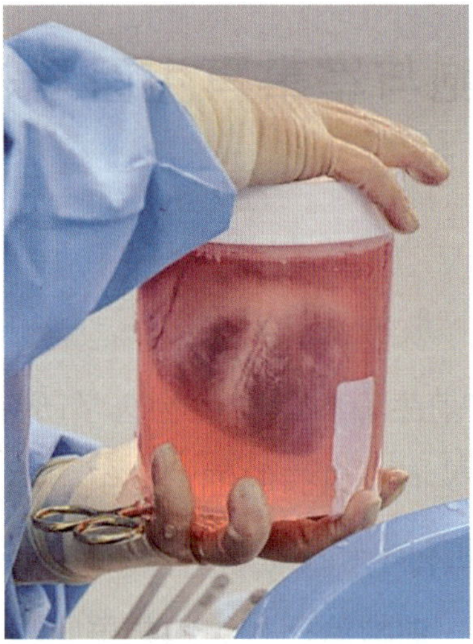

图1　按需制作器官技术

（一）通过基因编辑技术改造异种供体器官适应人体环境

利用基因编辑技术，可以删除引发人类免疫反应的抗原相关基因、降低排斥反应，同时插入免疫调节相关的人源基因，失活异源逆转录病毒基因，减少病毒对人体的潜在感染风险，从而达到改造异种供体器官的目的。

2023年9月，美国马里兰大学医学院团队报道了全球第二例猪心脏人类活体移植手术，在2022年首例猪心脏人体移植手术的基础上，对猪心脏进行了猪巨细胞病毒的失活，该患者移植后存活6周死亡。2023年10月，美国生物科技公司eGenesis在《自然》上发表最新研究：一只植入了基因编辑猪肾的食蟹猴已经存活了超过2年，存活时间为目前公开异种器官移植中最长的。虽然距离技术成熟仍有很长的道路要走，但猪的内脏器官与人类器官的诸多相似之处，仍是人类器官移植理想的潜在供体。

（二）灌注脱细胞和再细胞化技术

灌注脱细胞是一种对整个组织或器官进行去细胞化的技术，通过该技术，包括毛细血管在内的天然血管系统可以得到保存，促进组织器官的重建。

俄乌冲突以来，美国军方采购仿生血管公司 Humacyte 的可再生人工血管 HAV（人类无细胞组织工程血管），在乌克兰进行临床研究。这种人工血管是一种细胞外基质，利用了灌注脱细胞技术，保留了血管的生物力学特性，但清除了可能诱导免疫排斥反应的细胞成分。2023 年 8 月公布的 16 名乌克兰血管损伤士兵的临床数据显示 HAV 治疗患者的成功率很高，观察到 30 天 HAV 通畅率（有血流）为 95%，在 HAV 治疗 30 天后，肢体挽救率为 100%，此外，患者存活率为 100%，没有出现 HAV 感染病例，这一临床结果显示了该人工血管在战场救治中的应用价值（图 2）。

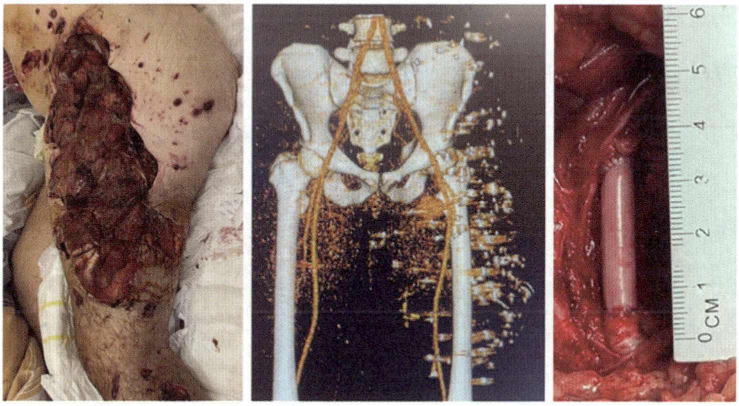

(a)　(b)　(c)

图 2　HAV 用于战伤救治

（三）3D 生物打印技术

3D 生物打印作为一种发展迅速的新兴技术，给航空航天、机械、汽车、医疗、教育等诸多行业注入了新鲜的血液。3D 生物打印是一种以数字模型文件为基础，基于计算机辅助设计和计算机辅助制造，运用高细胞相容性等生物材料作为打印墨水承载细胞，通过组层打印的方式来构造物体的技术。3D 生物打印通过人工方式构建活体功能组织，可以满足组织替代和器官移植的需求。

AM Research 发布的关于军事和国防增材制造的深入市场研究指出，3D 生物打印在军事和国防领域的巨大机遇和潜力，其价值预计将在 2023 年达到 18.8 亿美元，国防部的直接支出为 3 亿美元。2023 年 2 月，美国麻省理工的研究人员开发出能根据患者心脏医学图像进行 3D 生物打印的心脏复制品，可模拟患者泵压和流量，帮助临床医生找到适合个人的最佳植入方案。2023 年 7 月，哈佛研究团队使用 3D 生物打印技术，创造出 FibraValve 儿童心脏瓣膜，能够随年轻患者一起生长，从而避免了额外的手术。10 月，美国研究团队在*Science Advances* 发文，成功地使用 3D 生物打印技术打印出了具有毛囊结构的皮肤组织，其形态学和生物学特性与自然皮肤组织相似（图 3）。

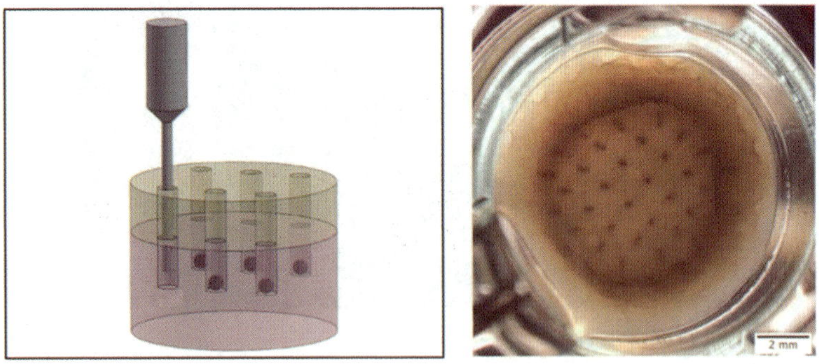

图 3　3D 生物打印技术打印出具有毛囊结构的皮肤组织原始示意图

（四）干细胞诱导组织器官生成

多能干细胞可以分化为人体的几乎所有细胞类型，器官特异性干细胞通过严格的自组装过程，可以形成具有该器官类似的细胞类型、三维结构和功能的类器官。在组织器官修复方面，2023 年类器官的应用有了新的进展。

2023 年 1 月，美国辛辛那提儿童医院、霍普金斯大学医学院、密歇根大学和法国南法特大学的研究人员在 *Nature Biotechnology* 上发表文章，表示已经将人肠道微小三维球体类器官移植到人源化小鼠体内，此类器官可产生多达 20 种人类免疫细胞，为肠道疾病治疗提供了新的方式。2023 年 2 月，美国生物技术公司 Biostage 在 *Journal of Immunology and Regenerative Medicine* 发表论文，证明用自体脂肪间充质干细胞能够刺激新血管生长，对切除食道进行修复。这是人类首次在患者的食管癌被手术切除后成功修复食管。

二、细胞治疗用于特定疾病的治疗与身体机能恢复

细胞治疗是指将特定的细胞（如免疫细胞、干细胞或经过生物工程改造的健康细胞等）通过体外扩增、体外分化、特殊培养等处理后，得到具有特定治疗功能等细胞，递送至患者体内，通过细胞替代治疗、分泌细胞因子改善微环境或者是增强机体免疫杀伤功能的作用，以达到治疗某种疾病为目的的一种新兴治疗方法。目前，已经有多种类型的疾病利用多能干细胞分化来源的功能细胞开展临床实验，涉及的疾病包括帕金森病、脊髓损伤、老年性黄斑变性、骨关节炎、心肌缺血、糖尿病、地中海贫血和肿瘤等。同时，细胞治疗的深入研究，为治疗战时骨损伤及战后损伤及疼痛修复具有重要意义。

（一）运动损伤预防与治疗

间充质干细胞（MSC）作为多潜力的基质细胞，具有强大再生能力和

多向分化能力，可以分化为脂肪、骨、软骨、肌肉、肝、心肌、神经和内皮等多种组织细胞，成为细胞治疗领域最常用的干细胞之一，其能够诱导软骨样细胞生长、促进骨再生，分泌多种细胞因子，调节炎症环境，自身免疫原性低。以上特性，使得间充质干细胞疗法治疗运动损伤、关节和脊柱退化类疾病成为可能。

MSC 疗法在治疗运动损伤预防与治疗中效果显著。近年来，全球越来越多运动员通过在膝盖、臀部、脚踝、肩膀等损伤部位注射干细胞以寻求康复。2023 年 10 月 *Business Insider* 报道，全美橄榄球联盟中最顶尖的运动员在一个赛季过后，采用从捐赠者的脐带组织中提取的 MSC 以静脉输注的方式注入体内进行为期 5 天的伤病治疗，很快地从包括跟腱炎、脚部骨折等伤病中恢复。

（二）神经损伤修复，治疗衰老相关疾病

衰老、损伤和疾病可以被认为是细胞功能失常或受损的结果。细胞替代治疗手段在治疗包括帕金森病、阿尔兹海默病、脊髓损伤、肌萎缩侧索硬化等神经系统疾病方面发挥着举足轻重的作用。

2023 年 11 月，塔夫茨大学和哈佛大学的研究人员在 *Advanced Science* 上发文，表示利用人类器官细胞创造出一种微型生物机器人“*Anthrobots*”，无需进行基因改造，就可以实现自我组装、移动；将其添加到受伤的神经元中时，可以帮助神经元进行自我修复（图 4）。

2023 年 8 月，加州大学圣地亚哥分校的研究人员利用干细胞疗法缓解了阿尔兹海默病小鼠的症状。团队成员将造血干/祖细胞对阿尔兹海默病小鼠进行注射，移植的干细胞可以在大脑中分化成新的、健康的小胶质细胞样细胞，从而有效预防或者减少了阿尔兹海默病的进展，相关研究发表在 *Cell Reports* 上。该工作表明，造血干细胞和祖细胞移植有潜力预测阿尔兹海默病的并发症，并可能成为治疗阿尔兹海默病极具前景的方法。

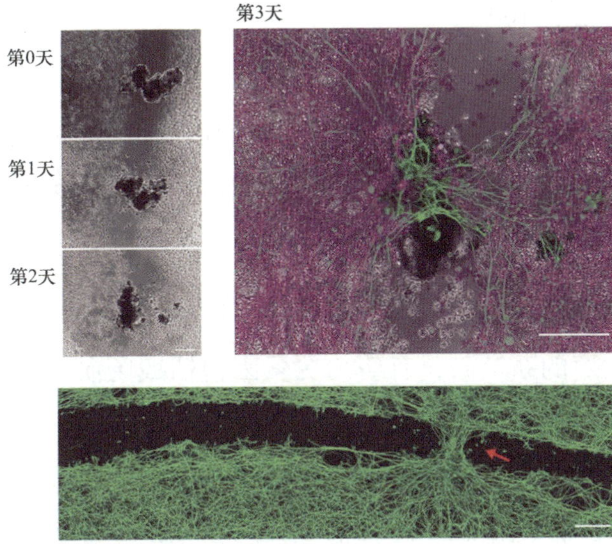

图 4　人类器官细胞微型生物机器人“Anthrobots”的神经元自我修复功能

（三）慢性疼痛治疗

慢性疼痛是一种常见的慢性疾病，包括慢性原发性疼痛、慢性癌症相关疼痛、慢性术后疼痛和创伤后疼痛、慢性神经病理性疼痛、慢性头痛和颌面痛、慢性内脏痛以及慢性肌肉骨骼疼痛。疼痛已成为继心脑血管疾病、肿瘤之后的第三大健康问题。

干细胞具有分化和自我更新的能力，通过分化为软骨、旁分泌、抗炎和免疫调节、“归巢”等机制修复关节软骨，通过抑制炎症和调节免疫系统、归巢、调节阿片类受体、分泌细胞外囊泡等方式缓解疼痛。干细胞治疗骨关节炎有利于改善疼痛和功能评分。截至 2023 年 10 月，在美国国立卫生研究院最大的临床试验注册库 clinicaltrials. gov 网站上注册的有关干细胞治疗骨关节炎的临床研究项目达到了 177 余项，其中一部分已经完成了临床试验，以及安全性和有效性的初步评价。东亚、西欧、中东和美国是干细胞临床治疗研究的主要地区。以“疼痛”“干细胞”为关键词搜索，注册的临床研究项目也多达 100 余项。

（四）眼科疾病治疗

经历化学烧伤等特殊损伤的患者因其角膜干细胞的缺失，无法进行传统的角膜移植术，急需更安全且行之有效的新技术。2023 年 8 月，美国哈佛大学医学院的研究人员在 *Science Advances* 上发表其角膜上皮干细胞移植 1 期临床试验的结果，表明患者在接受移植后 4 周恢复视力，实现角膜干细胞缺乏症患者治疗的新突破，有望为更多因包括战场损伤在内的特殊损伤眼疾患者带去光明和希望。

此前，已经有日本大阪大学、美国哈佛医学院、瑞典卡罗林学院等机构的科学家们将干细胞用于角膜移植、视网膜神经修复与再生以及治疗年龄相关性黄斑变性等研究及临床工作中。

（五）皮肤损伤修复

烧伤是军队环境中普遍存在的危险，烧伤治疗从保护受损的表面屏障皮肤开始，开发皮肤移植和皮肤替代品用于治疗烧伤伤员。2023 年 6 月，再生医学公司 AVITA Medical 宣布美国食品药品监督管理局已批准扩大 RECELL®系统的范围到全层皮肤缺损的治疗，包括创伤性撕脱伤、手术切除（如坏死性软组织感染）或切除术（如皮肤癌）后的伤口损伤等。据悉，RECELL®系统是一次性使用的自体细胞采集设备，该装置允许收集小的皮肤样本，用于产生喷雾状皮肤细胞的悬浮液，包含角质细胞、成纤维细胞和黑色素细胞的组合，可以直接应用于伤口。

（六）体外制备血液

全血输注已被广泛用于治疗军事创伤患者。2023 年 3 月，日本筑波大学、东京大学和庆应义塾大学等研究机构的研究人员首次利用无细胞因子的新范式培养方法，实现体外扩增人造血干细胞，在提高造血干细胞体外扩增效率的同时，实现更低成本的生产，相关成果发表在《自然》期刊上。这一成果，奠定了在体外低成本、规模化制备全血中各类血细胞的基础；为提高血液战略储备能力，保证战时血液的充足供应提供了可能。

三、结语

纵观2023年，干细胞与军事再生医学领域蓬勃发展。首先，干细胞培养和扩增技术方面的显著进展，改善了干细胞的存活率和扩增效果，获得了更多可用于治疗的细胞资源，为开展更广泛的细胞治疗提供了坚实基础。其次，干细胞在创伤治疗和再生医学的应用取得了重要突破，多项研究探索了利用干细胞治疗骨骼和软骨损伤、创伤性脑损伤，治愈严重烧伤，甚至再生血管、心脏和肝脏等重要组织器官。这些突破性进展对于改变在军事环境下处理伤病的方式具有巨大潜力，为治愈伤病开辟了新的领域，对于降低战士伤残率、使其更快恢复至战斗状态有重要意义。此外，欧美等国家也积极建立起完善的干细胞库，为军事人员提供个性化干细胞治疗方案。随着技术的不断进步与创新，各国也将继续加大对这一领域的投入力度，充分发挥干细胞的应用价值，推动干细胞技术在军事医学中的广泛应用，为军事医学带来更多的突破与奇迹，为军事人员的健康与战斗力提供更加坚实的保障，同时为解决全球疑难性疾病提供有效方案。

（军事科学院军事医学研究院　臧茹歌　颜颢　刁佳飞　岳文）

2023 年战伤救治领域发展综述

2023 年，战伤救治领域取得了一系列进展，根据未来新的作战样式调整组建国防卫生网络，开展野战救治培训和演习，重视战场急救血液制品和创伤性脑损伤新技术研发，开展野战延时救治环境战斗应激控制，不断研发新型战伤救治技术和装备，部署战伤救治前沿科技项目。

一、急救演习培训

美军注重战伤救治医疗培训和演习，在培训和演习中使用新型战伤救治装备，新型高保真模拟器开展伤员救护培训，在“北方打击 2023”演习中，使用新型无人机技术评估战场伤亡情况等。

（一）使用新型高保真模拟器开展伤员救护培训

美国国防部为空军国民警卫队配备目前最坚固耐用的高保真人体模拟器，用于战场上伤员救治培训。2023 年 9 月，Operative Experience 公司（OEI）为 90 个空军国民警卫队驻地配备高保真战术伤员救护专业系列（TCCS Pro）模拟器，旨在满足美国国防部规定的最新战术战伤救治（TCCC）

培训要求。OEI 在美国国防部的小企业创新研究基金的资助下开发了 TCCS 模拟器，该模拟器遵循 TCCC 模拟器开发方案，利用战伤救治 MARCH 算法优先进行必要的分流和治疗，包括大出血、气道受损、呼吸窘迫、血液循环和体温过低等，以挽救战场伤员生命。OEI 开发的 TCCS Pro 和持久性战术伤员救护专业（PCCS Pro）模拟器是市场上唯一能提供完整伤员救护培训的高保真模拟器，其独特功能包括智能肢体技术（可更换肢体和伤口）、高保真人体反应（独立眨眼、气道并发症、多个伤口部位的搏动性和静脉出血）以及与生命相同的循环系统。可将“健康”人体模型模块化为各种损伤模式，以改变训练评估迭代并实现特定的损伤机制，可用于从战场受伤点、途中救治到抵达军事治疗设施的整个救治过程（图 1）。

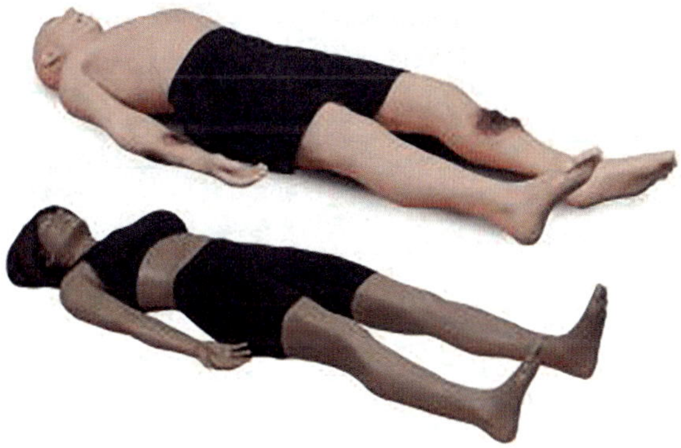

图 1　伤员救护培训新型 TCCS Pro 模拟器

（二）测试无人机技术评估战场伤亡情况

美军在密歇根州“北方打击 2023”演习中，部署了重新配置的无人机，配备先进的摄像头和计算机系统，从空中对伤员的生命体征进行评估。2023 年 9 月，美国陆军利用无人机开展医疗和灾难响应行动。使用无人机识别伤员的概念是美国陆军医疗队应用视觉和智能系统（VISTA）项目的一部分。这项计划旨在开发基于计算机视觉的软件算法，以迅速检测伤情，尤其是在被认为高度危险而无法进行人工干预的区域。在演习中，美国陆军成功地在距离伤员 10~50 米的高度测试了重新配置的无人机。无人机将收集到的生命体征信息报告给医务人员。尽管在森林和灌木丛覆盖的地区执行无人机搜救任务时遇到了重重阻碍，但无人机仍证明了其有效探测伤员的能力。通过利用配备先进传感器和计算机系统的无人机，美国陆军希望最大限度地缩短评估伤亡情况和救治伤员的时间（图 2）。

图 2　第 110 医疗队在“北方打击 2023”野战演习

（三）开展可穿戴氯胺酮止痛装置测试

2023 年 8 月，“北方打击 2023”演习中对一种可穿戴设备进行实地测试，该设备是一种坚固耐用的可穿戴输液装置，能在复杂环境中为士兵快速提供氯胺酮止痛。美军目前使用氯胺酮在艰苦和复杂环境中进行止痛治疗，现行的《战术战伤救治指南》（TCCC）对氯胺酮的使用做了说明，要求使用氯胺酮治疗疼痛，主要是通过静脉注射（IV）给药。这种疗法早期开发的关键是在模拟战场条件下验证用户需求。在演习中现场就设备的实用性、在实战演习中使用该设备的经验教训、任务影响以及对作战人员的效果等方面征求意见。未来，军事医务人员和非医务人员将接受培训，以便在战场上使用该可穿戴设备，作为未来替代繁琐的静脉注射氯胺酮的方法。

二、创伤性脑损伤评估与药物

（一）研发轻度创伤性脑损伤药物

2023 年 6 月，加拿大生物技术阿尔法认知（Alpha Cognitiong）公司获得美国陆军医学研究物资司令部（AMRMC）提供的 75 万美元的资助，用于进行鼻内给药（ALPHA-1062）减少轻度创伤性脑损伤（mTBI）诱发功能障碍和大脑异常的临床前研究。该研究与西雅图生物医学和临床研究所合作进行，旨在评估药物 ALPHA-1062 在临床前模型中减少重复性爆炸诱发的创伤性休克不良影响的功效。

患有创伤性脑损伤的伤员，即使是轻度，在后期患痴呆症的风险更大，并有可能出现其他神经认知问题。这项研究计划将评估药物 ALPHA-1062 减少有毒形式的脑蛋白 Tau 的能力，这种有毒形式的脑蛋白在与军事有关的创伤性疾病中会增加。这项资助将进一步评估其在减少爆炸引起的创伤性脑损伤的不利影响方面的有效性，并为将来的临床试验铺平道路。该临床前研究预计将于 2023 年第四季度初开始，并持续 16 个月。

（二）评估创伤性脑损伤的虚拟现实测试

2023 年 10 月，亚利桑那大学获得了美国陆军医学研究采购部门提供的 150 万美元资助，用于开发创伤性脑损伤虚拟现实（VR）评估系统。该项目目标是利用人工智能、机器学习和计算神经科学的最新进展，开发一种轻便、便携的虚拟现实评估系统，可在野外快速评估创伤性脑损伤情况。

该系统的参与者将使用 VR 头戴设备和手部传感器系统，身临其境地参与一系列与军事相关的场景。同时，对各种神经认知领域进行实时评估，受试者将与系统提出的问题情景进行互动，如敌友辨别、视觉和听觉感知、态势感知、决策和交流等与作战相关活动。在整个身临其境的体验过程中，系统会收集有关受试者反应的数据，如准确性、反应时间、运动协调性和抑制能力。这些数据将被实时提取，并使用机器学习算法进行分析，以评估神经心理学表现。测试结果可以预测真实世界环境中的行为，而这些行为无法通过简单的观察或传统的纸笔神经心理测试进行切实可靠的评估。未来，这种 VR 评估系统可以针对各种职业专业进行定制，以促进对创伤性脑损伤的精确评估。该系统可以军民两用，应用于医疗、体育、急救和其他领域。可以实现几分钟内对神经认知能力进行快速评估，而且评估水平极为精细，这可能代表着标准神经心理评估的范式转变，将大大提高美国士兵的生存能力和战备状态，并将提高军事人员的整体健康水平和武装部队的战备状态。

（三）研发新的创伤性脑损伤治疗方法

2023 年 7 月，宾夕法尼亚大学医学院获得美国国防部提供的 800 万美元资助，研究创伤性脑损伤（TBI）的生物标志物，在临床试验中测试新的 TBI 治疗方法。该计划将使用人类 TBI 患者大脑的大型数据库、核磁共振成像（MRI）扫描和 TBI 患者血液样本以及大型动物模型，评估 TBI 后 6 个月内的病理变化。首先，确定 TBI 后脑损伤的主要形式，包括神经束退化和血管持续损伤；其次，评估成像技术（如 MRI）如何有效地检测这些病理；再次，确定哪些血液生物标志物表明每种不同脑损伤；最后，确定成像和血液生物标志物如何与损伤和症状的严重程度相对应，并确定未来治疗的靶点。

（四）治疗脑震荡的鼻内给药药物的开发技术

2023 年 6 月，美国 Odyssey 国际集团有限公司在 5 月 15 日至 19 日北卡罗莱纳州罗利市举行的特种作战医学协会（SOMA）科学大会上展示了其正在开发的一种新型药品 ONP-002 的开发技术，这种药品在轻度创伤性脑损伤（又称脑震荡，mTBI）后的急性期至亚急性期，通过鼻内给药进行脑部靶向治疗。

特种作战部队执行的任务需要快速和有效的现场解决方案，以提高军事准备，这与 ONP-002 的开发目标相一致。Odyssey 公司的海报展示为“一种用于治疗现场轻度脑外伤的新型鼻内药物”，重点介绍了开发一种轻量级鼻内现场给药组合的优势，用于受伤后早期阶段进行脑震荡治疗。与 Odyssey 公司的药物开发计划有关的海报主题包括：无需冷链控制的热稳定喷雾干燥配方；呼吸推进的鼻内装置提高药物的分散深度和一致性；临床前数据改善记忆和神经运动功能，同时减少类似抑郁症的行为；第一阶段试验中积极的安全性和药代动力学结果。

三、血液制品

（一）喷雾干燥血浆

目前，英国陆军资助国家医疗服务系统血液和移植部门开发一种制造干血浆的方法，以便在军事行动中使用。2023 年 6 月，英国国防部的“Blood Far Forward”计划旨在为战区士兵在受伤后 30 分钟内提供血液和血浆。干燥的血浆有助于血液凝结，减少军队对冻干血浆的依赖，冻干血浆需要解冻，需要更长时间才能使用，给运输也带来了极大挑战。该研究的干燥血浆能够在不需要复杂设施的情况下生产，可在室温下储存，并放置在更方便的塑料袋中。该干血浆产品不仅可以拯救军队战场上的伤员的生命，而且也可以用于民用医疗，喷雾干燥血浆不仅具有高度的创新性，而且将改变输血医学的进程。

（二）冻干血浆

2023 年 6 月，Cerus 公司获得美国国防部 870 万美元的资助，用于开发减少病原体的冻干血浆 LyoCryo，治疗创伤引起的出血。LyoCryo 产品具有储存稳定性、快速可用性和便携性，能够在偏远环境中为伤员提供救治，以提高创伤出血的存活率。“黄金一小时”是出血病人必须通过输血来抢救以提高生存率的关键时刻，该产品可解决创伤性出血早期治疗的关键需求。同时，实施美国食品药品监督管理局（FDA）要求的制造工艺，继续扩大 LyoCryo 产品的制造技术，并开发数据以支持提交给 FDA 进行监管审查。

（三）新型人工血管

2023 年 2 月，美国 Humacyte 公司开发的人类无细胞组织工程血管（HAV）已用于救治 10 名血管严重受伤的乌克兰士兵，经术后 3 个月随访，临床效果良好，该产品表现出了巨大的潜在应用价值。HAV 是 Humacyte 公司开发的新型生物工程导管，由人体血管细胞和可降解的聚合物制成，在保留血管生物力学特征的同时，也可以剔除导致免疫排斥反应的成分，具有立即可用和抗感染等优势，可用于血管外伤、外周动脉疾病、终末期肾病患者血液透析和冠状动脉搭桥术等方面。HAV 是首个获得 FDA“再生医学先进疗法”（RMAT）资格认定的产品，也获得了 FDA 快速审批资格认定，但目前尚未获得 FDA 或各国监管机构的销售批准。Humacyte 公司 2022 年在学术期刊上发布了 HAV 治疗严重肢体缺血和血管创伤的临床试验结果，显示 HAV 有利于患者保肢。2023 年 11 月，16 名乌克兰血管损伤士兵使用美国仿生血管公司研发的 HAV，效果良好。HAV 有望在未来成为治疗战时血管损伤的新方法，在战创伤救治领域发挥重大作用。

四、新型战伤救治技术和装备

（一）脑损伤体外诊断检测产品

2023 年 3 月，FDA 批准了雅培公司的 TBI 体外诊断检测产品的上市许可，为临床医生提供一种快速、客观的方法评估轻度创伤性脑损伤患者。美国陆军医学研究发展司令部（USAMRDC）下辖的陆军卫生物资研发局（USAMMDA）资助了雅培公司在 i-STAT Alinity 平台上开发该产品。该产品包括一组体外诊断化学发光微粒免疫测定试剂，用于定量测量人血浆和血清中的胶质纤维酸性蛋白和泛素羧基末端水解酶 L1（UCH-L1），并使用 Alinity 系统提供半定量测试结果的解释。测试结果与其他临床信息一并分析，评估 18 岁及以上患者在受伤后 12 小时内出现的疑似轻度创伤性脑损伤，确定是否需要进行头部 CT 扫描。对于阴性结果患者，无需进行 CT 扫描。这款产品可在 18 分钟内提供结果，帮助医务人员快速评估脑损伤并对患者进行分类，提高伤员救治效率。

（二）新型人工智能增强型绷带

2023 年 9 月，亚利桑那大学医学院外科系研究人员将尖端材料科学与人工智能（AI）和患者数据相结合，开发出了“智能绷带”，其作用远不止遮挡伤口。内嵌微型电子设备的薄纸绷带可以实时监控伤口愈合过程，在出现问题时提醒病人或医生。只要按下智能手机上的按钮，绷带就能提供抗感染药物或刺激伤口愈合的电脉冲。可以阻止战场上的伤口出血，或启动爆炸伤口的愈合，防止长期残疾。新一代绷带的制造成本相对较低，可以惠及一些脆弱的人群，包括老年人、低收入人群和发展中国家的人群。

（三）评估鼻喷外消旋氯胺酮创伤后应激障碍潜在治疗方法

2023 年 11 月，生物制药公司 Seelos Therapeutics（Seelos）研发的鼻喷外消旋氯胺酮（SLS-002）已被纳入美国国防部创伤后应激障碍自适应平台试验，以评估现役军人和退伍军人创伤后应激障碍（PTSD）的治疗。美国国防部创伤后应激障碍自适应平台试验是一项Ⅱ期随机、双盲、安慰剂对照研究，将评估多种药物治疗干预措施对患有创伤后应激障碍的现役军人和退伍军人的安全性、耐受性和有效性。该试验将利用自适应平台试验设计，将参与者随机分配到选择纳入研究的多个治疗队列中，并实现对照参与者的共享以提高研究效率。该试验的设计需要 30 天的筛选期、12 周的治疗期和 4 周的安全随访，并将收集数据以衡量 PTSD 症状严重程度的变化，包括新的或恶化的自杀念头或行为的发生率，通过哥伦比亚自杀严重程度评定量表（C-SSRS）评分的变化来衡量。

（四）研发烧伤非手术野外救治解决方案

2023 年 12 月，新一代酶疗法领域的全球领先企业 MediWound 公司获得美国国防部资助开发 NexoBrid®，作为美国陆军战场烧伤救治的非手术解决方案（获 MTEC 研究项目奖），项目预算为 670 万美元，将推动 NexoBrid® 新型温度稳定配方的开发，使其成为院前严重烧伤治疗的一线非手术、温度稳定、用户友好和高效的焦痂清除解决方案，以提高战场上创伤性烧伤的治疗效果。

五、战伤救治前沿技术项目

2023 年，美军开展战伤救治领域前沿生物技术项目布局，不断加大力度研发新技术提升战场伤员救治水平，研发菌血症和败血症应对新技术、新型可穿戴设备等，以提高战备能力。

（一）菌血症和败血症应对新技术

2023 年 6 月，美国国防高级研究计划局（DARPA）发布“定位和清除血液系统中病原体的合成技术”（SHIELD）项目指南。项目将通过研发新型技术，定位和清除人体血液系统中的多种细菌性与真菌性病原体，颠覆目前美军对于菌血症和败血症等血流感染的应对举措。项目的研究重点包括血流感染预防技术、新型广谱治疗技术、快速部署的长效治疗技术。项目研发的新型预防技术能够降低血流感染发病率和死亡率，包括侵袭性真菌感染以及脓毒血症等。治疗技术将为创伤患者提供持久保护，尤其是从菌血症发展为败血症等疾病恶化的关键时期，能够显著地提升美军的战伤救治能力。

（二）人工血液生物制品

2023 年 1 月，DARPA 宣布“出血治疗人工生物复苏制品”项目（FSHARP）承研单位，马里兰大学巴尔的摩分校主要承担项目研究，其他参与机构包括凯斯西储大学、查尔斯河实验室、莱瑟姆生物制药集团、俄亥俄州立大学、Pumas-AI 公司、西南研究所、加州大学圣地亚哥分校、匹兹堡大学、俄勒冈健康科学大学、得克萨斯大学奥斯汀分校、北卡罗莱纳大学等。美国国防高级研究计划局于 2021 年 5 月推出，旨在开发一种可现场部署的、储存稳定的全血替代品，在战场无法获得血液产品时用于伤员复苏。该项目主要聚焦 2 个技术领域。一是血液替代品的开发，其目标是开发多种具有治疗作用的活性人工生物血液成分，将其整合成接近全血的复苏产品，同时具备全血给氧、止血和扩容等功能，并且无不良反应。二是规模化制造和生产，其目标是开发使血液替代品易于携带的生产制造方法，能够在各种复杂军事行动环境中保持性能稳定，并完成规模化生产以满足战场需求。

（三）新型可穿戴设备以提高战备能力

2023 年 8 月，DARPA 发布“研发可穿戴设备以提高战备能力”（WEAR）项目，旨在开发一种安全、便携的新型可穿戴设备，可以实时监测和分析美军士兵健康状况数据，以提高美军部队战备能力。

该项目的目标是，研发一种能耗低、可长时间持续工作的新型可穿戴设备，保证部署到偏远地区或执行特种作战任务的部队均能够列装。同时，由于传感器数据涉及美军士兵的各种健康信息，出于安全考虑，该设备需要独立于现有商业云服务的平台来开展分析。

（四）探索利用新技术提升战场生存率

2023 年 6 月，DARPA 发布“战伤救治新型麻醉剂”项目（ABC）公告，旨在通过研发更加易于操作、使用安全的新型麻醉剂，提高美军战伤现场救治能力。DARPA 负责 ABC 项目的主管表示，目前通用的外科手术麻醉剂对医疗设施和操作人员的要求较高，只能在野战医院及更高救治阶梯的医疗设施中使用。这些医疗设施中不仅有医生、麻醉师、护士、药剂师等医务人员，还有生命支持和重症监测等设备，能够实时观察麻醉剂可能引发的呼吸抑制、肾上腺抑制等严重不良反应，并及时予以处理。新型麻醉剂则不受上述要求限制，能够在战现场环境中安全使用，同时无需实时监测伤员的各项生理指标数据，直接提升美军战现场救治的能力，从而大幅延长“黄金一小时”救治的时效性。

六、结语

战救领域通过急救培训演习、创伤性脑损伤评估和药物研发，研发新型血液制品，以及新型战伤救治技术和装备，注重战伤救治前沿技术项目部署，全方位多维度提升卫勤保障能力。美军自 2018 年启动“卫生系统有史以来最全面彻底的一次改革”之后，2023 年继续对军队卫生体系进行深入调整，将各军种公共卫生中心转隶至美国国防卫生局统一管理，提升卫勤保障能力，整合全球国防卫生网络，优化组织架构，简化医疗服务方式，加强总部与分支单位联系，缩短响应时间，改善全球医疗卫生服务，满足不同医疗任务要求。

（军事科学院军事医学研究院　刘伟　李丽娟　张音　楼铁柱）

2023年航空医学领域发展综述

2023年飞行人员的生理健康与精神健康依旧是航空医学专家们重点关注的问题，尤其在COVID-19疫情后保障飞行人员精神健康已成为研究的重要课题。2023年世界航空医学训练体系有所革新，AI、AR、VR、大数据等新技术的运用，为飞行员培养体系及卫勤保障方面注入了新的动力。飞行员培养周期的缩短、制空权“虚拟训练”计划的实施以及可穿戴装备技术的飞跃传达出未来战备智能化与先进化的信号，与此同时，飞行疲劳等问题依旧是需要长期关注的热点问题。未来战争智能化趋势对各国卫勤保障能力有了进一步的要求，全员战伤救治能力的培养以及空运后送中无人机设备的应用已成为亟待探索且需灵活运用的重要手段，更新化学、生物、辐射和核防护设备和系统，对提高飞行员的工作效率有重要意义。

一、进行长期监测和关注，关注飞行员身心健康

（一）飞行员生理健康的重视与关注

特定的职业和环境条件会对飞行员生理产生影响，各国航空医学的学

者们长期关注并保障飞行人员健康，对于飞行员的诊疗需要综合考虑军事航空需求后进行临床指导，进一步优化个体预后和航空医学配置，以早期筛查和消除危险因素为目标。

心血管疾病在军事飞行员中尤为突出，加速度、压力变化、缺氧、热应激、噪声、振动以及长时间静坐姿势等都被认为是导致心血管疾病的潜在危险因素。2023 年，Ewelina 等学者研究发现，军事飞行员暴露于某些可能影响心血管疾病风险的特征环境下，其中特别探讨了噪声、高空及缺氧、应激、抽烟、口腔健康等因素的影响作用，并提出虽然有些危险因素无法改变，但通过养成健康习惯和行为，如定期进行体育活动、戒烟、限制饮酒或减轻应激等方式可以改变其中许多危险因素。2023 年，Guettler 等学者通过德国空军航空航天医学中心的数字信息系统查找多年来患有冠状动脉疾病和/或心肌梗死（MI）的飞行人员，发现大多数飞行员（54%）接受保守治疗，44%接受经皮冠状动脉介入治疗，3%接受冠状动脉旁路移植术，最终共有 65%的飞行员重返飞行岗位。对这些飞行员进行了长期、密切的医学监测，是为了进一步优化航空医学处置以延长飞行年限。

颈部疼痛和腰椎疾病在军事飞行员中也普遍存在，通常被认为是职业应激源。颈部积累伤在各国军事飞行员中发病率高，随着世界主战机型更新换代和高强度训练的常态化，颈部积累伤增加趋势日益显著，对飞行员日常生活、训练有严重影响。中国航空医学专家在 2023 年对 816 例飞行员进行分析，发现其颈部积累伤患者为 243 例，反复发生颈部不适和疼痛的比例较高，主要疾病包括颈部退行性变、椎间盘突出、椎间盘膨出等。研究表明，年龄、身体质量指数、飞行因素、睡眠问题、焦虑因素等是颈部积累伤的危险因素，颈部锻炼为患颈部积累伤的保护因素，有 16.5%颈部积累伤的飞行员未予任何治疗，康复措施以手法、电疗最为常见。

（二）飞行员心理健康的监测与保障

1. 飞行员精神健康问题普遍存在

2023 年 8 月，根据美国联邦航空管理局（Federal Aviation Administration，FAA）调查发现，近 5000 名飞行员涉嫌伪造医疗记录，试图隐瞒他们精神健康障碍和其他可能使他们不适合飞行的严重疾病。此次调查暴露了 FAA 用于筛查飞行员的医疗系统长期存在的漏洞，同时也反映出飞行员精神问题已经不容忽视，亟待解决。为了有效地降低飞行员心理问题的负面影响，各国心理专业人员与航空医学专业人员密切合作，持续监测和评估飞行员的心理健康。此外，为加强飞行员心理品质训练，美国空军引入“勇士之刃”思维模式训练计划，并在 2023 年 10 月安排了一批首次担任飞行教官的飞行员和一批部队处理心理问题的骨干进行了“勇士之刃”高绩效思维模式培训。“勇士之刃”思维模式训练计划的目标是强化思维模式，传授高绩效思维技能，培养心理灵活性和精神力量，可帮助团队有效管理压力。培训通过小组合作、分组讨论、练习和实践培训结合呼吸训练、冥想等课程设置，以自信、乐观、压力管理和绩效优化为重点解决问题对于日常作战、训练中经常被忽视的心理健康问题很有帮助。

2. 新冠疫情后飞行员精神健康的维护与保障

新冠疫情的流行对航空运输业产生了破坏性影响，有研究表明，新冠疫情流行期间，95%的航空行业从业者受到影响，就业的不确定性和高感染性给飞行员带来了巨大的负面压力。对于飞行员来说，感染 COVID-19 后其精神健康的维护问题值得长期关注。2023 年，澳大利亚学者 C. A. Ackland 等对多名飞行员进行了半结构化访谈，并探讨应激源和潜在脆弱性因素之间的相互作用。结果发现，感染 COVID-19 后超过三分之一的飞行员有可诊断的精神健康症状障碍。其中，焦虑症是最为常见，其次是注意缺陷多动障碍（Attention Deficit Hyperactivity Disorder，ADHD）、适应障碍和抑郁。飞行员职业的特性使他们患与应激相关疾病的风险增加。2023 年，英国克兰菲尔德大学的学者将快速连贯技术（the Quick Coherence Technique，QCT）作为一种干预手段来提高飞行员的适应能力，从而减轻新冠病毒对飞行运营的负面影响。试验表明，飞行员在驾驶舱中短暂休息时，进行 5 分钟的 QCT 练习，可以有效改善其认知功能和应激恢复能力，提高飞行员的心理、生理一致性。定期练习 QCT 对提高飞行员在飞行操作或下班期间的适应力和压力管理能力具有长期的好处。因此，QCT 可以成为航空当局和航空公司制定计划的有效干预措施，以此提高飞行员的适应力并保持身心健康。

二、重视飞行员职业素质需求，打造航空医学训练新体系

（一）飞行员“虚拟训练”计划的应用

2023 年，美国空军经过 5 年的试点和升级，正式开始全面实施“本科飞行学员训练”（UPT）。与升级前的 UTP 相比，改革升级后，训练周期由过去的 54 周压缩为现在的 27 周，培训周期的缩短，能更快的培养出合格的飞行员。该训练体系改变了过去以班级教学的方式，而是以飞行学员为中心，通过数据收集和基于人工智能 APP 进行教学并辅助判断其学习进度，帮助他们自我指导学习确定培训任务。比较值得关注的是，为了优化改革的成果，美国空军还利用 VR、AR、MR、XR 进行沉浸式虚拟训练。该培训计划目前已在密西西比州的哥伦布空军基地、俄克拉荷马州的万斯空军基地和得克萨斯州劳克林空军基地 3 个基地落地。但部分学者对 UTP 的实施

持负面态度，认为这种尝试并不能完全解决美国空军飞行人员短缺问题。

2023 年，美国空军教育训练司令部（AETC）与国防创新单元（DIU）又联合推出“制空权虚拟训练”（VTRAD）计划，利用国防创新单元的商业解决方案开放项目，深化沉浸式虚拟训练。“制空权虚拟训练”计划的设想是只需使用个人计算机即可为任何虚拟训练平台提供动力，训练单位不再需要完全依赖大型、昂贵的飞行模拟器，而是进一步利用商业游戏技术，如扩展现实 XR 头显、个人计算机和仿真驾驶舱系统，推广和形成一种低成本、低人力需求和敏捷的飞行训练方法。目前，“制空权虚拟训练”计划的第一步已开始在 T-38C 高教机和 F-16 战斗机两个机型上展开。这一新的模拟能力具有大规模推广性和可扩展性，未来可支持联合、战术、多域训练。

（二）飞行员装备的研发升级

飞行员培养周期长且成材率低，对于各国军事航空专业的学者来说，如何保证现役飞行员的安全与舒适、延长其飞行年限是首要考虑的问题，目前，各国专家继续针对飞行员装备的升级优化方面加大研究力度。

对于战斗机飞行员穿戴装备的研究已经不再是简单的技术迭代，而是一场技术的飞跃。现代战斗机飞行员配备的头盔是融合了先进技术和多功能特性的关键装备。2023 年 5 月，土耳其航空航天公司展示了一款新头盔，新头盔是阿塞尔桑公司专为土耳其五代机飞行员开发的，由轻质复合材料打造，重量较轻。该头盔显示器由面罩反射取景器、多色成像彩色屏幕、数字夜视和混合头部跟踪技术组成，可以在全天候任务中使用。此外，该头盔还拥有主动和被动降噪功能，适于固定翼战机飞行员佩戴，可在恶劣的天气环境下使用。2023 年 12 月，英国空军开发新型“攻击者”Ⅱ战斗机头盔，该头盔配备先进的光学传感器，并有公司专门负责其智能跟踪系统的开发。“攻击者”Ⅱ将飞行员的头盔遮阳板转换为增强现实界面，将关键任务数据覆盖到现实环境中，先进的头盔跟踪技术可以精确识别飞行员的焦点，便于在头盔遮阳板上显示实时数据。这不仅增强了驾驶舱的态势感知能力，而且还解决了在高科技、快节奏的现代空战环境中减轻感官过载的关键需求。

2023 年，美国空军对飞行员防护眼镜进行升级，此项目主要保护飞行员免受激光照射威胁且首次引入激光和防（弹、片）冲击综合防护能力。除了增强对激光和冲击的防护外，升级后的夜用护目眼镜还能让更多的自然光透过镜片，从而提高飞行员在夜间行动时的能见度。这种护目眼镜统称为第三代 Block 3 系列产品，由 8 种不同的配置组成，包括独立使用的日用型和夜用型眼镜、防（弹、片）冲击型眼镜，以及设计用于与夜视镜 NVG 集成的目镜等。第三代护目眼镜的选择将取决于任务，与飞行高度和飞机类型相关，如固定翼低空慢速飞行、直升机、CV-22 倾转旋翼机飞行等，飞行员将使用防（弹、片）冲击型或防激光型护目眼镜，如果是高空飞行，使用概率则不高。美国空军称第三代护目眼镜将在 2027 年前为空军飞行员配装 42000 套。

美国空军为飞行人员部署新的防弹衣载体系统。飞行人员经常在真正危险的敌对环境中工作，在飞行人员或飞机内部拥有合适的防弹装备可以挽救生命。2023 年 9 月，在俄亥俄州赖特-帕特森空军基地有 20 架不同旋翼机、倾转翼机和固定翼飞机（包括但不限于 CV-22、HH-60、C-130 和 C-17）上执行任务的美国空军飞行人员将收到新的防弹衣载体系统，能在飞机关键部位和飞行人员提供防弹保护。因旧系统和组件不再由美国国防后勤局维持，或者因其重量和特殊设计影响了执行任务需要更换。新的防弹衣载体系统根据不同类型的材料或不同的设计开发，例如，可以在飞行人员因医疗原因撤离时具备撤离能力，并且其重量小于传统系统。目前正在更换大约 7300 套现有的传统防弹衣载体系统和组件。到目前为止，美国空军生命周期管理中心已经确定了航空防弹衣和陆军空勤人员战斗装备系统。对这两种系统的操作使用和安全性进行评估的测试计划于 2023 年 10 月开始，并将于 2024 年夏季结束。被选中的系统将在 2024 年夏季至 2025 年夏季期间由各部队投入使用。

（三）飞行疲劳等问题的持续关注

军事飞行员的疲劳问题在 2023 年依旧是各国学者重点关注的问题，身体和精神疲劳都可能会导致飞行员反应迟钝，警觉性降低，对飞行安全造成严重威胁。世界各国空军已经开发出多种方法来监测飞行员疲劳。心理运动警觉性测试（PVT）、眼动仪、瞳孔参数记录仪、脑电图（EEG）等工具都用来对疲劳进行客观评估。但是，大多数仪器都是在实验室环境中使用的，应用范围有限。2023 年，印度学者利用疲劳避免调度工具（Fatigue Avoidance Scheduling Tool，FAST）检测飞行员疲劳，并认为 FAST 是检测疲劳比较有效的工具。FAST 是基于 SAPTE（睡眠、活动、表现和任务有效性）的生物数学模型开发的一种疲劳预防工具，也被用作睡眠评估的工具。

与既往有所区别的是，无人机飞行员（操作员）的疲劳也纳入了学者们研究的范畴。2023 年，以色列空军对比了飞行人员和无人机操作员的客观和主观认知能力，在试验中两组参与者执行了精神运动警戒任务，结果显示，睡眠不足对两组参与者的表现都有负面影响。但与飞行人员相比，无人机操作员对睡眠不足的影响更具弹性，恢复速度也更快。学者们对无人机操作员的关注也提示着未来战争的形态会发生改变，信息化、智能化会成为主流，但是，对于人的关注还应是重点。因此，飞行人员疲劳问题会是航空医学长期的研究重点。

三、重视飞行员健康维护，提高飞行员身体素质

（一）注重持续体能评估的研究

2023年5月，美国空军研究实验室（AFRL）开展一项为期2年的自愿研究，以评估测量身体活动的可穿戴健身设备的使用情况，检测这些设备的可用性、可靠性和有效性，并为未来将可穿戴设备作为永久性选择提供建议。这项研究是美国太空部队持续体能评估（CFA）工作的一部分。CFA是美国太空部队“整体健康方法”（Holistic Health Approach，HHA）的一部分，这是一项通过积极行为、教育和培训以及性能健康优化来促进健康的倡议。HHA的体能部分最终旨在用持续监测技术的数据取代传统的军事体能测试。目的是激励军人参加全年的体育健身活动，以促进积极的短期和长期健康结果，保持最佳的体能水平。虽然这项研究的重点是体能和健康指标，但数据也将有助于评估美国国防部的其他要求，包括肌肉骨骼损伤风险。同时，通过可穿戴设备的使用将促进整个部队达到更高、更一致的体能水平，并带来预期的结果，如减少伤害和压力、提高应变能力和整体作战性。

（二）关注应对流感的防治方法

2023年，美国空军研究实验室下属的美国空军航空航天医学院正在与佐治亚理工学院和佐治亚理工学院研究所合作开展一项新的研究项目，计划设计出有益健康的益生菌株，以刺激对流感的免疫识别来抗击流感，减少疫情对军事战备和训练的影响，以提高部队的健康保护能力。这个研究项的目的不是替代流感疫苗或感染后治疗，而是验证是否可以将流感蛋白添加到人类肠道微生物群中的常见细菌中，从而刺激免疫细胞对流感病毒产生更大的反应，以此增强人体对流感的抵抗力。如果这种方法对流感有

效，也可能有助于增强对其他呼吸道病毒的防护，未来发展甚至可能扩展到其他领域，如加强对抗过度疲劳和应激的治疗。

四、加强战伤救治体系建设，聚焦卫勤保障新需求

（一）全员战伤救护能力的培养

加强战场伤员救护能力训练已成为美军当前的一个共识。2023 年，美国空军卫生系统开始在整个空军范围内扩大“下一代医护”Medic-X 倡议，加强全员战场伤员救护能力训练。既往战场救治一般以医护人员为主，重视对医护人员的训练，而自 2023 年 7 月开始，美国空军卫勤系统对那些医疗行政人员、实验室技术人员，以及临时分配至卫勤系统执行支援任务的其他专业的空军人员进行战场救护常态化训练，目标是培养“多能”空军人员，确保所有医务人员与可能参与救护的人员都具备维持生命所需的技能，使他们能够适应并准备好应对未来动态战场和大规模作战行动。

美国空军伞降救援队（PJ）的主要任务是快速搜救被击落的空军机组人员，曾经参与了大量伤员急救及直升机后送工作。在丰富经验的基础上，PJ 结合战术环境及地方创伤救治技术，并吸纳美国陆军直升机医疗后送队（DUSTOFF）及英军医疗应急救援队（MERT）的救治经验，在伤员评估、氯胺酮代替吗啡、高级气道管理、骨髓注射和医疗文书等方面进行了优化和调整。可以说，他们的技术调整与装备选择都有极强的循证医学证据及战术环境要求，可谓因地制宜，在有限的条件下为伤员提供最优的救治手段。

美国空军创伤和战备技能维持中心（C-STARS）计划与民用医院合作，为卫生员提供在军事治疗设施之外接受作战环境所需技能的高级培训的机

会。2023 年 6 月，负压方舱（NPC）运抵位于内布拉斯加州奥马哈市 C-STARS，将用于开发新的传染病空运培训课程，内容是当前和未来爆发高致病性传染病（HCID）时的处理程序。C-STARS 参与了美国空军航空航天医学院与内布拉斯加大学医学中心合作开展的一项培训计划，目前正在开发美国国防部唯一的传染病空中运输训练平台。随着奥马哈市 C-STARS 的加入，这个培训平台将继续发展，以确保卫生员保持最新状态并做好准备。新的方舱是一种经过改装的集装箱，改装成具有空气处理和医疗设备的临床空间，用于运送暴露或感染 HCID 的患者。新的 NPC 用于 C-17 等军用飞机运送高危传染病患者，以更快地获得所需的医疗护理。此外，还有一种 NPC-Lite 型，设计用于 C-130 飞机。

美国空军正在重组空军卫生系统，将在空军卫生部门引入指挥和控制权，于 2023 年 10 月 1 日前建立两个具备初始作战能力（IOC）的空军卫生司令部（AFMED），其组织结构调整旨在促进飞行人员的健康和战备状态，改善战备状态和医疗服务支持，还将帮助支持国防卫生局在空军医疗设施中提供医疗保健服务。AFMED 将提供必要的医疗指挥权，为未来战斗进行组织、训练和装备，最大限度地将空军医疗服务的重点放在空军部队的医疗支持上，为国防卫生局提供一个由空军领导的中间管理结构，以便对军事治疗设施行使权力、指导和控制，并改进复杂医疗服务和战备的冲突消除和优先排序。尽管发生了这些结构性变化，但空军医务人员除为战时进行训练和准备外，为飞行人员及其家属提供随时可靠护理的能力应该不会受到任何影响。

（二）空运医疗后送中无人机的应用

目前，空运医疗后送已经成为各国跨地区转移伤员的主要方式，空运医疗后送可以进行患者转移和紧急临床护理，能够有效提高患者生存率。

世界各国对于传染性疾病、重症伤员等的转运都有长期的研究和持续的文献报道。2023 年 8 月，美国空军在太平洋地区组织了“机动卫士 2023”演习，美国、澳大利亚、日本等 6 个国家参与。此次演习在有限通信带宽的情况下动用一架 C-130 运输机，经过 6 次飞行，模拟运送了 48 名伤员。在具有挑战性和动态环境中后送伤员，演练航空医疗后送的适应性和熟练程度。由此可见，空运医疗后送在很长一段时间内都将会是各国研究的热点问题。

需要注意的是，无人机开始在空运医疗中发挥作用。2023 年，乌克兰引进大型无人机来运送受伤士兵，使用的是一种载重达到 397 磅（180 千克）、飞行距离 43 英里（70 千米）的大型无人机，担任后送无人机的角色，这是相当大胆的战场试验。虽然乌克兰使用大型无人机进行空运后送，但其成功率和安全性还有待验证，较多国家一般利用无人机进行战场物品的运送。例如，2023 年 2 月，英国诺森比亚医疗保健（NHS）基金会与专注于利用航空技术改善医疗运输的 Apian 公司合作，探索使用无人机在站点之间运送药物、血液样本和其他物品。该项目使用全电动垂直起降无人机，最多可载重 3 千克，最高时速可达 110 千米/小时，这次探索评估和检验了无人机运送关键医疗物品的能力。

五、重视化生放核防护，提高飞行人员作业效能

（一）测试和验证化学战战术、技术和程序

目前，空勤人员和飞行员使用的化生放核（CBRN）防护设备虽然有效，但限制多、负担重，因此妨碍了空勤人员和飞行员的工作效率。美国太平洋空军（PACAF）于 2023 年 1 月 11 日—13 日向韩国群山空军基地派遣了一支由代表和专题专家组成的联合小组，对反化学战战术、技术和程

序（TTP）进行了该主要司令部的首次测试和验证。这些测试是下一代机组人员保护计划的一部分，旨在确保空勤人员拥有适当的 CBRN 防护设备并确保 CBRN 措施的现代化，以应对新出现的威胁，同时保持最高的性能。该计划的测试和验证影响了多个基地机构，包括第 35 和第 80 战斗机中队、第 8 作战支援中队等，参加培训的飞行员通过以下步骤安全有效地测试了更新后的化学、生物、辐射和核技术操作程序，在充满化学物质的模拟环境中执行飞行任务。

（二）新化生放核防护装备的配发

美国飞行员最近测试了新的化生放核（CBRN）防护装备——M69 战略飞机机组人员面罩，这些装备将取代几十年前为运输机、加油机和其他没有弹射座椅的飞机上的机组人员设计的防毒面具和头罩。新装备于 2023 年 6 月 5 日在赖特-帕特森空军基地推出，具有穿戴更清凉、体积更小、视野更好的优点。该设备目前已被批准用于所有固定翼、非弹射座椅、非压力呼吸的大型飞机，如 C-17 Globemaster Ⅲ。

（三）蒸气吹扫测试数据的收集

2023 年 11 月，在戴斯空军基地对 B-1B 进行了蒸气吹扫测试，蒸气吹扫测试是化学武器袭击后评估驾驶舱环境条件的重要步骤，目的是调查和确定飞机需要多长时间才能将机组人员区域的化学物质浓度降低到机组人员可以安全脱下防护装备的水平。美国下一代机组人员保护小组为未来的 CBRN 防护装备奠定了基础，同时利用从测试中收集的数据为现在的机组人员提供帮助。该团队分析了每架飞机的净化时间，并创建了数据集，展示了飞行过程中不同时间的蒸气浓度。这样，他们就能找到最安全的时间，让飞行人员在攻击发生后脱掉任何防护装备并继续飞行。目前已对 A-10 “雷电” Ⅱ、F-15 “雄鹰”、F-16 “战隼”、F-22 “猛禽” 和 C-130J “超级大力士”进行了测试，接下来将继续对 B-52“平流层堡垒”进行测试。

2023 年以来，世界航空医学继续创新发展，航空医学专家继续密切关注飞行员的生理及精神健康，以保障飞行人员健康、延长其飞行年限为主要目标。飞行员培养周期长，但成材率低，一旦停飞，对各国都是巨大的损失，因此，目前飞行员培养体系正在逐步革新，各国空军及学者正在探讨如何缩短飞行员训练周期、如何利用 AI 等新技术完成飞行员自主与沉浸式学习等课题，但这些研究的真实效果还有待验证。现如今，世界各国空军的卫勤保障任务也发生改变，全员战伤训练模式以及无人机在战场上的应用传达出未来战争的智能化的信号。

（空军特色医学中心　张向阳　邢航　杜思铭　吴飞飞
葛朝丽　周晴霖　张并戌）

2023 年海军医学领域发展综述

海军作为美国全球战略中的重要支柱，在西太平洋和大西洋两大战略方向常年部署5个大型编队。但由于海军舰艇特殊的构造、海上恶劣的气候条件、高负荷的作业要求及复杂严峻的生物安全态势，参与全球部署任务的人员身心健康面临极大挑战。为了保证海军人员作业表现，提高战备能力，美国海军密切与军地单位合作，在海上生物安全防御、海上伤员救治和作业人员效能增强等领域开展了一系列技术研究。

一、生物安全防御

由于近年来新发、再发传染病频发，美国海军在全球部署中所面临的生物安全风险日益严峻。尤其是在新冠疫情后，美国海军更加强调生物安全防御技术和装备研发。近年来，在疫苗研制、生物战剂监测、病原体检测等方面取得了突破性进展。

（一）重视个人免疫保护

美国海军医学研究中心长期致力于针对密集人群中迅速传播的呼吸系

统及肠道传染病以及热带及亚热带地区常见的虫媒传染病疫苗的研发工作，为海军全球部署提供有力的防疫保护。

1. 疟疾疫苗

疟疾是美军在部署中面临的头号感染性疾病威胁。在疟疾流行国家或地区，美军部署军队中每年可确诊100例，每个病例可导致7~10个工作日缺勤，严重影响战备状态。目前，美国海军医学研究中心和华尔特里德陆军研究所共有6种疟疾疫苗在研。其中2021年10月，由美国海军医学研究中心、华尔特里德国家医学中心和葛兰素史克公司共同研制的RTS，S（Mosquirix）亚单位疫苗获得世界卫生组织的批准。这是世界上第一种针对这种致命疾病的疫苗。除此之外，FMP013疫苗也正在开展可控疟疾感染人体挑战试验（Ⅰ期）。

2. 肠道传染病预防药物

旅行者腹泻是美军影响全球部署战备状态的挑战之一，当美军作战人员需要依赖当地食物和水源补给时更容易出现腹泻的症状，这个问题还会随着部署时间延长及人员分散等因素不断恶化。为了降低旅行者腹泻对军事行动的影响，美国海军医学研究中心开展了多项有关产肠毒素性大肠杆菌疫苗的研制。2023年1月，美国海军医学研究中心与Immuon公司合作开发的一种针对空肠弯曲杆菌和产肠毒素性大肠杆菌的新型口服治疗药物Travelan®已获得美国食药监局批准，正在进行第一阶段对感染性腹泻预防效果的试验评估。

（二）加强海上生物风险识别能力

海军舰艇由于其结构、环境和作业方式的特殊性，使海上生物安全防御，尤其是传染病防控任务难度高且复杂，稍有差池，直接影响作战任务的执行。新冠疫情期间，美国海军太平洋地区包括航空母舰、两栖攻击舰等在内的多艘舰艇全舰感染，导致美军在西太平洋部署任务一度停摆。

1. 海上生物战剂探测

2023 年 6 月起，加强型海上生物探测系统已全面在海军舰艇上使用。该系统包含快速气溶胶探测器、湿壁气旋收集器、测流免疫层析仪、样品处理系统和计算机控制等子系统，能够一次性、自动化地完成生物战剂的监测、采样、识别、处理、报警等多个功能，有力地提升了舰艇生物安全风险侦检速度与能力。

2. 舰用病原体高通量检测装置

新冠疫情爆发后，美国海军在多艘舰艇上配发了由 Biofire 公司研制的微流控芯片测试仪——下一代诊断系统（Next Generation Diagnostics System，NGDS），用于取代原有的通用生物剂识别和诊断系统。新系统不仅体积小，而且搭配相应的检测试剂后，可快速检测包括新冠病毒在内的 20 余种呼吸道病毒和细菌病原体。检测实际操作时间只需 2 分钟，检测周期不超过 1 小时，非常适合舰艇上传染病的早期快速筛查。

3. 传染病风险早期筛查装置

据“国防创新单元（Defence Innovation Unit）”官网 2023 年 5 月报道，美国国防高级研究局主持了一项名为“EXHALE”手持式呼吸活检装置的研发项目。该装置利用高场不对称离子迁移谱仪技术，通过对呼吸气体中挥发性有机物的分析，识别与感染相关的生物标记物，从而实现传染性疾病症状前的早期诊断，有望成为舰艇现场快速病原检测筛查（POCT）的有效手段。

二、海上伤员救治

近年来，美国海军提出了“分布式海上作战”“对抗环境中的濒海作战”

“远征前进基地作战”等新型作战概念，其核心目的是满足“高端战争”需求，充分发挥海军及海军陆战队的联合效果，全域分配和机动部署海上军事力量，以“制海”谋取海上优势，进一步达到“制陆”的目的。随着美国海军海上战略转型，未来海战的模式也随之发生变化。为此，美国海军不断对其海上卫勤保障体系进行调整，尤其重视海战伤救治技术及装备的研发。

（一）血液保障能力大幅提升

在海上仅有1~2名重伤员时就足以启动批量伤员救治流程，且随着武器装备性能提升和海上目标精确打击，极易在短时出现大量伤情复杂、伤势严重的伤员，血制品消耗量巨大。受舰艇环境限制，海上血液制品的供应和保障成为制约伤员救治效果的关键环节。

1. 低滴度O型血移动血库

战术战伤救治（TCCC）指南推荐的出血性休克伤员复苏液体为符合美国食品药品监督局（FDA）标准的冷藏低滴度O型全血。第二选择是从经预筛的低滴度O型血献血者处获得新鲜的低滴度O型全血。低滴度O型全血含有来自单一捐献者的红细胞、血浆和血小板，且抗A和抗B的IgM抗体水平低，可安全地输注给血型不明的伤员。据报道，2023年美国海军陆战队已在第一、第二远征军中，通过事前对捐献者血液中包括乙肝表面抗原、抗乙型肝炎核心抗体、乙肝病毒核酸检测、抗丙型肝炎病毒+丙型肝炎病毒核酸检测、抗人嗜T淋巴病毒Ⅰ/Ⅱ、梅毒、ABO血型/Rh抗体、西尼罗病毒核酸检测、克鲁兹锥虫和寨卡等病毒检测，并以滴度<1：256为低滴度阈值进行筛选，建立了低滴度O型移动血库数据库，使其成为未来战场上快速采集全血后输注的重要来源。

2. 普及全血输血技术

虽然全血输血技术早在第一次世界大战中就已经使用，但因安全问题并未得到普及。参考陆军游骑兵部队在阿富汗的成功做法，自 2021 年起，美国海军陆战队开始对移动血库前置在受伤点的全血输血技术——“Valkyrie”进行全面评估并逐渐普及。除已在两个陆战军建立了低滴度 O 型移动血库外，还专门开设了为期 5 天的战斗卫生员全血输血培训。经过训练后，在受伤点仅需 10~15 分钟即可完成全血准备，大大缩短了伤员院前输注等待时间。此外，美国海军两栖舰艇上配有 128 台 Terumo Teruflex 血袋系统（Terumo BCT 公司）全血采集试剂盒，需要时可在半个小时内启动移动 O 型血库。

（二）一线救治器材持续更新

海上伤员生存受多种因素叠加影响，为保证生存率，就需要海上医疗救护与后送行动应迅即反应、快速施治，因此，围绕战伤救治复苏相关器材研制是美军一直以来的重点。

1. 院前战创伤出血控制新技术

难以控制的创伤性大出血是美军可预防性死亡的主要原因。针对非压迫性躯干出血、非压迫性交界部位出血和非压迫性肢体出血的技术得到显著发展。

自膨胀止血聚合泡沫技术（ResQFoam）通过定制的套管针混合和经皮注射多元醇相和异氰酸酯相前体至腹腔内，ResQFoam 可迅速膨胀约 35 倍，产生局部填塞效果，从而降低腹腔内的储蓄率，同时提供伤口覆盖和内部压迫。

复苏性主动脉球囊阻断术（REBOA）是一种用于非压迫性躯干出血伤员的紧急血管内主动脉阻断技术，可以最大限度地减少失血，为后续确定性治疗手术留出时间，相比传统的主动脉交界部位止血带和战伤夹（Combat Ready Clamp）止血有效率提高了近 80%。但由于其具有一定的侵入性，且有并发症处理风险，需要经过高级复苏救治培训的医务人员进行操作。

2022 年，陆军研究所资助研发了一款名为“Statbond”的止血凝胶，其主要成分为多面体寡聚硅氧烷（Polyhedral Oligomeric Silsesquioxane，POSS），其可以渗透至伤处，密封受损组织，起到止血、抑菌效果，同时保留通透性有助于自然愈合和再生，止血过程中不会产热及释放毒素。

2. 受伤点现场即时诊断技术

根据未来战场一线救治要求，接近受伤点的现场诊断设备将为尽早对伤员伤情精准判断提供有力支撑。

美国国防部和宇航局共同研发了一款便携式现场诊断装置，可通过呼吸气及体液样本，对肺及脑损伤进行现场诊断。该装置利用宇航局电子鼻专利技术——一种纳米管化学传感器——对呼吸气中的标志物进行采集和分析。利用小型微流控分析仪对液体样本中的标志物进行分析。

美国海军海上机动卫勤力量携行医疗物资内配有小型超声设备，可对伤员进行创伤超声重点评估（FAST）和骨折诊断，可快速识别危重损伤、识别出血、脊柱损伤、胸部或腹部手术要求，优化手术资源分配，并确定治疗方案。2021 年，美国国防高级研究计划局启动了一项名为“即时超声自动判读（POCUS-AI）”的项目，利用 AI 技术帮助医务人员在战场环境中判读超声图像，进一步提高超声现场诊断速度和准确率。

3. 自动化救治设备

人工智能、大数据与医疗设备的结合能够实现战场伤员生命体征自动监测，治疗药物自动给药，进一步提高救治效率。

2023 年，Athena GTX 向美国海军提供了一款自动化无线生命体征监测系统，可在后送途中无医务人员操作的情况下，自动进行伤员生命体征监测与采集，并结合计算机分析现有战伤规则及救治指南，提供伤员管理和救治决策支持。

此外，美国海军陆战队一直使用的移动式供氧、通气和外部吸引系统（Mobile Oxygen，Ventilation and External Suction System，MOVES）也得到了进一步升级。目前配备的 MOVES SLC 新型超高效呼吸机，体积更小，质量仅有 21 千克（含更换电池），且功能更加强大。不仅保留了原有的供氧、通气和吸引能力，还具备生命体征监测能力，可监测伤员体温、血压、12 导联心电图及通气情况（FiO_2、$ETCO_2$、SpO_2、ABP 及其他指标）。

（三）海上医疗物资保障能力提升

高效精准的后勤保障是提高海上医疗救护水平的重要基础，尤其是未来美国海军分布式海上作战条件下，后方基地之间距离相对分散，就更加需要高效的保障能力。

1. 医疗物资增材制造打印

2023 年 6 月，美国海军研究生院与海军陆战队创新部门研究人员在增材制造（AM）领域取得了新突破，在海军陆战队的综合训练演习（ITX）4-23 中，医务人员对一名海军陆战队员的手臂进行了 3D 扫描，并借助设计软件生成了医疗模型图纸。随后，在 MV-22“鱼鹰”运输机处于不同的地面和飞行（包括滑行、起飞和飞行中的机动）时，打印出了所需的模型。

2. 无人化后勤保障装备

无人自主配送系统将在未来海战中解决陆战前进岛屿远离海上基地及后方的保障难题，提高远距离后勤保障能力。无人化后勤设备能够在受限环境下为特定目标投送补给医疗物资及开展伤员转运。虽然单机有效载荷较小，但集群化使用可保证总体运输能力。目前，美军已具备使用无人机进行血液制品、药品及医疗物资陆对海及舰对舰补给的能力，同步已开展了“卡曼”重型无人机在地面无人车辆的协助下伤员后送及利用 T-38 无人艇进行海上模拟伤员舰对岸转运的测试。

三、人员作业能力提升

为了保证部队战备状态，维护人员健康，美国海军十分重视海军人员身心健康维持和作业表现提升。

（一）提高特殊环境作业能力

海军部队兵种多，面临作战环境相比其他军种更加严峻，航行海区跨度大，气候、水文、时差变化大，舰船摇摆、颠簸幅度大，官兵营养素供给难以均衡合理，免疫力下降、睡眠障碍、胃肠功能紊乱、晕动病、腰腿痛、心理应激等疾病高发。美国海军长期开展舰员及驻舰飞行员晕动病症状改善、飞行员抗荷及低氧习服等相关研究。

1. 晕动病防治

晕动病在舰员及驻舰飞行员中十分常见，严重时将会直接影响作战能力。为此，美国海军多年来一直开展晕动病预防和控制的相关研究，研制了一系列东莨菪碱晕动病防治药物。近期，由 Defender Pharmaceuticals 公司研制的 DPI-386 鼻凝胶进入了第三期临床试验，经海上试验证实其 0.2 毫克给药就能有效缓解呕吐等晕动病症状。

2. 缺氧习服训练

美军 F-35A、F-22 战机许多事故与缺氧问题直接相关。近年来，美军最精锐的战斗机采用高新技术分子筛供氧，接连发生事故，飞行员多次报告发生缺氧。除了机上供氧系统发生故障外，舱压改变、血糖过低、脱水、过度换气等都会造成飞行员出现缺氧，影响飞行安全。美国海军 2022 年逐步在航空兵基地内配备全新的飞行员缺氧习服训练设备——“面罩呼吸装置训练器”（Mask on Breathing Device Trainer，MOBD）替换原有仅能进行缺氧习服训练的“减氧呼吸装置”（Reduced Oxygen Breathing Device，ROBD）。新装置模拟了机上制氧系统（on Board Oxygen Generation System），利用分子筛产生富氮空气，可解决缺氧（Hypoxia）、换气过度（Hyperventilation）及供气不足（Air Hunger）3 种战斗机飞行员在飞行过程中常见的呼吸问题，提高习服及应急训练效果。

（二）优化人员急慢性疼痛控制策略

战场疼痛如得不到及时有效处理，不仅会影响战斗力，还会诱发产生创伤后应激障碍。积极的疼痛管理策略，降低阿片类药物成瘾风险，对恢复作业能力具有重要意义。美军投入了大量的人力和物力进行战伤镇痛新技术、新方法的研发，并建立了针对不同战场、环境和不同程度战伤疼痛管理方案，并积极寻找补充和替代疗法。

1. 战地针灸

美军的“战地针灸”主要是耳针技术，虽然早在 2001 年就已经被用来缓解头疼，但由于能够操作该技术的医生比较少，一直没有推广。近年来，因其疼痛控制效果好，没有成瘾风险，才倍受关注。采用耳针止痛操作简便，无需脱掉作业服就能够有效缓解疼痛（包括治疗骨折、扭伤时的止痛）、创伤应激障碍症状、呕吐以及物质成瘾（包括烟瘾），无副作用。2020 年，美国国防卫生局正式颁布“战地针灸”有关指南和规定。2021 年 8 月，海军第五机动工程营成为海军第一个使用“战地针灸”的前沿部署任务部队。

2. 绿光疗法

据“Health Science”网站 2023 年 9 月消息，美国陆军医学研究基金向亚利桑那大学健康科学疼痛综合中心的研究人员提供 340 万美元资助，用于验证绿光疗法对术后疼痛和炎症的疗效。绿光疗法能有效减轻偏头痛和纤维肌痛患者的慢性疼痛、焦虑与抑郁，并且改善睡眠质量。之前的研究中也发现绿光具有促进大脑减少炎症和疼痛的自然能力，并且在对慢性疼痛和手术后疼痛进行的临床前研究表明，绿光主要是通过脑干中被称为喙腹内侧髓质（RVM）的疼痛中心发挥作用。Martin 博士、Ibrahim 和研究小组将对 RVM 在绿光疗法的止痛效果中扮演的角色以及暴露于绿光后减少疼痛的天然化学物质水平的变化这两个问题进行具体研究。

（三）提高身心调节与适应能力

频繁参与海外行动、长时间海上部署、空间环境狭小、昼夜节律紊乱、人际网络单一等因素都会影响参与行动人员的身心健康。美国海军一直强调通过政策指导、技术辅助、授课咨询等多种手段提高海上部署人员适应力。

1. 蓝光助眠眼镜

潜艇艇员长期潜航，在水下不能每天接触到日出和日落，持续暴露在人造光下对他们的昼夜节律造成破坏。2021 年 6 月，美国海军潜艇医学研究实验室开展了一项名为“个人光疗设备（PLTD）”——蓝光发射和阻隔眼镜对潜艇艇员疲劳与睡眠改善的影响的研究，以应对缺乏自然光对艇员节律造成的影响，为后续调整值班时间表，提高潜艇艇员作业能力提供了新的方法。

2. 电子游戏增强认知

根据 2022 年 2 月，美国海军研究局网站报道，该局作战人员效能部门正在开展一项电子游戏和虚拟现实技术对提升人员作业表现相关性的研究，结果发现，电子游戏能够使游戏者在问题推理、信息处理、手眼协调等认知能力上有所提升，大脑工作效率得到显著提升。研究中观察到连接到视觉皮质、颞叶皮质、前额叶皮质、胼胝体、海马、丘脑等区域的神经纤维、外囊等关联纤维以及连接基地核的神经纤维等区域均发现了结构性改变，这些区域与学习能力、情绪处理、记忆能力密切相关。

四、结语

美国海军近年来的医学研究聚焦应对未来海上可能发生的冲突，弥补现有卫勤保障能力和实际作战需要之间的差距，重点围绕以下 3 个方面开展：一是重视“人”作为战斗力生成的关键，通过疾病预防、健康维持、能力增强，全方位提高作战人员战备能力和作业效能；二是强调“早”在战伤救治中的意义，通过研发一线救治技术与器材，部署更加靠前的医疗力量，使得伤员能够在受伤点就得到高质量的救治；三是关注“新”技术的转化应用，无人化、增材制造、人工智能、合成生物学等新兴技术已经广泛地应用于卫勤实践为保障赋能增效。

（海军特色医学中心　卢姗姗　栾洁　张阵阵）

2023年军事作业医学发展综述

随着对作战环境认识的完善和颠覆性战场技术的发展，美军军事作业医学研究不断向纵深发展，在帮助军人迅速接受、吸收和运用新兴技术的同时，全方位、多维度地保障军人健康和提升作业能力。本文对2023年度美军军事作业医学领域的相关研究进行综述，为系统掌握美军发展动态提供参考。

一、聚焦特殊自然环境军人作业能力保障

美军认为，对极端环境的定义应不断完善，涵盖目前人类面临的极端环境，包括不稳定的自然环境、流行病所致的疫情环境、受气候影响的环境变化以及载人航天环境。围绕高原、高寒、高热等特殊自然环境下军人作业效能提升的现实需求，美军通过制定疾病防治指南、研发更新防护装备、完善习服训练方案等手段，优化其在复杂和复合环境下的作业能力。

（一）高原军人作业能力保障

1. 更新急性高原病防治指南

美国荒野医学会更新第4版《急性高原病防治指南》（以下简称《指

南》），在2024年正式发布。该《指南》为急性高原反应、高原脑水肿和高原肺水肿的预防、诊断和治疗制定循证指导，新版本特别增加了如何在感染新冠病毒后进入高海拔地区的建议，包括做好基础健康评估，如肺功能测试、胸部X线平片、心电图、高敏肌钙蛋白测试和超声心动图；运动功能评估，如心脏磁共振成像或运动状态心肺功能测试。《指南》提出需要继续关注的两个方面，即预防和治疗儿童高原病的最佳给药方案，以及高原模拟舱在高原病预防和习服训练中的作用。

2. 调查高原肺水肿发病率

高原肺水肿（HAPE）是一种发生在海拔2500m以上地区的急性高原病，严重的可能危及生命。由美国陆军环境医学研究所、国际攀岩和登山联合会医学委员会以及其他9家科研机构联合进行的回顾性调查表明，男性HAPE患病率为0.01%，女性HAPE患病率为0.00074%。尚没有针对比较HAPE患病率性别差异的研究，可用于回顾分析的数据也较少。基于现有的数据分析，HAPE在女性中的发病率低于男性，除了生理原因，行为差异也可能导致这种潜在的性别差异。

3. 研究高海拔对创伤性主动脉损伤的影响

创伤性主动脉损伤现场死亡率高，绝大多数患者在损伤后24小时内死亡。美军调查显示，腹部创伤是战场上的常见伤情，包括腹主动脉损伤，具有出血休克率高、感染死亡率高的特点。因此，快速检测和治疗对提高创伤性主动脉存活率十分重要。一项针对8562例创伤性主动脉患者的回顾性队列研究发现，高海拔地区创伤性主动脉损伤的发生率明显高于低海拔地区；高海拔地区患者的创伤性主动脉损伤概率是低海拔地区患者的2倍。这表明创伤性主动脉损伤在高原损伤中更为常见，应谨慎确定治疗和后送方案，突出时效救治，加强高海拔地区钝性伤患者的筛查。

（二）寒区军人作业能力保障

1. 不断改进防寒装备性能

随着美军加强在北极地区的战略部署，对军人在寒冷环境下的生存和作业能力高度重视。据美军健康监测处统计，2013—2021 年，美国陆军中有 1382 人患冻结性冷伤，1059 人患非冻结性冷伤，409 人患低体温，每年花费的治疗成本约为 450 万美元。士兵计划执行办公室研制了北极低温防护系统（CTAPS），是对第三代扩展型防寒服系统（GEN Ⅲ ECWCS）的改进，采用模块化设计，由 5 层服装组成，具有舒适度更高、保暖性更好、实用性更优的特点。2023 年年初，美国陆军驻阿拉斯加的第 11 空降师在冬季野外演习中试用。

2. 增加寒区作业脂肪摄入

美国陆军研究证实，寒冷环境中作业，士兵需要的能量为 5000~7000 千卡/天，而实际摄入的能量往往小于 3000 千卡/天。受携带口粮品种单一且大多需要解冻、进食时间短、适口性不佳、食欲降低等因素影响，士兵无法通过饮食保持能量平衡。能量摄入不足会导致体重下降、负氮平衡（蛋白质合成少于分解）、雄性激素分泌抑制、全身炎症反应增加，最终降低作业能力。研究发现，增加军用口粮中的脂肪含量，使膳食脂肪摄入量占每日总能量消耗的 35%~40%，是减少寒区作业中能量不足和负面生理后果的有效营养干预措施。

3. 收集实战演习健康数据

美国海军健康研究中心与海军陆战队山地作战训练中心合作，研究寒冷环境对作战人员生理、认知和作战准备的影响。重点关注长期野战训练期间暴露在恶劣环境中的作战人员的健康状况，其中包括在极端温度、崎岖山地和高海拔环境中进行的大量体能和认知训练。133 名海军陆战队员分别在秋季和冬季完成了为期4周的山地作战演习，研究人员对他们的生理、水合、营养、应激反应、应激应对策略、睡眠质量和数量、认知能力、身体成分和肌肉力量等指标进行了10次实地数据采集。相关成果将为制定山地战训练课程和确定极寒环境军人恢复能力提供数据支撑。

（三）热区军人作业能力保障

1. 研发热损伤预警装备

美国陆军公共卫生中心（APHC）统计，每年大约有2~3名军人因热损伤死亡，1000名军人因炎热环境患严重疾病。美国陆军环境医学研究所基于开发的核心体温算法与英国皇家海军医学研究所共同研制个体热适应训练工具，通过热损伤风险评分，帮助士兵在手机或运动手表上创建个性化培训课程。美国空军在特种作战训练时测试可穿戴设备 Zephyr BioharnessTM 用于识别劳力型热射病的有效性，发现该设备有明显的假阳性率，需要进一步的研究来改进算法，以更好地捕捉特种作战人群的训练环境和身体需求。

2. 探究热习服的个体差异

热习服（HA），是指机体在长期反复热作用下出现的一系列适应性反应，包括心率增加的显著减少、出汗率增多、外周血流量和血容量增加、机体不适感减弱等，一般在反复暴露于热环境8~10天内获得。美国陆军最新研究表明，在为期8天的固定强度热习服训练期间，31%的男军人在5天时即可实现短期热习服（STHA），到8天时相关适应性反应未出现明显变化；其余参试者在5~8天时均获得HA。参试者的基线体能水平和人体体表面积并不能解释STHA程度的个体差异。

3. 提高水下作业耐热能力

潜水员在水下作业时可能暴露在较高的水温下，如波斯湾海面水温可达 35℃，穿着的潜水设备和保护装备还会加剧患热射病风险。被动热水浸泡已被证明能产生与传统的地面热习服训练相似的热适应。一项针对美国海军潜水员的研究证实，在温水中训练（34.4~38.6℃）期间，潜水员均产生了热适应反应；随着水温的升高，其耐力明显降低、力竭时间缩短、疲劳感增加较快。HWI 的水温范围为 40~42°C 时，潜水员获得热习服的效果更好。

二、关注膳食营养和饮水安全问题

膳食营养和饮水安全与军人作业能力息息相关。美军通过饮食健康行为调查、突破战场食物供应、测试净水装备性能、推进微生物传感器研发等方式，提高军人生命支持能力。

（一）突破远距离作战食物供应方式

美军创新实施“聚宝盆”计划实现对食物制造方式的重塑，确保部队能够在任何环境中按需生产食物。通过使用 3 种成分（空气、水和电）创造各种健康的新型食品，使用电力将水分离成可用的氢气和氧气，并从空气中收集氮和碳。其应用场景涵盖两个方面：一是为极端恶劣环境中部署 45 天的军事作战单元提供完整的营养需求；二是在人道主义援助和救灾情况下，为 100 名平民提供 21 天的食物。整体加工生产组件可以安装在车辆上，最大限度地减少后勤负担并提高机动能力。

（二）分析饮食行为对军人健康的影响

营养健康包括食物选择、用餐时间和饮食摄入行为。军人普遍存在不健康饮食行为的风险，包括饮食不规律和营养失衡。美国匹兹堡大学作战人员效能研究中心利用广义线性混合效应模型调查了海军陆战队军官学校在为期10周的新兵训练期间，男女军人饮食病理症状的变化，首次使用饮食病理症状量表（Eating Pathology Symptoms Inventory，EPSI）评估饮食病理、肌肉骨骼损伤风险和BMI之间的相关性。新兵训练期间饮食症状发生变化，女性对体型的不满减少，男性对过度运动和对肥胖的消极态度减少，男性和女性服用减肥药、饮食限制和增肌情况减少，暴饮暴食增加。进食态度和饮食限制的改变与BMI变化显著相关，女性未来的受伤概率比男性高108%。研究团队认为，部队应关注如何通过营养教育来改善饮食态度、饮食行为以及饮食健康问题。

（三）调查膳食营养与体能状态的关系

营养知识与饮食质量呈显著正相关。美国陆军环境医学研究所对比了通过和未通过美国特种部队选拔训练（U. S. Special Forces Assessment and Selection Course，SFAS）士兵的代谢组学特征和膳食情况。通过SFAS选拔的士兵在异生素、磷酸戊糖和皮质类固醇代谢途径中具有较高的代谢水平；未通过者在氧化应激化合物，即鞘磷脂、酰基肉毒碱、谷胱甘肽、氨基酸具有较高的代谢水平，这与较低的饮食质量和较差的身体表现有关。研究表明，通过SFAS选拔的士兵具有较高水平的循环代谢产物与对氧化应激的抵抗力、良好的体能状态和合理膳食营养有关；未通过者可能存在营养不良、非功能性过度训练或过度训练、先前训练后未恢复等情况。

（四）测试不同类型净水装备性能

美国陆军部队司令部举办为期5天的净水装备性能测试，包括轻型净水器，采用最先进的超滤和反渗透技术，每小时生产284~473升饮用水，保障小型部队、特种作战部队和临时医疗设施；战术水净化系统每小时可过滤5678升饮用水，保障战区、师、旅部队的作战行动；反渗透水净化装置，每小时快速供应11356升饮用水，由战区和军团级的供水部门运行管理，保障重大军事行动以及人道主义和灾害救援任务。测试不仅评估装备性能，同时也对部队的操作技能和战备状态进行考核，包括在特殊作战环境中安装、操作和分解不同类型净水装备的能力以及对相关基础理论知识的掌握情况。

（五）研发交互式微生物传感设备

美军传统的环境监测依托分布在地面或水下的传感器网络和遥感平台，但后勤负担较大，且环境有害因素会对军人健康造成威胁。DARPA 宣布实施 Tellus 项目，通过开发交互式设计平台加速微生物传感器的研发。微生物传感器利用细菌、真菌或微藻探测不同类型的输入信号，已被证明适用于检测重金属、有机污染物、高能化合物、化学战剂和气体等分析物。Tellus 将交互式设计理念用于传感器研发，用户通过可视化界面输入环境特征、危害因素以及待测量的输出信号，平台将快速设计出安全、有效的微生物传感器满足这些需求，还能够评估传感器在不同环境下的功能，可在无人看管的情况下长期运行，实现灵活、稳健、可靠和耐用的功能。

三、通过改善睡眠提高决策能力

高质量的睡眠有助于提高作业能力，降低事故、失误和受伤风险；相反，睡眠不足会引发机体疲劳，增强患多种疾病的风险。掌握睡眠与疾病风险、心理健康的关系，并提供个性化的睡眠保障，对提高军人战斗力至关重要。

（一）睡眠时间与疾病风险密切相关

美国军人的平均睡眠时间少于美国普通民众。美军评估了可能损害士兵战备状态以及身体和认知功能的睡眠障碍的患病率，包括睡眠呼吸暂停、失眠、嗜睡、昼夜节律睡眠障碍和嗜睡症。睡眠时间短与国际疾病分类第

10 版（ICD-10）中的精神/行为疾病和神经系统疾病的关系最强。睡眠不大于 4 小时的军人所有类别疾病的诊断概率是睡眠不小于 7 小时的 2.5 倍以上。睡眠不大于 4 小时的军人诊断为创伤后应激障碍的概率是睡眠不小于 7 小时的 6 倍以上。睡眠障碍的患病率随着年龄的增长而增加，在年龄较大的类别中，男性士兵比女性士兵更常见。

（二）睡眠评估工具提供个性化睡眠保护

美国海军调查显示，67%的海军官兵在部署时睡眠时间小于 5 小时。美国陆军医学研究发展司令部最新研发的“后勤优化管理工具”（Optimized Watchbill Logistics tool，OWL）在“安慰号”医院船完成了初步测试工作，未来 1 年内将部署在另外十多艘海军舰艇上。OWL 通过评估每位官兵的工作时间和睡眠时间表，根据每个人的昼夜节律和独特的疲劳预测分数，制定新的时间表，生成专门的睡眠时间段，让官兵们获得所谓的“保护性”睡眠。

（三）调查潜艇艇员咖啡因使用情况

咖啡因是一种温和的兴奋剂。潜艇艇员通过摄入咖啡因来减轻睡眠不足对警觉性、情绪和表现的影响，但咖啡因本身也可能降低睡眠时间和质量。海军潜艇医学研究实验室首次调查了海上航行 30 天的潜艇艇员咖啡因使用与睡眠之间的潜在关系。与预期相反，航行期间咖啡因使用量为（232.8 ± 241.1）毫克/天，少于陆地上的使用量（284.4 ± 251.7）毫克/天；咖啡因摄入量与睡眠效率呈正相关，咖啡因摄入量与入睡后觉醒和睡眠碎片化之间呈负相关关系；较高的咖啡因摄入量与自我报告的海上睡眠时间呈负相关。

（四）追踪睡眠对心理健康的影响

美国陆军驻北极某基地的 650 名士兵使用一款经过验证的睡眠识别设备 WHOOP 3.0，完成了一项为期 4 个月的睡眠调查，评估改善睡眠一致性是否可以提高士兵的幸福感。研究人员分析了士兵睡眠指标（床上时间、睡眠时间、睡眠期间清醒时间、睡眠开始/偏移时间和干扰）的季节性趋势（夏季与冬季）、士兵的体力消耗和心理功能问卷。结果显示，该部士兵的睡眠一致性和睡眠持续时间低于当地居民，夏季的睡眠一致性和睡眠持续时间比冬季少，睡眠一致性与心理韧性及健康社交网络呈正相关，与乡愁情绪呈负相关。

（五）军事作业应激降低决策能力

军人的职业特性对认知和决策能力有较高要求。睡眠障碍所致的疲劳会影响认知能力，带来安全隐患。美军军事作业应激（SMOS）模拟实验旨在通过实验室研究来模拟作战或军事训练。研究发现，SMOS 对军人的军事战术适应性决策能力、身体、认知和情绪功能具有负面影响。在整个 SMOS 过程中，战术决策能力提高的军人（即高适应者）表现出更好的心理韧性和有氧能力；SMOS 对产生警戒反应时间、警戒准确性和情绪识别具有负面影响，但对推理能力的影响最小，消极的情绪状态，包括紧张、疲劳、困惑、情绪失调显著增加，同时经历了活力的下降。此外，在整个 SMOS 期间，适应性决策能力的变化与低阶认知功能的变化截然不同。

四、强化噪声环境军人听力保护

良好的听力可以在关键的沟通和听觉任务中保持态势感知，如言语对话、声学隐身、声音探测、声音识别和声音定位，对常规和非常规作战中成功执行任务至关重要。美军通过监测听力状况、适当的听力保护、听力健康教育来预防听力损伤。

（一）持续实施国防部听力计划

听力损伤影响军人活动、训练、部署和作战期间的任务表现。噪声引起的听力损失通常是无痛的、渐进的，并且缺乏与开放性伤口或骨折相关的医疗护理的即时性。陆军听力计划开发了一套监测指标，能够及时了解军人听力损伤情况，提供有关听力准备、临床和作战听力服务以及听力监测和减少噪音危害方面的帮助，最大限度地提高军人的听力和战场通信能力。

（二）推广无接触式听力测试系统

美国陆军法规要求所有军人每年接受听力测试，以保持听力准备状态。国防部监测听力的标准方法是使用国防部职业和环境健康准备系统-听力保护，在声音处理室同时进行多人测试，确定特定频率下能听到的最柔和的水平或音量。近年来，由于新冠疫情阻碍了测试开展。近期，陆军听力计划（AHP）在陆军基地推行无引导听力测量系统，增强传统的固定设施听力测试能力，已完成近12000名军人的测试，可实现测试结果与传统测试环境中获得的结果相似。

（三）试行战场针灸缓解耳鸣症状

耳鸣是听觉功能障碍或损伤的一种症状，是永久性听力丧失的前兆。耳鸣会干扰军人的交流能力、睡眠质量、注意力和情绪，美军将其称为“恼人的耳鸣”。耳鸣的存在、耳鸣严重程度、平均低频听力阈值和主观听力困难与军人的作业能力显著相关。美国陆军的年度听力监测包括对耳鸣进行筛查。美国陆军公共卫生中心对1485059名陆军的听力测试记录进行分析发现，自述“恼人的耳鸣”患病率为17.1%，明显高于普通民众（6.6%）。“战场针灸”作为一种安全、低成本的耳鸣治疗方法，已被证明可用于改善慢性耳鸣患者的症状，减少耳鸣相关的心理困扰，具有良好的推广应用价值。

（四）开展听力保护装置使用培训

听力保护装置（Hearing Protection Devices，HPD）是军事作业中的标准个人防护设备，可以将作业环境中的噪声暴露降低至安全阈限，但许多军人认为HPD会减弱听力灵敏度并损害空间听觉。数据显示，由于HPD的使用不当，大多数军人无法恰当地保护听力。国防部听力卓越中心测试了军人正确应用HPD的能力，同时研究了连续3天的使用培训是否可以抵消佩戴HPD带来的空间听力损失。测试首日，与对照组相比，佩戴HPD组操作失误频率增加3倍，声音定位失误率增加40%。经过培训后，佩戴HPD组的操作失误率显著减少，定位能力更好；对照组没有显著改善，但有类似的趋势。这表明，操作简单、时间简短的练习和培训可以显着减少HPD对空间听力和态势感知能力的损害。

（五）应用人工耳蜗改善听觉效果

美国退伍军人和现役军人中，职业性噪声暴露导致听力损失的比例超过了一般人群。随着国家对人工耳蜗植入候选标准的扩大，人工耳蜗帮助更多军人改善听力状况。据调查，2010—2019年，国防部共为3573例人工耳蜗手术提供支持。55%患者年龄大于64岁，人工耳蜗植入率以每年7.9%的速度增长。数据表明，需要将该程序广泛扩展到普通耳鼻喉科，以满足当前和未来对人工耳蜗植入的需求，并将该技术作为住院医师培训项目的“关键指标”。

五、重视体能训练与损伤防护

体能作为整体健康的一部分，是军人的一般健康、福祉和作业能力的重要组成部分，对战备至关重要。体能训练导致的骨骼肌肉损伤直接影响训练效率和战备部署。美军围绕科学化体能训练、改善肌肉骨骼损伤患病率、实施体重管理计划、改进体成分评估方法、研究步态模式变化来促进“部队全维健康”。

（一）推动军人体能体系化研究

所有军人都应随时保持良好的体能状态，以便成功执行任务。2023 年 9 月 12 日—14 日，第六届国际士兵体能大会（International Congress on Soldiers' Physical Performance，ICSPP）在英国伦敦举办，会议的主题是“未来士兵：为人类赋能”。围绕负重对军人肌肉骨骼的影响、基于生物标记物构建军人损伤风险模型、基于大数据构建军人体能训练模型、不同军事作业环境下体能训练计划的制定、减少训练中军人肌肉骨骼损伤的保障措施等方面进行深入研讨，全过程、多维度、体系化提高军人体能素质水平。

（二）降低肌肉骨骼损伤患病率

美军骨骼肌肉损伤占士兵伤情的 80%以上。2009—2015 年，美国海军背部肌肉骨骼损伤病例数从 4.28 万人增加到 51.337 万，患病率从 2009 年的 9.99%增加到 2015 年的 12.09%。女性比男性患病率高，35 岁以上者所有年龄段中患病率最高，肥胖、BMI 过高、有吸烟史的军人患病率更高，海军陆战队比海军患病率更高。患病率最高的职业是医疗保健岗位，作战岗位和飞行员患病率较低，推测可能与是否接受医疗护理有关，如海军陆战队步兵接受医疗护理的比率较低，他们的训练时间长、野外演习频繁，除非病痛严重，否则很少就医。正念训练和瑜伽相结合被证实可以改善陆军基础作战训练（Basic Combat Training，BCT）期间的肌肉骨骼损伤。

（三）实施多样化体重管理方案

近年来，美军肥胖率不断上升。以美军身体质量指数（Body Mass Index，BMI）作为衡量标准，68%的军人属于“超重”或“肥胖”。据调查，美国陆军预备役军官训练团无论男女学员都处于超重边缘，并且 BMI 与任何体能测试都不具有相关性。过度的体脂和体重增加与受伤的患病率和风险增加有关，危及战备状态。为改善肥胖问题，美军各军种制定了多样化的体重管理方案。美国陆军实施了“健康效能-减肥策略”课程（Fit for Performance），通过6节标准化的课程，提供关于减肥、膳食补充剂使用、身体活动和膳食营养的标准化知识。海军实施了 ShipShape 体重管理计划，但结果并不理想。参与者多为年轻女性（平均年龄28.3岁），报告的医疗健康状况明显较少，但抑郁、焦虑和创伤后应激障碍的发生率更高。

（四）改进体脂体成分评估方法

美国陆军使用体脂评估法，鼓励军人的健身行为，防止过度肥胖，分别制定了男女军人基于周长的体脂计算法，但该方法对体脂率评估的准确性可能不适应陆军现有情况。国防部最新发布的指令1308.03《国防部体质和身体成分计划》指导各军种建立自己的体成分计划。近期，美国陆军环境医学研究所研究团队检验了基于周长的体脂率计算方程，在评估陆军 BCT 期间年轻成年新兵体脂率变化情况的有效性。使用双能 X 线吸收测定法（Dualenergy X-ray Absorptiometry，DXA）和基于周长的体脂率计算方法，评估两种方法的差异以及 BCT 期间体脂的变化情况。与 DXA 相比，基于周长的评估法得出的体脂率下降的幅度并不明显。基于周长的评估法表明43.0%的女性和14.5%的男性体脂率升高，但 DXA 却反映体脂率下降。因此，在 BCT 训练中，基于周长的体脂计算法可能不是衡量身体成分变化的合适工具。

（五）研究负重行军步态模式变化

负重行军是一项常见的训练和作战任务，会增加体能消耗，但会导致肌肉骨骼损伤和过度使用伤害。量化负重行军过程中发生的步态变化有助于更好地了解损伤机制，制定个性化的损伤预防训练计划。美国陆军考察了军人在7英里（11.3千米）野外负重行军过程中步态模式的变化，检验疲劳和运动学参数之间的相关性。结果显示，演习后步幅长度减少，步幅宽度增加，步幅宽度变异性增加，踝关节移位变异性增加，对侧躯干变异性增加。相关数据为量化和预测军人疲劳提供研究基础。

六、建立团队作业效能评估方法

随着科技发展和作战方式的演变，国防行动以及任务团队构成也在发生变化，需要更多的联合团队执行短期任务，如网络/电子战，或特种行动和常规部队共同执行任务。因此，需要以最快的速度将各类团队聚集在一起，并达到长期培训提供的战斗节奏。

DARPA 最新发布的一项名为“通过绩效结果模型客观预测团队作业效能”（OP TEMPO）的研究项目，为期2.5年，旨在建设用于训练实时监控、训练后审查和作业效能评估的方法，利用非侵入式传感器识别训练中的心率变异性和沟通动态等生物行为特征，对团队协作能力和任务准备状态进行客观预测，从而为国防部军事训练教官提供以数据驱动的决策能力。该研究项目通过绩效结果模型预测团队作业效能，将探索生物行为信号是否可以作为团队效能评估的有效、客观特征。OP TEMPO 直接聚焦于识别与团队凝聚力、协作力和绩效相关的生物行为特征所必需的基础研究，将为训练过程中理解、建模和评估团队动态的新方法奠定基础。该项目分析心率变异性、唾液中生化标志物、脑电活动或眼动追踪等生物行为标志物作为评估指标的有效性；还将测量参与者的沟通动态，即每个成员对他们和队友角色的理解程度，以及对各种任务的反应速度。未来，该项目成果将用于战术小队、中队级空勤人员、网络防御团队和医疗团队。

（军事科学院军事医学研究院　王静怡　李哲）

2023 年放射医学领域发展综述

2023 年放射医学领域，核应急药物的开发引发广泛关注。世界卫生组织发布新版核应急药物清单，并且在国家层面提出了相关的储备管理建议，这是自 2007 年以来世界卫生组织首次更新相关药物清单；美国食品和药物管理局（FDA）批准了两种辐射治疗药物，并更新了急性放射病药物指南，以推动相关药物开发。

一、世界卫生组织发布核应急药物清单

2023 年 1 月 23 日，世界卫生组织在其官网发布了题为 *National stockpiles for radiological and nuclear emergencies：policy advice* 的报告。该报告基于过去十几年辐射应急医学的进步，更新了 2007 年发布的用于辐射和核紧急情况的药品清单，并在国家层面提出了管理这些药品的政策建议，这些储备药品包括预防、减少或治疗辐射损伤的药物。

（一）储备规模

药品和医疗用品的数量由以下因素决定：预计伤亡人数、需要紧急或

长期治疗的伤害的分布情况、药物投药时间表，及预期治疗时间。基于假想的建模可能是确定国家储备规模的最科学方法，因为每一种假设情景的数据（包括大多数相关情景中涉及的特定放射性核素的数据、地理和人口信息、污染的潜在程度和其他数据）用于决定所需的多国管理的类型和数量。在某些情况下，不可能或没有必要建立详细的模型，可以使用简单的假设估计要储备的特定药物的数量。该报告特别提及了美国国防威胁降低局关于估计低当量核武器杀伤力的研究，其模型预测数据估计了在1千特和10千特核爆情况下，复合伤、死亡、辐射损伤等人员的数目，这些伤亡数据对于指导特定情形下的药物储备数量具有指导意义。

（二）药品清单

新版清单将相关药物分为了针对内照射药物和针对急性放射病药物。针对内照射药物包括阻断剂（碘化钾）、促排剂（普鲁士蓝）、螯合剂（Ca-DTPA和Zn-DTPA）、含铝的抗酸剂和海藻酸盐、碳酸氢钠等包含了稳定性碘；针对急性放射病的药物包含控制造血损伤、胃肠道损伤、急性放射损伤相关感染以及机体一些延迟损伤反应的药物。2007版报告清单中主要提及了普鲁士蓝、碘化钾、G-CSF、Ca-DTPA和Zn-DTPA等常规药物的名称。与2007版清单相比，新版报告针对不同损伤所列药品更加丰富，尤其针对造血损伤控制的细胞因子药物，吸纳了近年来美国FDA获批的药物，新版报告所涉及药品信息也更加详细，包括适用症、使用剂量和副反应等信息。

（三）储备管理

任何紧急储备的开发和管理都是复杂的，涉及许多部门和因素，如风险测绘和预测（根据假设、建模或研究结果）、规划和预算编制、采购（包括质量控制、质量保证和产品安全）、采购立法（批准医疗产品和设备）、确保财务可持续性和供应链（如若干供应商和承包商）、对劳动力培训的投资、储备和服务交付、监测和评价。报告介绍了协助决策者和管理人员为辐射紧急情况建立国家储备以及相关程序和议定书的关键要素。

（四）前沿疗法

报告介绍了新出现的技术和药物配方，包括血管紧张素转换酶抑制剂、促红细胞生成剂。组织再生和辐射损伤后的恢复需要干细胞具有抗辐射能力，以应对这些毒性效应。在对造血干细胞和祖细胞产生严重影响的暴露后，给异基因或未暴露的自体干细胞有效地减轻细胞因子和支持治疗后的造血损伤。报告介绍了造血干细胞移植和间充质干细胞移植两种有前景的干细胞疗法。

（五）国际储备管理实践

报告在附录部分总结了一些国家在管理储备机制上先进的做法和经验。在政策制定方面，多国设有针对性的核紧急情况相关的应对计划，如巴西卫生部在 2014 年发布了一项针对化学、生物、辐射和核制剂造成的公共卫生突发事件的应急计划；阿根廷正在更新国家核紧急情况应对计划，并将其纳入根据第 27287 号法律建立的国家整体风险和灾害管理系统。在国家和地方储备管理机制方面，一些国家设有专门的核监管相关机构，如德国对于放射性核事件，库存一般由法律监管，由联邦公民保护和灾害援助办公室在联邦层面采购，而各州则负责储存和分发库存。在药物储备及应对措施方面，多国在国家和地方层面做了积极的药物储备及应对方案，如美国强调在地方和区域内共享资源（包括医疗设施），以及规划如何从储备中接收和分发产品；俄罗斯在辐射事故期间对人口的保护措施由联邦法律、总统号法令和联邦政府法令规定，民用应急储备的内容由政府批准，以确保整个储存和快速部署的安全性。

二、美国 FDA 批准新的辐射治疗药物

2023 年 9 月 29 日，美国 FDA 批准 pegfilgrastim-fpgk（Stimufend）新的适应症，以治疗急性暴露于骨髓抑制剂量辐射（骨髓型急性放射病，H-ARS）的成人和儿童患者。pegfilgrastim-fpgk（Stimufend）是美国 FDA 批准的第六种医疗对策和第二种生物仿制药。2022 年 9 月 6 日，美国 FDA 批准 pegfilgrastim-fpgk（Stimufend）上市，治疗接受骨髓抑制性抗癌药物以及发热性中性粒细胞减少症的非髓系恶性肿瘤患者的感染，这是一种支持性治疗药物，主要用于非髓性癌症患者。该药是 pegfilgrastim（Neulasta）的生物仿制药，在 2022 年 3 月已经于欧盟获批上市，用于参考药物的所有批准适应症。

2023 年 3 月 3 日，美国 FDA 批准了一种新的单剂量预填充自动注射器 Udenyca（pegfilgrastim-cbqv）上市，用于提高放射或核事件后患 H-ARS 的成人和儿童患者的生存率。2022 年 11 月 28 日，美国 FDA 批准了 Udenyca（pegfilgrastim-cbqv）的新适应症，以治疗放射或核事件后可能患 H-ARS 的成人和儿童，以增加 H-ARS 患者的生存率。

三、美国 FDA 发布急性放射病药物开发指南草案

2023 年 4 月 19 日，美国 FDA 发布了一份名为“*Acute Radiation Syndrome: Developing Drugs for Prevention and Treatment*”的指南草案。该指南草案从早期药物开发的剂量选择和开发计划、CMC、疗效研究、临床安全性研究以及上市后评价要求几个方面提供信息和建议，以协助申办者和其他

利益相关方开发药物，预防或治疗因意外或故意事件电离辐射照射引起的急性放射病（ARS）。一般来说，针对这些适应症开发的药物需要根据动物规则的法规获得批准。

（一）早期开发

当准备好药物的化学成分、生产制造和质量控制（CMC）、作用机制、用途等信息时，承包商通常会要求与评审部门举办一次 pre-IND 会议。使用动物模型的适当性是会议的重要议题。药物在非灵长动物上的有效性研究不作为申请 pre-IND 会议的必要条件。在动物法则下，pre-IND 会议对于药品开发非常重要，可以防止开展不重要的研究、提高信息的有效性、交流科学观点和经验。评审部门将同承包商一起阐明最佳路径，包括最合适的动物模型、有效性的初级终点、支持剂量转换的药效动力学终点等。

（二）化学成分、生产制造和质量控制

承包商应参照上市药物成分，开展充分和严格控制的动物有效性研究，实验采用组分如果与上市药物组分有任何差异，都应与评审团队进行充分沟通。基于动物法则的审批流程下，充分的 CMC 表征提供了关键的有效性证据，这对于通过药代动力学和/或药效动力学研究确定人体中药物剂量和给药方案非常关键。

（三）确定在动物模型上的有效性

应进行研究，以确定所选物种的致死率概况和确定辐射剂量-效应关系，并包括适合 ARS 亚综合征和物种的观察期。产生的剂量-效应曲线应与科学文献中报道的类似设计的研究曲线进行比较，发起人应解释任何重要的差异。美国 FDA 建议每个检测机构在必要时定期确认其剂量-效应曲线的可重复性（如果标准操作程序发生重大变化）。

（四）有效性重点

一般来说，治疗急性呼吸道感染的药物是根据动物规则开发的，因为人体挑战研究不符合伦理，现场试验也不可行。此外，药物在相关使用条件下的有效性证明（如在癌症治疗诱导的骨髓抑制或免疫介导的细胞减少症中）通常不能完全外推到 ARS，因为这些条件不能充分反映 ARS 的病理生理。一般来说，提高生存率或预防主要发病率应该是动物疗效研究的主要终点。除了提高生存率外，反映重要 ARS 并发症减少或预防主要发病率的终点，如大出血、需要输血或严重感染的减少，也可以作为主要疗效终点。

（五）临床安全性研究

美国 FDA 不会主要依靠非临床信息来评估安全性；无论监管发展途径如何，批准一种新药都需要一个足够的人体安全数据。如果非临床或临床数据引起对在健康成人志愿者中进一步试验研究药物的安全性担忧，申办者应考虑在患者群体中获取所需的人体安全信息，该患者群体的药物提供了潜在的益处，证明了药物的风险是合理的。

（六）上市后评价要求

动物规则要求申办者进行上市后研究，以验证药物的临床益处，并在此类研究可行且符合伦理的情况下评估其安全性，并在上市申请中包括进行此类研究的计划或方法。美国 FDA 建议制定 ARS 研究方案，以明确（可行的）数据收集，探索影响生存的协变量，如年龄、估计辐射吸收剂量、ARS 药物治疗、治疗剂量、持续时间和辐射暴露后开始治疗的时间。

（军事科学院军事医学研究院　马文兵）

发展报告

重要报告解读专题

发展报告

美国国防部《生物防御态势评估》分析解读

2023 年 8 月，美国国防部发布《2023 年生物防御态势评估》报告（以下简称《报告》）。该《报告》是继 2022 年美国政府出台《国家生物防御战略和实施计划》后，美国国防部首次出台的生物防御领域的态势评估。《报告》指出，美军面临着前所未有的生物威胁，正处于生物防御的关键时刻。国防部需启动一系列关键改革，确保在 2035 年前具备应对生物威胁的能力。

一、出台背景

《报告》认为，美军面临着前所未有的生物威胁，正处于生物防御的关键时刻，特别是，美国国防部将中国列为其在相关领域的“关键长期威胁”，将“应对中国带来的多领域威胁及抵御与中国在印太地区的冲突”作为优先事项。《报告》由负责政策的国防部副部长牵头，联合各作战司令部及军兵种共同编制。该《报告》建立在 2022 年美国政府《国家生物防御战略和实施计划》和国防部《国防战略》的基础上，其总体目标和战略定位与前述政策保持一致。《报告》指出，美军将“应对中国带来的多领域威胁及抵御与中国在印太地区的冲突”作为优先事项。此外，新兴和颠覆性生物技术的快速发展使美军面临的威胁范围和种类不断增加，新发、突发传染病的频繁流行将严重威胁美国国防安全。

二、主要内容

《报告》主要内容包括威胁和安全环境、战略方针、治理体系、态势感知能力、应对威胁能力、快速响应、协调与合作、结论共8个部分，为美国军队生物防御能力建设提供了具体方向部署。

（一）战略目标

《报告》指出美军生物防御的三大战略目标：一是对标《国防战略》，打造自我维持能力，使国防部具备抵御生物风险能力，支撑其在生物威胁环境下开展军事行动；二是对标《国家生物防御战略和实施计划》，提供民事支援能力，作为政府应对生物事件的组成部分，国防部为民事当局提供行动支援；三是瞄准美国海外利益，与盟友加强合作，国防部赢得监视和打击中国等对手的能力。

（二）战略任务

《报告》从战略政策、伙伴关系、管理体系、防御能力、物资供应体系等角度，对美军生物防御能力和差距进行系统评估，提出建立国防部层面的管理机构（成立生物防御委员会）、加强态势感知（情报收集分析、生物监测、威胁表征）、提升战备能力（演习训练、以需求为牵引整合分散资源、生防研发能力建设、实验室生物风险管理）、实现快速响应（物资准备状态评估、物资输送和战略储备、供应链与制造、快速响应指南）、加强协作与合作（本土与海外能力建设、盟友合作）共 5 大类，14 项任务，为美国国防部生防能力建设提供了战略指引。

1. 建立军队顶层生物安全管理机构

为进一步强化军队生物防御管理体系，解决国防部内多部门分头负责等问题，《报告》提出，在国防部层面成立生物防御委员会，由负责采办与保障的国防部副部长担任委员会主席。委员会职能包括开展生物防御态势评估以辅助决策，协调、监督国防部各机构在生物防御领域的活动。该举措表明，美国国防部将对军队生物防御工作实施提级管理，由多个助理国防部长分头负责调整为由国防部副部长主责，将以往条块式分割布局、独立推进转变为统一规划、联合推进，促进生物防御领域产学研用深度融合，有利于其实施全地域、多军种生物作战部署和攻防转换，将进一步加大对我生物安全造成的威胁。

2. 加强早期预警和态势感知应对生物威胁

（1）改进生物威胁情报的收集、分析和共享。面对瞬息万变的威胁形势，国防部有必要加强其情报收集和分析能力，发现具有作战影响和大范围传播潜力的新兴威胁，避免其影响美国实现国防战略。为加强生物威胁情报的收集、分析和共享，《报告》建议：通过生物防御委员会，制定和发展定期沟通机制，推动在整个国防部、政府、盟国和合作伙伴中的情报共享，以支持国防部的生物防御活动，并确定国防部的其他情报需求和优先事项。

（2）通过生物监测，加强对生物威胁的态势感知。国防部将努力制定具有明确定义和宏伟目标的前瞻性《生物监测计划战略》，以便在战术、战役和战略层面将生物监测数据转化为可用的、服务于决策的信息。应采取一系列措施提升生物监测工作的效能，如整合各种生物监测信息源、利用可穿戴技术、提升测序能力以及部署新的能力（如进行废水监测以查明未知威胁）。《报告》建议：国防部建立生物监测信息的中枢和门户，并进行全方位的集成。

（3）加速确定新兴威胁特征。鉴于未来的威胁环境，国防部应在能力发展中摒弃传统思路，即只关注“威胁清单”。随着技术快速发展，新型病原体已成为不容忽视的因素。《报告》建议：国防部继续加强和投资关于数据与信息生成的研究。具体包括：扩大生物战剂、疾病和宿主特征研究；开发一种适应性强的流程，以便根据不同威胁，推动新医疗对策的开发；开发动物模型或新型替代品，以加快开发应对新型病原体的对策；加快对现有能力的验证速度，确定其是否对新兴威胁有效；加大支持开发能直接从生物样本中同时检测多种病原体的技术。

3. 武装力量提高战备抵御生物威胁

（1）提升生物防御培训、演习和战备评估。《报告》认为，桌面演习非常重要，并在生物防御领域的综合风险评估中发挥着重大作用。演习的想定不仅考虑传统生物武器的威胁，还应包括新兴威胁（如新发传染病和再发传染病）。《报告》建议进行以下改革：生物防御委员会需制定一项涉及整个国防部的演习计划，并将生物威胁纳入连续性演习、作战演习、跨机构演习和国际演习中；各联合作战司令部、军种部及军种应采取措施，拓展研究、开发和采办类计划的演习；国防部应启动对生物防御战备状态的审查，并提出建议。

（2）向各军种提供现代化的生物防御能力。为更好地向各联合作战司令部、军种部和军种提供现代化的生物防御能力，《报告》认为，国防部应进行如下改革：联合参谋部需解决联合能力集成与发展体系之中的协调问题，以加强整合，更全面地管理生物防御需求；生物防御委员会应利用现有的联合评估成果，确定各联合作战司令部、军种部和军种的生物防御态势存在哪些不足；生物防御委员会应监督旨在提升战备状态、实现生物防御现代化的改进措施。

（3）提高研究、开发和采办的响应速度。国防部应有效协调本部门的国防研究、开发和采办活动/投资，并通过生物防御委员会展开监督。为加强研究、开发和采办的响应敏捷性和协调性，《报告》建议：国防部应继续推动研究、开发和采办方法变革，从而更好地应对紧迫新兴威胁；生物防御委员会发挥监督指导机关的作用，整合“化生防御计划”“国防卫生计划”和其他机构的项目，加强协调。

（4）加强生物风险管理。为加强生物风险管理，确保研究的安全可靠，《报告》建议：进一步审查国防部内部的生物风险管理角色和责任，并对实验室进行监督；与其他联邦部门和机构合作，寻找机会，加强监督，提升合规性和透明度，并提高工作效率；在国防部实验室及其所在基地内加强生物风险监督，并颁布标准和规程；积极主动地围绕生物防御活动发表言论，打击对手“抹黑”和平活动的虚假和不实宣传。

4. 快速响应降低对部队完成军事任务的影响

（1）加强态势感知，了解生物防御物资的准备情况。为了更迅速地应对生物威胁，国防部必须在体系层面，实现生物防御物资准备情况的可见性；提高对个人防护设备存储位置、关键物资供应水平和利用率等指标的态势感知；开发一个系统，使生物防御体系能够监控相关资产，提供若干工作层面的规划工具，从而呈现物资准备情况，并实现供应链的可见性；对各军种部、军种和国防部的流程和数据源进行评估，以此为基础建立通用业务态势图景。

（2）加强各军种物资储备，保护全体武装力量。为改善物资储备的状态、监督和管理，使武装力量为生物威胁做好总体准备，《报告》建议国防部进行以下改革：生物防御委员会需建立协调机制，并评估资源是否足以维持和管理关键物资储备；国防部应投资、维护和监控各军种进行生物防备所需的物资储备；国防部应评估维护这些物资储备所需的人力，并为这些人力倾注资源。

（3）确保供应链的安全性和连贯性，并优化生物制造能力。《报告》建议国防部采取下列行动，以确保生物防御工业基础和供应链的稳健性：与工业基础委员会协调，加强生物防御工业基础发展；深入研究关键生物防御产品的供应链，确定其中的风险领域（如唯一供应商或供应商来自外国），方便决策和确定优先事项；参与外国投资委员会进行的，涉及生物防御和生物技术的案件审查。

（4）迅速提供指导和信息，确保部队随时做好行动准备。国防部应在各公共事务办公室充分参与的前提下，在公共卫生和医疗信息领域开展下列工作：生物防御信息的传播工作应在国防部长办公室一级集中管理；开展常识宣传活动，以促进部队卫生防护指导方针的传达；联合参谋部军医主管办公和军种部军医主管应合作制定信息传递方案，以应对错误/不实信息，保持战备状态。

5. 通过协调合作加强生物防御

（1）在国内外支持国家生物防御事业。为明确各部门在国家生物防御体系中的角色，整合意外事件应对活动，国防部需开展以下活动：重点关注《国家生物防御战略和实施计划》赋予的主要责任；推动跨机构演习，为演习设置真实的想定；与其他机构的伙伴合作，明确国防部的增援能力；与美国国务院协调，将生物防御工作纳入国家计划，并与各国卫生部门合作。

（2）加强与盟国和合作伙伴的生物防御合作。为加强与盟国和合作伙伴的生物防御合作，《报告》建议：国防部应加强对特定国防部海外医学实验室的支持和投入；与盟国和合作伙伴开展演习；与相关国家进行重点合作，在全球范围内推进生物防御；支持与其他合作伙伴的协调，加强全球生物监测网络；发展盟友和合作伙伴的能力（如通过国防部“合作威胁降减计划”提供援助），使其可以及时有效地发现、报告和应对生物事件。

三、几点认识

美国首次在国防部层面发布《生物防御态势评估》报告，《报告》中明确将中国列为首要战略威胁对手，提出建立生物防御委员会，提升生物威胁态势感知能力，建立全球生物联盟等举措，优化管理效能、布局科技创新，值得重点关注。

（一）重视全球其他国家发展

在该《报告》中多次提及国外其他国家生物安全发展情况，存在潜在两用性研究，不断发展基因工程、精准医学、脑科学等前沿科技，将对美国及其盟国带来长期生物威胁。该《报告》指出，美国将继续扩大其在全球生物力量，开展正常国际生物交流合作，不断塑造生物安全竞争优势。

（二）将生物安全上升至国家战略高度

近年来，美国密集制定《国家安全战略》《国家生物防御战略及实施计划》《全球卫生安全战略》等多个相互配套完备的战略，共同构成美国全球生物安全战略体系，表明生物安全在美国各项工作中的优先级提升至新高度，着手构建全军层面的生物安全战略体系，打造更加协调一体的生物防御力量，充分发挥其在国家生物防御体系中的地位作用。

（三）强化未来生物防御作战能力建设

《报告》强调生物安全风险态势感知，将全面整合各个生物监测网络，在全军实施数据开放，提高海外生物实验室监测能力，将实现与同盟国的数据信息共享，为其军事战略、战役和战术行动提供支撑；将加强生物安全演习训练、防研发能力建设、实验室生物风险管理为主要战略任务，以需求为牵引整合分散资源，以提升其生物防御战备能力；通过实施物资准备状态评估、物资输送和战略储备、供应链与生物制造、快速响应指南等措施，逐步实现其生物安全事件快速响应机制。打造生物安全威胁感知、预防、战备和响应方面的全链条作战响应体系，加强抵御生物威胁的能力。

（军事科学院军事医学研究院　王磊　李丽娟　刘伟
陈婷　周巍　马文兵　尹荣岭）

美国国防部《生物制造战略》分析解读

军用生物制造是指以人工设计的生物酶或细胞工厂为核心，通过生物合成、生物转化、生物矿化等途径，发现并合成具有特殊军事用途化合物的技术。军用生物制造具有绿色、安全、成本低、供应链短、可快速平战转换等优势，近年来，日益引起美军高度重视。2023 年 3 月，美国国防部首次发布《生物制造战略》，进一步强化军用生物制造技术的系统布局。美军积极推进军用生物制造技术发展，将变革后勤保障模式，大幅提升作战能力。

一、主要发展动向

（一）从战略高度统筹生物制造发展布局

2022 年 9 月，美国总统拜登签署“推进生物技术和生物制造创新”行政令，随后，美国国防部研究与工程副部长徐若冰发表声明支持该行政令，并称生物技术是美国国防部科技发展重点领域，加强生物制造有助于解决美军后勤保障问题。在美国国防部首份《国防部生物制造战略》中，突出强调开发生物制造关键技术，加紧构建军用生物制造生态系统，形成生物制造产业化能力，并确保美国军用生物制造供应链安全。该战略的发布表明，美国已完成军用生物制造基础技术储备，将进一步推进生物制造向军事应用转化。为落实该战略，美国国防部未来 5 年计划投入近 15 亿美元，主要用于生物制造基础设施建设和生物制造网络安全运营。

（二）加快推动生物制造创新机构的组建发展

美国国防部围绕生物组织再生、生物工业制造两个领域，牵头组建两个生物制造创新机构，在推进生物制造技术产业化方面发挥了关键作用。2016 年，美国国防部成立先进生物组织制备创新机构，重点聚焦用于再生医学组织和器官的制造；2020 年，美国成立生物工业制造与设计生态系统创新机构，作为国防部生物制造的主力，采用公私合作方式（其中国防部出资 8700 万美元，非政府合作伙伴出资 1.87 亿美元），通过创造新的生物制品、设计最先进设备、加速技术商业化，打造更具韧性的生物制造供应链，推动美国军用生物制造产业化发展。

（三）新型生物合成技术研发取得突破性进展

一是合成新型生物材料。2011 年，美国国防高级研究计划局（DARPA）启动“生命铸造厂”项目。该项目历时 9 年，投入近 2 亿美元，构建了生物制造平台，实现了高价值材料和设备的按需设计与生产。项目开发出新的生物合成软件系统，将生物合成时间从原来的 1 个月缩短到 1 天，建立了大规模 DNA 组装新方法。项目共开发出超过 1630 类分子和材料，可用于激光护目镜、战机航空燃料、生化战剂洗消、装甲车辆黏合剂等领域。二是合成新型燃料。美国海军空战中心开发了可将碳氢化合物转化为高密度导弹燃料的生物合成技术，并完成首次液体燃料冲压发动机测试，能量密度比传统航空燃料高 19%，更具性能优势；海军研究办公室利用细菌消耗高含糖量废物制成的合成煤油，已进行固定翼无人机飞行试验。

（四）生物建筑物材料研发及军事应用成效显著

一是研发生物水泥实现机场快速建造。2021 年 8 月，在 DARPA“工程活体材料”项目支持下，美国海军利用梅森生物公司开发的生物水泥，在关岛海军基地快速建造了一个 230 米^2 直升机停机坪，并测试了 MH-60 直升机在该停机坪起降能力。该项目将细菌作为建筑材料，利用细菌样品的繁殖能力，在关岛天然、非工程表面的土地上快速建造直升机停机坪，其建造时间远远少于传统的水泥建材，标志着生物水泥首次应用于军用机场建造。9 月，美国空军与 DARPA 合作，在关岛建造了 C-17 战略运输机机场，完全符合运输机起降需求，最终目标是一天内建成一个简易的空军基地。二是开发用于建筑工程维护的可再生材料。DARPA“海岸防护”项目利用合成生物学技术，开发工程化的珊瑚或牡蛎礁海岸防护系统，使珊瑚或牡蛎礁生长速度快于自然生长速度，实现海岸防护系统的长期随时维护；“老化混凝土建筑仿生修复”项目利用岩石中的微生物及其联合体，研发混凝土血管化修复系统，可将矿化生物材料输送至建筑结构深层，进行裂缝修复与加固，延长军事设施使用寿命。

（五）启动太空生物制造探索性研究

DARPA 正在开展的“生物制造：地外生存、效用和可靠性”项目，将利用地外原位资源进行生物制造基础研究，探索太空生物制造的可行性。该项目重点聚焦 3 项关键技术：一是确定宿主生物可消耗的替代原料（如二氧化碳、人类废物和月壤）种类、数量和纯度水平；二是确定可变重力在生物制造中对细胞性能的影响；三是确定可变辐射在生物制造中对细胞性能的影响。太空生物制造一旦实用化，可将微生物带入太空后激活，在太空生产维生素、矿物质和生物可降解塑料等物资，降低太空物资运输成本，为未来载人深空探测奠定基础。

二、可能影响分析

生物制造已成为美国国防部的重点发展领域，将大大提高美军后勤保障能力。

（一）重塑美军后勤保障模式

利用生物制造技术，美军未来将实现人员营养与救治、物资装备材料等的按需生产，有望大幅降低后勤物资运输的成本，变革后勤补给方式。生物制造可使美军在本土实现关键材料的快速生产与采购，减少对全球供应链的依赖；美军可在作战前沿按需生产高性能材料，实现食品、水、建筑材料和能源等的按需制造，大幅降低后勤运输需求并缩短补给时间；微生物菌群可实现环境与装备物资等的防腐蚀维护与再生可持续维修；生物制造高能燃料拥有多数传统燃料无法比拟的高能量密度、热稳定性、低碳和可再生等优势，将大幅提升武器装备的动力性能。

（二）提升美军敏捷作战能力

美军研发的生物水泥可在 3 天内建成倾转旋翼机停机坪，有望 1 天内建成一个可起降战略运输机的机场，建设成本比普通水泥低 45%；可最大程度利用当地材料开展设施建设，所需后方投送物资人员少，工程相对隐蔽，侦察发现难度增大；具备自修复能力，设施维护和改造便利。生物水泥技术有望帮助美国空军在亚太地区快速、隐蔽建成简易机场群，降低大型空军基地遭袭对美空军战机出动能力的影响。此外，美军还可能利用生物水泥技术，快速建设简易机场，起降搭载陆基高超声速导弹系统、“海马斯”火箭炮等火力的战略/战术运输机，对我国纵深战略目标、海上舰船等发起

“快打快撤”式突然袭击，大幅提升其分布式敏捷作战能力。

（三）成为美对我遏制打压的新领域

美国《国防部生物制造战略》声称，防止生物制造技术流入中国，禁止中国资本进入美国生物制造产业链。2023 年 3 月，美国国防部发布一份生物制造技术的项目招标书——《模块化、可重复使用的分布式生物制造工业能力》，征询与国防部系统和供应链相关的生物制造适用材料项目信息，明确提出不接受外国公司和实验室的申请，旨在从源头上强化生物制造技术保护。随着美国加大对我国技术脱钩，生物制造可能成为继芯片之后，美国对我国制裁打压的新领域。未来，美国可能会严密封锁我国生物制造相关精密仪器、试剂、微生物底盘细胞库、工业菌种、生物制造酶等基础设施，以及生物信息数据库、设计软件等软件设施的进口与应用，遏制我国研发能力；严控我国获取生物制造开源高价值科技信息，压制我国原始创新；利用“长臂管辖”迫使我国民口优势资源难以参与军用生物制造生产活动，严重冲击我国生物制造科研生产体系。

三、几点认识

（一）着眼实际需求，加强军用生物制造顶层谋划

一是加强统筹协调。建议设立军用生物制造主管机构，整合国内优势力量，统筹协调形成军用生物制造合力。二是加强战略谋划。加快制定出台军用生物制造发展战略，为生物制造军事应用提供顶层指导。三是加快完善相关法律法规。抓紧制定生物制造相关菌株、产品、工艺等的法律法规，加强政策扶持牵引，缩短生物制造高附加值产品的审批周期，为军用生物制造产业化发展提供政策保障。

（二）优化军用生物制造技术体系布局，加大重点方向长期投入

一是优化重点方向长远布局。建议尽快启动“军用生物制造”重大专项，以高能、高性能、人效增强、设施工程等材料为主攻方向，加大投资力度并给予长期支持。二是着力突破关键技术。加强关键酶、代谢途径、底盘细胞、人工类细胞等关键技术研发，厚实发展潜力。三是发展自主可控的生物制造设计软件。针对军用物质生物法制造面临的研发周期长、试错成本高等瓶颈问题，构建标准化的生物制造智能设计软件开发环境，提升生物材料的分子设计速度。

（三）加强生物制造军民融合发展，构筑生物制造生态系统

针对美国下一步可能生物制造领域的遏制打压，加快推进生物制造生态系统建设。一是加快军地协同生物制造基础设施建设。依托优势研究机构与民营企业，合作建设微生物中试规模生产设施，打造国防高性能材料生物制造生产线，提升武器装备高性能材料生产效率。二是探索建立生物制造生态网络平台。建议摸清优质生物制造企业及其产业方向，论证形成2~3个军用生物制造生态园试点，开发生物制造先进设备，加快军用生物制造产品生产能力，提升生物制造劳动力数量，促进军用生物制造产业化发展。三是加快推进生物制造技术军事应用转化。加快生物含能材料、生物水泥、人造蛛丝等产品的规模化生产与推广应用，加强研制部门与生产部门的沟通协调，快速推进生物制造材料的作战运用。

（军事科学院军事科学信息研究中心　薛晓芳　方勇）

（中国兵器工业集团第二一〇研究所　李晓红）

英国《国家生物安全战略》分析解读

2023 年 6 月，英国政府发布《国家生物安全战略》（以下简称《战略》），提出到 2030 年有能力应对各种生物威胁，以及成为科技创新的全球领导者等新的战略愿景，不断提升其生物安全防御能力和全球领导力。

一、出台背景

英国政府在 2018 年 7 月首次发布其《国家生物安全战略》的基础上，出台新版《战略》，对其国家生物安全发展的宏观谋划进行了目标优化和内容细化，主要基于英国政府对生物安全形势发生重大变化的基本判断。

（一）自然暴发传染病和植物病虫害风险持续增大

2018 年后陆续暴发的新冠、埃博拉、猴痘及禽流感疫情给全球生物安全敲响警钟，也对英国的国家卫生体系和经济发展带来巨大影响。未来 10 年，英国和全球面临新动植物疾病暴发的风险陡增。此外，抗生素耐药日益严重，一些传染病应用传统药物无法治愈，继而加重疾病暴发风险。

（二）实验室生物安全和高风险研究亟待加强管控

新冠疫情发生后，全球处理高危病原体的实验室快速增长，实验室病原体意外释放和误用风险也随之增大。信息通过网络平台快速传播，使得越来越多的研究人员可以开展高风险研究，模糊了和平使用和恶意使用的界限，由此带来的生物安全风险急需管控。

（三）生命科学市场优势和发展机遇需要抢抓推进

英国的生命科学领域市场极具吸引力，在外国直接投资项目方面仅次于美国，全球排名第二。欧洲《全球创新指数 2022》阐述的深度科学创新浪潮涵盖生命科学、健康、农业和食品等领域。英国决定抓住新一轮创新浪潮，促进生命科学和人工智能蓬勃发展，在监测、检测、疫苗和药物研发方面发挥全球市场领导作用。

二、主要内容

《战略》重点提出四大支柱和三大措施，着力推进英国生物安全的跨越式发展。

（一）四大支柱

《战略》提出应对生物安全风险的四大支柱，以确保能够灵活、高效、快速应对未来生物安全风险。

1. 感知

随着生物威胁的可能性和多样性增加，英国需要加强其能力和系统以更好地认识风险，并在英国政府内部和地方政府、国际合作伙伴、学术界和公众之间分享对态势的感知。深入感知威胁将使英国能够更好地预测全球趋势、驱动因素和政策发展对英国抗风险韧性的影响，并更好地开展防范工作。英国卫生安全局与世界卫生组织和其他合作伙伴密切合作，通过全球共享禽流感数据倡议（GISAID）数据库、全球疫情命名系谱分配（PANGOLIN）和新变种评估平台（NVAP）等平台，就病原体基因组序列、科学专业知识开展交流并改进世界各地的监测工作。截至2022年2月，英国已经向国际GISAID数据库上传了超过200万个基因组序列，占全球共享的所有新冠病毒基因组的四分之一。

拟形成的成果包括：基于国家态势中心构建实时综合生物威胁雷达系统，与全球监测网络连接，实现生物风险的持续态势感知；加强部门和国际数据共享，通过数据标准以及共享协议，支持生物安全风险循证决策；开展生物风险意识宣传普及活动，提高公众对自然、蓄意和意外生物风险的认知；针对自然、意外和蓄意的威胁定期开展生物防御桌面演习，提高生物威胁态势感知能力，明确应对生物威胁职责，检验各部门协调能力。

2. 预防

有效预防的基础是强大的卫生系统和健全的生物安全标准、实践和能力。自2018年版《战略》发布以来，英国已采取措施加强了其生物风险预防方法，包括：在全球卫生安全方面，英国是世界卫生组织的最大捐助国。英国提供了3.4亿英镑的资金，用于促进改革，解决全球卫生优先事项并应对未来的大流行病；2023年5月，英国推出了《全球卫生框架》，加强英国和全球的卫生系统，并提升英国在全球卫生科学技术领域的领导地位；英国支持通过二十国集团成立大流行病预防、防范和应对金融中介基金，承诺提供2500万英镑，并继续在全球卫生安全倡议中发挥领导作用；发布《2025年英国边境战略》，让英国边境成为世界上最有效的边境，简化商人和旅行者的出入境手续，提高英国的生物安全。

拟形成的成果包括：建立新的英国生物安全领导委员会，制定风险管理方法；加强《禁止生物武器公约》，提高联合国秘书长指称使用生化武器调查能力；降低生物风险，通过支持谈判以制定具有法律约束力的大流行病防范文件；推动加强数据、样本共享和监测等关键领域的工作，并将“同一健康”融入大流行病预防和应对标准工作方式；维护边境生物安全，调整边境政策，推行出发前健康检查和植物检疫证书电子化等。

3. 检测

快速检测报告有可能对英国或其利益构成重大风险或威胁的生物危害并分析其性质。英国有经过严格检验的完善系统，可以快速检测和识别病虫害暴发。英国卫生安全局的实时综合症状监测团队，负责从多个来源收集和分析健康数据，并发布公告。英国食品标准局实施的“路径安全”（PATH-SAFE）项目，利用DNA测序技术和环境采样技术，改进从农场到餐桌全流程食品系统中对食源性人类病原体和抗菌素耐药性的检测和跟踪。动植物卫生局的植物健康检查部门牵头开展的植物健康监测，负责开展边境检测，对植物进口商、批发商、零售商、苗圃和森林进行检查。

拟形成的成果包括：将“同一健康”理念融入英国国家生物监测网络中，将英国政府各部门、各机构和更广泛力量的各种不同能力和数据关联起来，推进废水监测和空气监测两个有前景的领域；增强快速推出诊断方法的能力，构建英国最大的诊断网络，建立针对未来“X疾病”等的原型诊断库，快速识别和报告人类、动物、植物、环境等风险；提高溯源能力，加强病原体检测和溯源能力，支撑国内公共安全和外交谈判。

4. 应对

英国持续为“全球疫情预警和响应网络”提供支持，包括通过英国公共卫生快速支持小组应对世界各地的传染病暴发。英国与合作伙伴开展密切合作，包括按照《国际动物卫生应急储备协定》要求应对动物疾病和植物病虫害突发。英国的国内响应预案已经得到充分检验，并且正在提高自身适应迅速变化的风险环境的能力。新冠疫情证明了英国拥有世界一流的科学基础和蓬勃发展的生命科学和医药产业。由“海外发展援助”项目资助的“英国疫苗网络”进行了接近10年的前期投资，2018年英国承诺与外部合作伙伴共同努力，提高在紧急情况下快速生产疫苗的速度。通过将全社会纳入规划与响应，并将发展生命科学产业的机会最大化，英国将成为世界上最具韧性的国家和超级科学大国。

拟形成的成果包括：与国际应对协调一致，建立快速、灵活和全面的应急响应系统；建立一套应对计划方案，为应对生物威胁提供具体实施指导；生防产品快速规模化生产，加快基础平台技术发展，打造100天内研发和生产“X疾病”疫苗和药物的能力；形成快速恢复能力，从生物事件中快速复原，尽可能降低对社会经济的影响。

（二）三大措施

《战略》提出应对生物安全风险的三大措施，助力四大支柱落地见效。

1. 构建新的生物安全管理体系

确定一位负责牵头实施的部长，主持跨政府部长级会议，并在政府内阁办公室设立专门牵头协调单位，制定统一的生物安全方案和治理机制，同时履行生物安全监管领导和治理职责，定期督查机制运行状况并不断完善，提升对突发事件的准备和应对水平。此外，成立由工业界和学术界专家组成的专家咨询委员会，提供科学专业咨询服务。

2. 加强科技创新

进一步推动英国研究与创新署、医学研究委员会、国家安全战略投资基金、国防部国防和安全加速器等部门对生物安全的投资，促进政府、工业界、学术界等多方密切合作，重点开展下一代测序和监测、工程化生物剂检测、100 天疫苗和药物研发等重大科研任务，加强英国生物安全响应能力，激发英国科技创新能力。

3. 加强国际领导力

英国将在卫生安全和未来大流行病的预防、准备和应对方面，制定国际生物安全和生物安保规范、标准、做法，加强不扩散机制，同时实施“One HMG”（一个英国政府）计划，加强外交、安全和全球卫生工作，同时利用其科学和技术优势，识别全球生物安全威胁、探查威胁来源、及早发现和遏制全球传染病疫情，并通过开展多边合作，在生物安全方面发挥更大的全球领导作用。

三、几点认识

《战略》指出，要与世界卫生组织、世界动物卫生组织、联合国粮农组织等国际伙伴密切合作，有效地发挥英国的生物安全科学技术优势，在全球卫生安全议程和全球卫生安全倡议中发挥主导作用，积极应对传染病大流行和禁止生物武器扩散。

（一）认同“同一健康”理念

“同一健康”理念最早由世界动物卫生组织于 2000 年提出，其核心是通过跨学科、跨部门、跨地区协作来预防新发突发传染病，从而实现人类、动物、植物和环境的整体健康。《战略》高度认同“同一健康”理念，强调环境、植物、动物与人类之间的相互影响至关重要。

（二）强调持续动态监测

《战略》指出，鉴于目前全球生物威胁形势的严峻性，英国急需对未来可能面临的生物安全风险开展持续动态监测。通过加强政府部门、情报机构、卫生机构、科研机构、国际合作伙伴间的合作，实现信息收集、分析、建模、预测与报告等方面的资源共享，有效掌握生物威胁发展态势，及早采取应对措施。

（三）推动创新性科技发展

强大的科学基础是应对重大生物威胁的关键要素。《战略》认为，英国具备世界领先的生物科技专家队伍和专业能力，但仍然需要确保科技发展水平不断提升，通过提高政府的经费投入，引导学术界和企业界开展更紧密的合作，为新型疫苗和药物、快速检测试剂等一系列创新成果产出创造最佳条件。

（军事科学院军事医学研究院　李丽娟　张音　刘伟　陈婷
周巍　马文兵　尹荣岭　王磊）

美国发布《大流行起源：生物调查的技术与挑战》报告

2023 年 1 月，美国政府问责局发布了题为《大流行起源：生物调查的技术与挑战》的报告（以下简称《报告》）。《报告》主要介绍了当前可用于大流行病起源的关键技术，在溯源调查时关键的挑战，以及应对溯源调查挑战的政策建议。

一、出台背景

瘟疫、霍乱、流感、严重急性呼吸系统综合症、中东呼吸综合征和新冠肺炎等大流行病在历史上一直困扰着人类，造成数百万人死亡，鉴于大流行病健康和经济成本之大，《报告》认为，政策制定者——包括美国国会、联邦机构、州和地方政府、学术和研究机构、行业和国际组织——需要更好地了解大流行病的起源地点以及传播方式。这一认识有助于为未来流行病和大流行病的准备和应对提供相关信息。基于美国国会请求，美国政府问责局开展本《报告》的技术评估，了解如何能够更好地准备预测、预防、检测、评估和有效应对未来的大流行病，重点是确定大流行病的起源。

二、主要内容

（一）大流行病溯源调查的技术

1. 基因序列分析

基因序列分析涉及病原体基因组测序、生物信息学分析和基因数据库。其中当前主要的测序手段包括桑格测序、高通量测序以及以纳米孔测序为代表的下一代测序技术。生物信息学分析包含3种常见的工具类型：第一种是将高通量测序片段进行组装，以重建病原体基因组；第二种是将病原体基因序列与基因库中的基因序列进行比较，以表征序列结构和功能；第三种是系统发育分析，以确定病原体的进化关系。基因数据库主要用于对不同病原体的生物信息进行收集和整理，以允许病原体间相关信息的比较。

2. 传染性疾病监测

传染性疾病监测主要包含血清学和流行病学技术。血清学可以对人类和动物群体中病原体的感染进行监测，帮助确定是否存在既往感染。流行病学监测技术提供了关于疾病出现的时间和地理传播信息，可用于追踪群体中疾病传播情况，以及确定疾病起源于何时何地。

3. 基于实验室的病原体研究

基于实验室的病原体研究提供了关于病原体感染、变异、适应性以及宿主间传播能力的信息，这些信息可以为溯源提供一些佐证。例如，关于早期新冠病毒株不太容易感染实验室动物模型研究结果，为新冠病毒不是在实验室条件下连续传代培养下产生提供了论据；对新冠病毒弗林剪切位点糖基化的检测，能够为自然起源提供证据（因为糖基化的生成需要免疫系统干预，在细胞连续传代下，病毒不太可能生成这种适应性表型）。

（二）当前大流行溯源调查的挑战

当前，研究人员在大流行过程中面临的挑战包含3个方面：缺乏样本和基因序列获取途径；缺乏国际统一的基因数据库标准；缺乏相关的人才支撑。

1. 缺乏样本和基因序列获取途径

在溯源调查方面，获得相关的样本或序列可能会受到多方面的限制，包括临床样本用于公共卫生监测的可操作性、对于隐私问题的担忧、国家间的相互信任、对国家主权的侵犯、对溯源负面后果的恐惧以及缺乏标准的溯源流程等。即使研究人员能够获得样本和数据，也可能因缺乏标准化流程而限制其提取到适当信息。例如，卫生官员可能出于病原体监测以外的目的收集样本，或者对从样本中获得的数据进行存储和处理，但不通过这些数据来调查大流行病起源。此外，没有一个实体负责确定和执行标准化流程。

2. 缺乏国际统一的基因数据库标准

《报告》认为，一些基因序列数据库在数据提交、访问和使用方面缺乏标准化的流程，使研究人员无法进行有效的数据分析。主要体现在以下3个方面。

第一，每个数据库提交、访问和使用数据的流程存在差异，有些数据库限制数据分发，因此无法保证分析数据的全面性。如基因银行是使用最广泛的数据库之一，它是开放的，不限制数据分发，并根据要提交的序列数据类型提供多种提交工具。全球流感数据共享平台则要求访问者具备个人访问凭证，禁止任何数据的重新分发，并提供了一个提交数据的网络门户。

第二，数据库缺乏提交和访问数据的标准化用户界面，研究人员不得不采取耗时且效率低下的方式进行提交和检索操作。例如，专家表示，一些主要基因序列数据库的数据提交流程对用户不够友好，用户之前提交的数据很难进行编辑，并缺乏访问数据的标准化用户界面。由于研究人员缺乏提交和访问数据的标准化界面，他们可能不得不使用不同的程序从相关数据库提交和检索所需数据，这可能耗时且效率低下。

第三，元数据缺乏必要信息，限制了其质量和可用性。例如，基因银行的提交流程允许研究人员在不同元数据字段中提交信息，对内容几乎没有限制。

3. 缺乏相关的人才支撑

《报告》认为，开展大流行病溯源调查需要充足的、熟练的人才队伍，当前在培养和维持相关人才方面面临四大挑战：第一，在大流行病趋近结束时，相关的人才需求会减少，使得人才储备面临挑战；第二，大流行溯源调查需要多学科背景人才，但是当前学术结构、基金优先级和拨款程序等因素，限制了多学科交叉背景溯源人才的培养；第三，全球相关人才具有地域分布不均的问题，使得相关的生物监测工作受阻；第四，一些人因为参与溯源调查而广受批评和责难，出于个人和职业风险的考虑，其进一步参与溯源调查的积极性受挫。

（三）报告中应对溯源调查挑战的政策建议

为应对溯源调查的 3 项挑战，美国政府问责局在报告中为美国联邦政策制定者提出了 5 个政策建议。

第一，制定获取和共享样本和数据的多边协定，估计国际参与的积极性。可制定多边样本和数据共享协定，并将其作为国家大流行病起源调查战略的一个目标；与世界卫生组织等国际卫生组织合作，找出并消除制定国际多边协定的障碍；求与利益相关方就签署协定的激励措施达成一致，如公平地获得疫苗和治疗药物。

第二，授权或设立一个工作小组，制定标准化的数据库使用流程。可采取的方法包括：政策制定者和其他方面，如州和地方政策制定者、目前的数据库提供方、开发方和用户，可以合作确定和制定关于基因序列数据库使用的标准化流程。更新使用基因银行和其他数据库样本或数据的记录流程，如关于样本元数据类型的明确说明，并鼓励数据库提供方采用这些标准化流程。

第三，鼓励改进现有或开发新型基因序列数据库，以改善数据分析流程，并应对未来大规模数据存储挑战。可采取的方法包括：政策制定者可以鼓励改进现有数据库的基因序列工具，如用户界面或应用程序接口。政策制定者可以以激励的方式（如资助）创建新的数据库用户界面或应用程序接口。

第四，培养、维持和增加溯源调查所需人才。政策制定者可以支持提供培训、促进劳动力发展和支持能力建设的机制，此类机制也可以在新发传染病的高危地区实施；政策制定者可以利用或完善现有计划，为学生和研究人员提供激励措施，激励其投身于与大流行病起源调查所需技能相关的领域。

第五，制定或完善溯源国家战略，确定联邦参与部门职责分工，以解决国内和国际的协调与合作问题。制定者可以完善《国家生物防御战略》，明确规定牵头部门和保障机构将如何与国内和国际伙伴协调和合作，以解决与大流行病起源调查相关的问题。政策制定者可以制定一份新的、独立的、侧重于大流行病起源调查的“国家战略”，并在该战略中说明联邦实体将如何在此类调查中与国内和国际伙伴进行协调与合作。

三、几点认识

（一）大流行起源研究是指导科学防疫的重要手段

当前，应对“X 疾病”是国际生物安全治理关注的焦点。科学地表征这类疾病的起源、进化、适应性突变以及感染人类和在人群中传播的过程，有利于我们更有效地识别未知传染源和传播途径、树立更加科学的生态观念、建立更加敏捷高效的防控措施，对于人类认识并有效应对未知病原体威胁至关重要。

（二）强化传染病监测预警体系是大流行起源研究的关键途径

建立完善的传染病早期预警体系，尤其是加强具有大流行潜力的人畜共患病监测，能够指导我们快速应对突发疫情，同时可以使科学界获取关键的早期样本，或者对一些既往保存的样本进行回顾性分析，有利于科学家进行溯源判断。

（三）加强数据基础设施建设是提高生物安全治理能力的必然要求

报告提及了溯源研究面临的数据挑战，数据基础设施建设是生物安全治理的基础支撑。生物安全治理涉及大量数据的收集、存储、分析和共享，包括疫情监测、病原体追踪、疫苗研发、药物测试等多个环节。只有建立完善的数据基础设施，才能确保这些数据的准确性、及时性和安全性，为生物安全治理提供有力支持。

（军事科学院军事医学研究院　马文兵）

发展

报告

DARPA 专题

发展

报告

DARPA 2023 年生物科技进展分析

2023 年，美国国防高级研究计划局（DARPA）持续推进生物科技项目部署，将生物科技前沿创新成果应用到美军部队中，为提升美军战伤救治能力、设施设备性能、士兵效能等提供新的方法手段。本文对 2023 年度美国国防高级研究计划局生物科技项目进展进行深入分析，以期为开展相关研究提供参考借鉴。

一、研发技术产品提高战伤救治能力

（一）战伤救治新型麻醉剂项目

2001—2021 年，美军在阿富汗和伊拉克战场开展的军事行动表明，战场生存率几乎完全取决于是否在受伤 1 小时内为伤员提供医疗救治，即“黄金一小时”救治。但是，“黄金一小时”救治主要是在美军军事实力远超对手的作战条件下发展起来的，对快速后送能力要求较高，可能不适用于未来双方势均力敌的持久战争环境。因此，美军急需探索新的战伤救治技术，将“黄金一小时”救治的时效性延长至数天。

2023 年 6 月，DARPA 发布“战伤救治新型麻醉剂”项目（Anesthetics for Battlefield Care，ABC）公告，旨在通过研发更加易于操作、使用安全的新型麻醉剂，提高美军战伤现场救治能力。DARPA 负责 ABC 项目的主管表示，目前通用的外科手术麻醉剂对医疗设施和操作人员的要求较高，只能在野战医院及更高救治阶梯的医疗设施中使用。这些医疗设施中不仅有医生、麻醉师、护士、药剂师等医务人员，还有生命支持和重症监测等设备，能够实时观察麻醉剂可能引发的呼吸抑制、肾上腺抑制等严重不良反应，并及时予以处理。新型麻醉剂则不受上述要求限制，能够在战场环境中安全使用，同时无需实时监测伤员的各项生理指标数据，直接提升美军战现场救治的能力，从而大幅延长“黄金一小时”救治的时效性。

ABC 项目为期 60 个月，将分为两个研发阶段（第一阶段 36 个月，第二阶段 24 个月）。该项目聚焦两个技术领域（TAs）：①开展麻醉剂作用的靶标和机制研究，解析麻醉过程中涉及的大脑神经回路和生物标志物，揭示麻醉剂对人体的不利影响（如血液动力学不稳定、呼吸抑制等），从而有效避免麻醉剂可能产生的潜在致命性不良反应。②在作用机制研究的基础上，设计和筛选针对特定靶标的新型麻醉剂候选药物，开展单一（或多靶标）药物与单一靶标（或多靶标）之间的相互作用研究，并依次进行计算机生物信息学、体外动物模型实验和人体体内临床试验研究。研究内容包括麻醉剂在中枢神经系统的分布、生物利用度、起效时间以及安全性（如血液动力学和颅内压稳定性、呼吸抑制情况）等。

（二）生物制造复苏液研发项目

在军事作战环境和大规模伤亡事件中，出血是导致创伤性院前死亡的最常见原因。在针对出血的医疗救治方案中，全血制品是首选的复苏液。尽管美国国防部实施了广泛且高效的战伤救治计划，但并不能完全满足将部署在各地的美军受伤士兵都快速（半小时以内）后送至医疗机构接受全血制品治疗的要求。另外，由于全血制品需要在冷藏条件下存储，对运输条件和保存期限等均有极高要求，因此难以在美军部队得到大规模使用。

为应对上述挑战，DARPA 于 2021 年 5 月发布“战场出血解决方案——生物制造复苏液研发”（Fieldable Solutions for Hemorrhage with bio-Artificial Resuscitation Products，FSHARP）项目指南，旨在开发一种可以在战场使用的、常温条件下存储的全血替代品，以降低出血导致的各类战斗和非战斗减员。

FSHARP 项目经理、美国海军卫生官员 Jean-Paul Chretien 表示，在新冠肺炎大流行期间，美军部队获得的献血量持续下降，全血制品供应不足已成为当前美军战伤救治面临的一项严峻挑战。指南发布后，多家单位提交了申报材料，DARPA 最终于 2023 年 3 月确定了项目的主责单位——位于巴尔的摩的马里兰大学，参与单位包括凯斯西储大学、俄亥俄州立大学、加州大学圣地亚哥分校、匹兹堡大学、查尔斯河实验室以及 Haima Therapeutics、KaloCyte、Latham Biopharm Group、Pumas-AI 等公司。

承研单位需要解决的首要问题是全血制品对冷链环境的依赖。他们的研究计划分为两个研究阶段。第一阶段是整合多种生物制造和合成技术，研发全血替代品，这些全血替代品具备输送氧气、止血和补充容量等液体复苏的关键治疗功能。第二阶段是构建复杂和仿真的创伤模型，利用模型评估全血替代品的疗效和安全性；开发化学修饰和合成技术，使得全血替代品能够在常温条件下存储半年以上，而无需冷链环境。Jean-Paul Chretien 指出，为了实现 FSHARP 项目的目标，需要多所大学和公司开发各种全血成分的类似物，评估全血替代品的疗效和安全性，测试全血替代品的存储条件，以及分析整合海量实验数据，从而进一步优化产品。FSHARP 项目完成后，承研单位需要向美国食品药品监督管理局提交临床试验申请，药品生产也必须满足美国质量管理规范（GMP）的相关要求。

（三）定位和清除血液系统中病原体的合成技术项目

近年来，美军在阿富汗和伊拉克战场执行局部军事行动日益增多。由于战场环境条件恶劣，美军士兵在受伤后常常发生细菌性和真菌性病原体感染。病原体侵入血液系统后，会引发菌血症和败血症等血流感染（BSI）。

目前，美军在战场一线的医疗救治中，主要采用口服或静脉注射广谱抗生素来预防和治疗细菌性血流感染。由于创伤会显著降低药物的生物利用度，口服抗生素的效果并不理想；静脉注射广谱抗生素由于战场环境条件限制，往往面临给药不及时等问题，同时也极易引发细菌快速增殖并导致多重耐药。对于真菌性血流感染，美军尚无有效的预防药物，治疗方面主要采用抗真菌化学药（如唑类和多烯类），这类化学药毒性极大，治疗效果也较为有限。随着耐药性真菌菌株数量的迅速增加，真菌性血流感染已成为美军战伤救治面临的一项重大挑战。

2023 年 6 月，DARPA 发布“定位和清除血液系统中病原体的合成技术”（The Synthetic Hemo-technologIEs to Locate and Disinfect，SHIELD）项目指南。SHIELD 项目将通过研发新型技术，定位和清除人体血液系统中的多种细菌性和真菌性病原体，颠覆目前美军对于菌血症和败血症等血流感染的应对举措。SHIELD 项目的研究重点包括：①血流感染预防技术，这些技术可以在创伤初期清除血液系统中的病原体，减少血流感染的发生，防止疾病进程恶化（从菌血症发展为败血症）；②新型广谱治疗技术，这些技术对于未知病原体、新出现的病原体均具有显著的治疗效果；③可快速部署的长效治疗技术，这些技术适用于各类战场环境条件，作用效果持久、安全无副作用，能够显著地提升美军的战伤救治能力。SHIELD 项目研发的新型预防技术能够降低血流感染相关的发病率和死亡率，包括侵袭性真菌感染（IFI）以及脓毒血症等；治疗技术将为创伤后患者提供持久的保护，尤其是从菌血症发展为败血症等疾病进程恶化的关键时期。

二、利用仿生材料提高军用设施设备性能

（一）海岸基地设施防护材料项目

美军的千余个海岸基地长期受到海浪冲刷和侵蚀，混凝土块防波堤维护成本逐年上升。研究表明，天然珊瑚礁能够缓冲97%的海浪能量，同时降低洪水等灾害发生的频率。近年来，由于全球气候变暖导致海水变热膨胀，天然珊瑚礁正在以惊人的速度衰减和消失，构建新型仿生珊瑚礁已成为美军海岸基地抵御海浪破坏的新途径。

2022年6月，DARPA启动“海岸基地设施防护材料”（Reefense）项目，通过研发仿生珊瑚礁结构材料，构建人工合成的、可自我修复的珊瑚礁生态系统，提升美军海岸基地抵御海浪破坏的能力。Reefense项目的研发工作由迈阿密大学、罗格斯大学、夏威夷大学共同开展，研究团队包括生物、海洋、大气、地球、生态等领域的专家。

2023年3月，Reefense项目取得阶段性进展。迈阿密大学的研究团队研发了一种仿珊瑚礁的六边形蜂巢结构材料。该结构材料内部中空，可以允许海水流过，起到消耗海浪能量的作用。研究人员将多个蜂巢结构材料堆叠成金字塔状，利用高强、高韧、耐腐蚀多层复合钢筋代替钢材来增强稳定性。同时，研究人员还将天然珊瑚种植在该结构材料上，吸引鱼类和虾类等海洋生物建立栖息地，从而形成一个适宜天然珊瑚生长的类珊瑚礁群落。

上述实验室工作完成后，研究团队尝试将该结构材料部署到海岸环境中。研究人员采用美国地质局的海流计和波浪传感器，持续动态监测迈阿

密海岸的海浪能量和水流变化。在气候等条件适宜时，利用接驳船和大型起重机将该结构材料部署至离岸 300 米的海底。该项研发工作负责人安德鲁·贝克教授表示，在真实的海岸环境中，热带气旋、飓风等都会对这种仿生珊瑚礁带来巨大的考验，研究团队将全面、系统地开展各项测试工作，根据各种挑战来研发解决方案，推动 Reefense 项目成果尽快部署到美军各海岸基地。

（二）阿卡迪亚项目

在自然环境中，细菌已经进化到无处不在、无时不在。由于受到霉菌侵蚀而发生霉变，当前，美军军用设施性能退化问题突显。为了解决这一问题，DARPA 于 2021 年 9 月发布阿卡迪亚（Arcadia）项目指南，目的是通过与自然合作而不是对抗，研发有益细菌生物被膜，后者能够在军用设施表面形成保护性涂层，从而提升美军军用设施性能。

2023 年 4 月，DARPA 与克莱姆森大学、哥伦比亚大学和得克萨斯大学等承研单位签署合作协议，阿卡迪亚项目正式进入研究开发阶段。该项目旨在分析霉菌侵蚀军用设施的机理，在此基础上研发保护性细菌生物被膜，实现降低军用设施的后勤维护成本、延长服役使用时限、提升战场作战效能等效果。

阿卡迪亚项目经理蒂芬妮·普雷斯特（Tiffany Prest）表示，近年来，霉菌正在以多种方式侵蚀军用设施，导致资源消耗急剧增加。研究表明，无人水下航行器（UUV）表面的霉菌通过增加船只阻力，可以在 3 个月内使 UUV 的航行速度下降 90%以上，导致在水中推进 UUV 需要消耗过多的燃料和能量。阿卡迪亚项目通过研发具有稳定性和弹性的有益细菌生物被膜，不仅能够解决 UUV 面临的生物阻力挑战，而且可以抑制地下燃油管道等其他军用设施表面的霉菌繁殖及侵蚀。

阿卡迪亚项目 3 个承研单位的具体研究任务如下：①克莱姆森大学的研究团队负责研发一种稳定的有益细菌生物被膜，其可以在美国海军自主滑翔机表面形成有机涂层，减少滑翔机在航行中的阻力，从而降低能耗，延长滑翔机的服役使用时限；②哥伦比亚大学的研究团队重点是识别自然环境中能够抑制霉菌形成的有益细菌，在此基础上研发有益细菌生物被膜的保藏方法，防止其过早降解或失效；③得克萨斯大学的研究团队通过开展“相互作用建模和分析”（Modeling and Analysis of Community Interactions），评估有益细菌生物被膜对军用设施的长期保护作用，为该项目成果最终在美军军用设施中使用提供参数。

三、推动人工智能与人效能增强有机融合

（一）即时项目

随着信息技术的发展，战场环境日益复杂多变，对美军部队指挥人员的应变和决策能力提出了更高要求。为帮助美军部队在情况十分紧急、缺乏参考案例以及不同指挥人员无法达成一致意见时做出科学决策，DARPA 于 2022 年 3 月发布了“即时项目”（In the Moment，ITM）指南。ITM 项目旨在将人工智能技术引入到美军部队的决策流程中，借助标准化、可量化和可扩展的方法建立关键行动决策支持算法平台，帮助指挥人员在难以通过人为因素做出决定的情况下，快速和科学地完成决策过程。

2023 年 6 月，DARPA 宣布与雷声技术公司、马里兰大学等机构签署合作协议，共同开发人工智能机器学习模型，该模型可以在没有正确答案的情况下，做出信度和效度均高于人为因素的决策。首先，ITM 项目将针对卫勤指挥中常常面临的快速伤检分类这一决策难题，探索人为因素决策与人

工智能算法决策的可信性及前瞻性，最终赋予人工智能技术卓越的、优于卫勤指挥人员以及战场医务人员和创伤外科医生的决策能力。

ITM 项目将聚焦两个应用场景，分别是小规模作战行动中的伤检分类（为期 2 年）和大规模伤亡事件中的伤检分类（为期 18 个月）。承研单位的具体分工如下：①雷声技术公司和 Soar 技术公司的研究团队，将开发指挥人员决策的特征提取技术，以识别和量化能够影响人为因素在复杂环境下做出决定的关键属性；②Kitware 公司和 Parallax 公司，将开发基于算法的决策支持技术体系，以验证人工智能决策与人为因素决策在关键属性方面的一致性；③CACI 国际公司，将设计和实施评估流程，分析关键属性如何在决策中发挥重要作用；④马里兰大学情报与安全应用研究实验室和国防分析研究所，将开展政策和实践方面的拓展研究，尤其是将伦理、法律和社会学专家的意见建议纳入项目研发过程中。

DARPA 信息创新办公室副主任马特·图雷克表示，这些关键属性将涉及人工智能算法如何评估具体情况、如何依赖领域知识、如何应对时间压力，以及采用何种原则或标准筛选出需要采取优先急救干预措施的患者。图雷克说："从技术角度来看，在伤检分类中快速做出决策更加依赖无监督学习的人工智能技术，这将决定卫勤人员是否能够对批量伤员开展快速和有效的战伤救治。"

（二）研发可穿戴设备以提高战备能力项目

2023 年 8 月，DARPA 发布"研发可穿戴设备以提高战备能力"（Wearables at the Edge to Augment Readiness，WEAR）项目，旨在开发一种安全、便携的新型可穿戴设备，可以实时监测和分析美军士兵健康状况数据，以提高美军部队战备能力。

近年来，运动手表、手环等智能设备配备了越来越多的传感器，如加速度计、磁力计、陀螺仪等，可以连续记录用户的运动和生理等数据。将人工智能和机器学习技术应用于上述智能设备，通过识别和标记传感器数据来评估士兵生理、心理健康状况，是美军提高战备能力一个重要手段。但是，现有的智能设备在进入休眠状态或低功耗模式时，常常出现传感器原始记录数据不准确等问题，从而影响了对士兵健康状况的有效评估和及时处置。WEAR 项目的目标是，研发一种能耗低、可长时间持续工作的新型可穿戴设备，保证部署到偏远地区或执行特种作战任务的部队均能够列装。同时，由于传感器数据涉及美军士兵的各种健康信息，出于安全考虑，该设备需要独立于现有的商业云服务平台来开展分析。

WEAR 项目分为两个阶段：第一阶段，研究团队需要提交书面研究计划，包括研究基础、技术方案、原型设计、开发流程、数据测试和分析内容、安全保证、隐私保护等；第二阶段，研究团队将开发新型可穿戴设备，该设备可以对传感器数据进行实时分析，以监测美军士兵的健康状况和战备能力，同时该设备必须能够持续工作 200 天以上。要实现上述目标，研究团队需要研发创新的传感器驱动程序和算法，并与现有商用传感器硬件相结合；同时，需要提供模块化应用程序接口（API）来访问传感器数据，最终实现不依赖于商业云服务平台的数据传输。

WEAR 项目为期 3 年，DARPA 提出了具体的时间节点要求：第 1 个月，研究团队向项目经理提交启动项目报告，包括拟采用的技术方法、可能存在的风险和应对措施、进度安排表、结题验收指标和可交付成果，以及原型演示等；第 4、第 7、第 10 个月，研究团队提交季度进展报告，详细说明目前技术进展、已完成的任务、重大事项调整、未来研究计划、遇到的问题及解决方案等；第 12 个月，研究团队提交年度进展报告，详细说明所取得的进展、下一年度研究计划、阶段性成果、工作总结，以及需要注意的关键问题；第 24 个月，研究团队向项目经理提交完整实验记录，演示新型可穿戴设备对传感器数据的实时分析能力，提交该设备可以持续工作 200 天以上的证明材料，以及任何其他必要的文件（至少包括用户手册和详细的系统设计文件、规模化计划）；第 36 个月，研究团队向项目经理提交最终研发报告，包括设备能耗等定量指标，以及可监测和分析士兵健康状况数据的成果应用证明。

（三）神经证据汇集工具项目

近年来，美军现役士兵和退伍军人罹患抑郁、焦虑、情感障碍等精神疾病与心理健康问题的比例持续上升，导致自杀的人数大幅增加。尽管美军采取了多种措施来筛查精神心理疾病及相关风险因素，如问卷填写和自我报告，但是对于早期发现自杀意图并没有显著的效果。为有效解决这一问题，DARPA 于 2022 年 3 月发布“神经证据汇集工具”（Neural Evidence Aggregation Tool，NEAT）项目指南。NEAT 项目希望通过开发一种新技术，能够发现和识别出与自杀意图密切关联的客观生物标志物，从而实现美军士兵自杀行为的有效预防，大幅降低非战斗减员的比例。

2023 年 7 月，DARPA 与 4 个承研团队签署 NEAT 项目合作协议，标志着该项目进入实质性研发阶段。承研团队分别由 2 个公司和 2 个研究机构负责，包括：①Charles River Analytics 公司牵头，塔夫茨大学、佐治亚理工学院和埃默里大学参与；②Draper 公司牵头，哈佛医学院附属麦克莱恩医院、马萨诸塞州总医院、佐治亚理工学院、东北大学和宾夕法尼亚大学参与；③明尼苏达大学牵头，Deliberate 公司、Intheon 公司、华盛顿大学和伍斯特理工学院参与；④南加州大学牵头，加州大学洛杉矶分校参与。此外，DARPA 还与约翰斯・霍普金斯大学应用物理实验室、兰德公司签署了合作协议。约翰斯・霍普金斯大学应用物理实验室作为独立的验证团队，负责新技术的分析和验证；兰德公司则负责组建专家咨询小组，为 DARPA 和承研团队提供伦理、法律和社会学等方面的指导。

NEAT 项目经理格雷格·威特科普博士表示，在通常情况下，临床医生会根据患者最初对症状的主观描述，结合大量影像学证据、实验室检查结果和其他客观指标，对疾病做出诊断。例如，心内科医生可以通过心电图 ST 段变化、肌钙蛋白和肌酸激酶等客观生物标志物，区分心脏病发作时危及生命的疼痛与其他原因引起的胸痛。但是，目前还没有找到能够区分自杀意图导致精神痛苦与其他原因导致精神痛苦的客观生物标志物。

NEAT 项目以弗洛伊德心理学中的“前意识”（Preconscious）为理论基础开展相关研究。弗洛伊德构筑的心理过程包括 3 个层次：①“无意识”，已经发生但未被觉察的心理活动；②“前意识”，自动过滤掉极度负面信息的心理活动；③“意识”，能够被人类察觉的心理活动。目前，美军采取的问卷填写和自我报告等措施，都是针对“意识”这一层次开展的，无法早期发现自杀意图。NEAT 项目主要针对“前意识”这一层次，能够在士兵察觉并有意识地对极度负面信息进行过滤前就发现与自杀意图相关的客观生物标志物，为临床医生提供更可靠的筛查技术手段，从而有效防范自杀行为并挽救士兵生命。

四、持续开展基于新技术的生物威胁应对

（一）新型微生物传感器系统项目

当前，美军主要采用两种方法对部队部署地的周围环境进行监测，一是通过地面或水中的分布式传感器网络，二是依靠卫星等遥感平台来收集重要信息。这些方法往往需要消耗大量电能，给美军的后勤保障带来较

大负担，同时也存在一定的潜在风险。开发能够有效弥补上述缺点的新型高空间分辨率传感器系统，实现远程、安全地监测周围环境，已成为美国国防部关注的一项重点内容。

最近的研究表明，细菌、真菌或微藻等微生物可以感知并检测到多种类型的化学和物理信号输入，如有毒或放射性物质、重金属污染物以及光、电流、磁场等，同时也可以输出相应的化学和物理信号。微生物的这种感知、输入、转换和输出信号的生物特征，及其自我供能和适应环境的能力，可以对目前美军通用的环境监测方法很好地进行补充。基于此，2023 年 4 月，DARPA 发布“新型微生物传感器系统”（Tellus，又称特勒斯）项目指南。

Tellus 项目将探索开发一种交互式平台技术，用于快速设计具有感知和检测功能的微生物设备，以实现对美军部队部署地相关环境的实时监测。具体而言，DARPA 将研究确定微生物设备可以检测到化学和物理信号的范围，以及适合的环境条件和输出信号的类型，从而开发灵活、稳健、可靠和耐用的微生物传感器系统，实现对周围环境的监测。

Tellus 项目研究周期为两年半，开发的微生物设备必须能够将检测到的输入信号转换为各种化学或物理输出信号，包括光、无毒有机化合物或电流等。这些信号可以通过传统的接收器系统（如光电、光子、成像、电极等）进行测量。此外，Tellus 项目还将重点评估不同环境条件下的传感器功能。由于对化学物质、污染物等危害因子进行远程环境监测是关系到国家安全的一个重要领域，因此，微生物传感系统必须具备以下几项功能：能够检测多种类型的输入信号、转换各种输出信号、远程和长期在无人值守的条件下运行。

Tellus 项目经理 Linda Chrisey 博士表示，在该项目中，DARPA 还将探索采用特定参数设计、制造和测试新型微生物设备的速度。该项目最终将提供一个人机互动界面，用户可以输入设想的环境特征、输入信号、输出信号等，在此基础上，系统将设计安全、有效、定制的微生物设备来满足这些需求。

（二）粮食安全项目

美国总统拜登在其发布的新版《国家生物防御战略和实施计划》中，将生物威胁早期预警列为主要目标之一，提出要加快跨学科的基础与应用研究，探索新技术以加强对可能危害人类和动植物的威胁进行生物监测和早期预警。该目标由美国农业部、国土安全部等牵头，美国国防部、卫生与公众服务部、国立卫生研究院等共同参与实施。

2023 年 1 月，美国国防高级研究计划局发布“粮食安全”项目（Foundational Security for Food Systems，FS2），旨在探索一种基于信号通路的新技术，该技术可以在玉米、大米和小麦等农作物感染病原体、尚未出现症状阶段，检测到特定信号通路被激活的情况，并发出农作物损害警告和生物威胁监测预警。该项目的愿景是将美军生物威胁监测的重心从以烈性病原体为主变为病原体与特定信号通路激活相结合，从生物威胁被动应对向主动防御转型。

FS2 项目经理 Molly Jahn 表示，玉米、大米和小麦等农作物对美国及全球人口健康至关重要，确保这些农作物安全是美国国家安全事务的重要优先事项，也是 DARPA 的一项新任务。FS2 项目将以锈菌（Rust Fungi）作为研究实例，利用农业部快照系统（Snapshot Agriculture Department Surveys）对玉米等农作物感染锈病的田间数据进行收集，同时利用各类农机产品、无人机、传感器等进行探测。通过开发经过验证的模型，该项目可以灵敏地识别与病原体感染相关的信号通路激活情况，在最早期阶段就可以发现农作物损害。

FS2 项目为期 18 个月，包括两个阶段：第一阶段为 10 个月，通过分析玉米中锈菌感染的实际情况与信号通路激活的关联性，开展遗传建模研究；第二阶段为 8 个月，通过在其他农作物中开展验证研究，揭示该模型在生物威胁监测和早期预警中的实际应用效果。FS2 项目将不涉及任何生物体的基因改造，所有研究都将按照批准的监管标准进行。

（三）确保偏远地区微生物保藏项目

近年来，新冠肺炎、甲型 H1N1 流感等新发突发传染病在全球范围内频繁发生，使得部署在美国本土及海外的美军部队面临着巨大的生物威胁。利用实验室技术对病原微生物样本进行快速检测和溯源，是研发疫苗和药物等生防产品的前提与基础。美军部队传染病防控主要采取的措施是，营区出现疑似感染病例后，迅速采集、存储临床和环境样本并运输至生物实验室进行检测，然后根据实验室检测结果确定下一步应对方案。目前，美军病原微生物样本的运输和存储主要依赖冷链，这对于部署在偏远地区的部队是难以实现的，据统计，全球仅有 45% 的地区拥有制冷所需的可靠电力。常温条件下运输和存储的样本在到达生物实验室时，大多发生了降解，无法准确地检测出病原微生物，从而极大地限制了美军传染病防控的效力。

为应对这一挑战，DARPA 于 2023 年 8 月发布了“确保偏远地区微生物保藏”（Assured Microbial Preservation in Harsh Or Remote Areas，AMPHORA）项目指南，通过开发一种无需冷链的系统，能够在常温条件下运输和存储病原微生物（细菌、真菌和病毒）样本，并确保其在到达生物实验室时仍保持着原有的生物性能指标。AMPHORA 项目经理 Tiffany Prest 博士表示，该项目旨在快速稳定病原微生物样本的所有生物活性和物理特性，并使其能够在任何环境（甚至是沙漠、高寒、高热等极端环境）中存储 2 个月以上的时间。“如果项目取得成功，将有助于研究人员快速和有针对性地开发疫苗与治疗药物，极大地提升美军应对新发突发传染病的能力，为部队健康维护和作战准备提供有力支撑。”

AMPHORA 项目的研究重点包括：①研发新型物理隔离材料，如人工或天然基质、封装等；②研究环境因素对病原微生物样本的影响，如化学和生物补充剂、大气变化、螯合剂等；③研究分离病原微生物样本中杂质的技术，如微流体、过滤等。需要注意的是，采用冻干技术或微冷却器的方法将不适用于该项目。AMPHORA 项目为期 36 个月，包括两个研究阶段：第一阶段将聚焦技术开发，以达到能够独立验证和确认（IV&V）的测试水平；第二阶段重点是便携式原型系统研发，同时增加病原微生物样本的复杂性、保存时间以及存储微生物的数量。此外，研究团队将从美国政府合作伙伴处获得真实世界的病原微生物样本，并开展严格测试，以提升该系统在美军部队列装的可行性。

DARPA 还将邀请其他的监管机构和专家，对该项目进行全流程的指导和监督，以确保研发的系统能够符合现行的国际航空运输协会传染性物质运输条例（IATA-ISSR）规定，安全运输和存储病原微生物样本。

（军事科学院军事医学研究院　张音　刘迈）

DARPA 生物科技领域项目布局分析

美国国防高级研究计划局（DARPA）长期以来一直高度重视生物科技发展，将其视为未来军事技术颠覆性创新发展的强力“引擎”。近年来，DARPA 持续在生物科技领域布局，并着力强化生物技术、信息科学、人工智能等领域的交叉融合优势，从战伤救治、恢复与增强士兵效能、生物材料利用与制造等方面提升美军总体战斗力。

一、项目布局总体情况

2023 年 3 月，DARPA 发布 2024 财年预算申请文件，DARPA 布局的生物科技项目共计 37 项，预算经费合计约 3.9 亿美元，约占其总预算的 10%。

（一）经费分布情况

DARPA 生物交叉领域主要资助基础研究和应用研究两类，预算分别为 0.45 亿美元、3.45 亿美元，应用研究较 2023 财年同比增长 14.7%。DARPA 预算由项目单元、项目群、具体项目三级构成。生物交叉领域包括 4 个第一级项目单元，其中，生物医学技术项目单元预算同比增加 33%，生物医学防御、国防研究科学、材料和生物技术、基础作战医学等都有所下降。第二级 2 个项目群中，生物基材料与设备小幅增加，转化科学项目群预算有所下降。第三级项目中，延续项目中，投资超过 2000 万美元的项目包括“装备防腐蚀生物膜”“快速战地分诊”“全球核酸按需制备”“部队防护的化学处理”，预算分别为 2009 万美元、2011 万美元、2701 万美元、2111 万美元。新增项目主要集中于战创伤修复方向，新增 4 个项目，预算约 3239 万美元；其他 2 个分别为威胁检测和可持续材料生物制造方向。已/待结束项目主要为病毒传播阻断措施、细菌监测设备、病毒干扰颗粒、光谱性病毒疫苗、生物停滞诱导剂、化生放核威胁传感器。

（二）项目分布情况

2024 财年，DARPA 布局的生物科技项目涵盖了军事脑科学、人效增强、生物安全、战伤救治技术、生物材料、生物传感等领域。一是大幅增加战创伤修复研发。2024 财年，DARPA 在战创伤修复方向共投资近 1 亿美元，较 2023 财年同比增长 24%。布局 8 个项目，主要聚焦作战神经损伤防护与治疗、伤口恢复、应急分诊与远程监测等技术。二是持续加大作战生物技术研究布局。在作战生物技术方向共投资 1. 62 亿美元，较 2023 财年同比增长 6%。布局 12 个项目，主要聚焦战场资源按需生物制造、装备与环境维护、超常材料生物合成技术。三是突出生物威胁检测与防护研究。DARPA 在生物威胁检测与防护方面共投资 8945. 8 万美元，布局 9 个项目，聚焦生物威胁监测、防御装备与药物研制。

二、生物科技领域发展重点分析

（一）强化单兵生理和心理干预措施，从源头提升士兵效能

美军围绕士兵效能增强，制定多元化健康防治策略，将先进神经技术

应用于健康士兵，评估和预测军人各种生理与心理状况，减少由于战斗应激反应所导致的战斗减员，进一步从根本上强健军队的作战能力。

一是建立集成化、模块化、可靠性强的信息处理系统，改善听力障碍患者感官功能。耳鸣、听力损失和其他听力障碍是影响数百万服役人员与退伍军人的复杂疾病，听力损伤将会影响军人的作战状态，甚至无法执行重要任务，严重影响了部队作战能力和军人生活质量。2024 财年，DARPA 新启动“听力障碍矫正”项目，旨在通过评估构建听力信息处理模型，利用新型生物兼容性纳米材料和组织工程方法，开发高度集成化、模块化，可靠性强的治疗设备和技术平台，以改善和优化服役人员和退伍军人听力障碍问题。

二是构建情绪与认知大脑网络模型，开发首套综合干预措施。创伤性事件通常称为战争的无形创伤，导致发生精神疾病、药物滥用、应激障碍、家庭暴力甚至自杀等创伤性应激反应的人数大幅攀升。2024 财年，DARPA 新启动“心理强健”项目（图 1），旨在利用工程神经可塑性解析大脑网络功能和结构，设计个性化的多模式多维神经可塑性干预措施，增强适应性情感和敏捷认知，以优化认知弹性和情绪调节能力，最大限度地预防或减少美军士兵行为健康障碍甚至自杀等非战斗减员。

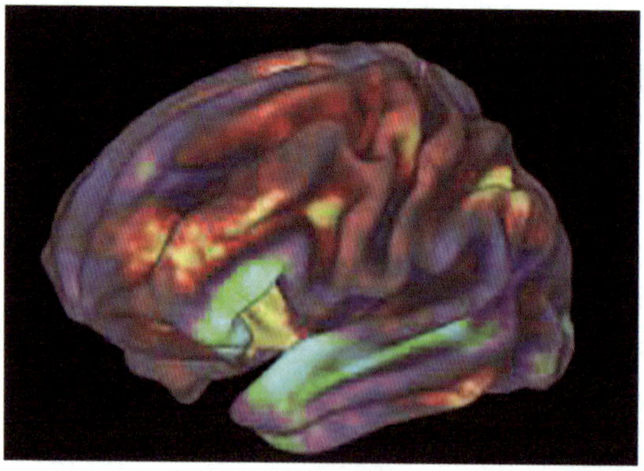

图 1　“心理强健”项目

三是研究脑损伤神经保护预防性对策，早期防止重症脑损伤。创伤性脑损伤具有病情急、变化快、病死率高、致残率高、预后差等特点，严重危害人类生命健康。DARPA 的“脑损伤神经保护”项目在基于认知能力恢复项目的基础上，将投资金额翻倍，进一步运用新技术迅速提供创伤性脑损伤早期预防对策，防止转化为重症脑损伤，由治疗脑损伤向早期预防脑损伤转变，改变了传统脑损伤的治疗模式。

（二）综合运用颠覆性智能科技，提升士兵战场生存率

随着高科技装备不断发展，无人智能、精确制导等新型武器广泛作用于现代战场，使得战场伤员的数量在短时间内成倍骤增。战场医疗救治作为美军生物科技项目部署的重点方向，着重提升创伤后伤员护理水平，保护士兵免受真菌和细菌病原体的感染，并结合人工智能和大数据等颠覆性智能科技，部署实时感知战场态势的测控系统，监测战场一线伤情信息、缩短战场救治响应时间，提升战伤救治效果及战场核心战斗力。

一是集中采用生物相关新兴技术，预防性对抗战场上血液感染威胁。战伤感染是战创伤死亡的主要原因，创伤会暂时降低宿主免疫系统，从而增加进入血液的真菌和细菌造成危及生命感染风险。如果不加以控制，真菌和细菌将会导致真菌感染、败血症和休克。2024 年，DARPA 新启动“防止作战人员创伤后血液感染”项目（图 2），旨在开发在血液中循环预防系统和新技术，研发可以在血液中循环长达 3 天的载体，尽早结合血液中的感染性颗粒，标记病原体并将其清除，保护服役人员免受血液感染引发的疾病甚至死亡。此外，启动预算外项目“定位和清除血液系统中病原体的合成技术”。近年来，美军在阿富汗和伊拉克战场执行局部军事行动日益增多。由于战场环境条件恶劣，美军士兵在受伤后常常发生细菌性与真菌性病原体感染。病原体侵入血液系统后，会引发菌血症和败血症等血流感染。

该项目将通过研发新型技术，定位和清除人体血液系统中的多种细菌性与真菌性病原体，颠覆目前美军对于菌血症和败血症等血流感染的应对举措。该技术适用于各类战场环境条件，作用效果持久、安全无副作用，能够显著地提升美军的战伤救治能力。

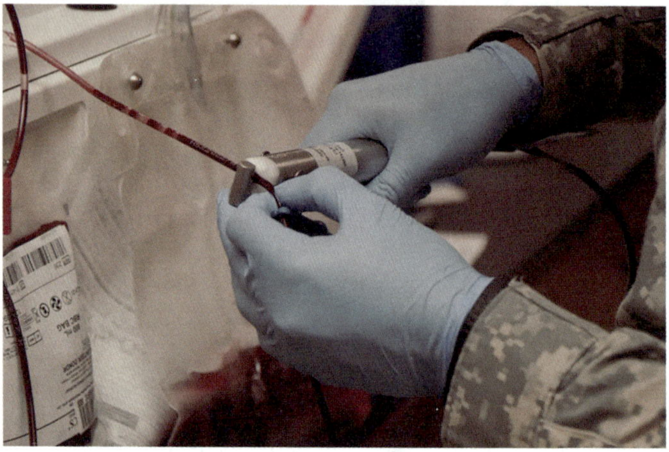

图 2 “防止作战人员创伤后血液感染”项目

二是研发全血替代品新产品和战场麻醉剂，提高战伤救治时效。持续资助“下一代战伤救治”项目，该项目将通过研究开发可在战场上远程部署全血替代品的新方法，直接解决大出血这一潜在可预防性战场伤亡的主要问题，提升其战场生存率。此外，启动预算外“战伤救治新型麻醉剂”项目，旨在通过研发在战现场环境中更加易于操作、使用安全的新型麻醉剂，同时无需实时监测伤员的各项生理指标数据，开展麻醉剂作用的靶标和机制研究和设计和筛选针对特定靶标的新型麻醉剂候选药物，研发成功后可直接提升美军战现场救治的能力，从而大幅延长“黄金一小时”救治的时效性。

三是推进非侵入式传感器等智能技术，结合大数据实现战场伤情的实时分析。在大规模伤亡事件中，快速识别致命性创伤并及时救治至关重要。相较于去年，DARPA 在 2024 年对“快速战场分类”项目投入 2 倍多的项目资金，旨在通过研发远程非侵入式传感器技术，及时动态捕获美军士兵的生物医学数据，准确识别与致命性创伤相关的生理特征，在复杂的大规模伤亡事件中开展精准快速的伤情分类，科学调配有限的医疗救治力量，提高紧急救援医疗干预、快速分流伤员的能力，优化战场稀缺医疗资源配置（图 3）。

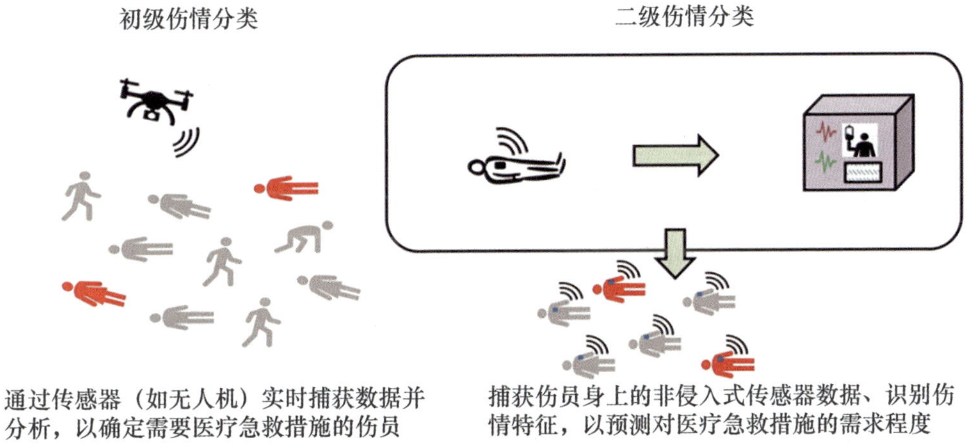

图 3　快速战场分类项目原理

（三）研发新型生物和仿生材料，运用生物技术缓解后勤保障压力

近年来，DARPA 重点资助了一批先进生物材料项目并取得创新成果，有力地推动了国防工业和军事医学科研的进展。传统装备发展领域面临的低效、易老化、耗费大、原料进口依赖性强等多重问题。美军通过覆盖仿生、转基因、酶降解、纳米等多项创新融合技术，为军事装备提供高科技防护支持。

一是结合生物技术推进致密化科学，打造“绿色”、可持续军用材料。

橡胶和木材衍生产品等美国国防部所依赖的关键材料，在远征行动中受到供应链、境外采购及运费和后勤废物处理等多重因素的限制。2024 年，DARPA 新启动“将可回收废物转化为新型可持续材料”项目，旨在研究和开发一种端到端流程。通过结合生物化学技术，将大量国防部废弃物品（如轮胎、废木材和纸张）转化为耐用可持续材料，同时开发增强材料机械性能的方法，使材料适用性覆盖至应急建筑材料等。

二是创新性融合生物科技理念，探索武器装备领域的技术革新。长期以来，有害细菌侵蚀是美军军用装备组件发生霉变的主要原因，缩短了军事基础设施和系统的服役年限，导致美国国防部每年损失数十亿美元。DARPA 翻倍资助“通过生物制剂保护材料”项目，旨在通过研发能够对抗有害细菌侵蚀的保护性“细菌生物被膜”，并将其作为军用装备的涂层材料，在军用装备表面形成坚固的隔离层，以保护军事物资和设备。

（四）利用微生物开发新型生物传感系统，提高战场环境实时监测能力

美军结合人工智能、生物技术和传感器技术等，实现多目标探测生物型传感器的军事应用能力，基本可以替代人工侦查及探测。相继部署了“信号处理与生物技术通信”“特勒斯（Tellus）”“智能无创生理指标检测”等项目，不断提升美军战场环境及对核生化监测能力。

一是利用活体微生物开发微生物分布式传感系统，加强对战场环境监测。新启动“信号处理与生物技术通信”项目，基于微生物开发新型传感技术，可对化学物质、磁场、光等多种输入信号类型进行信号处理和传输，并产生可被电子、光子设备检测到的信号，构建活体微生物分布式传感系统，以足够的分辨率监测复杂的作战环境，保障信号稳定性和可靠性，并保护人员和平台免受各种物理和化学威胁。

二是研发新型微生物传感器，提升核生化监测能力。启动预算外

“特勒斯”项目（图4），旨在开发新型微生物传感器，提升复杂战场环境下远程智能核生化监测能力。新型平台运用交互式设计理念，为微生物传感器提供可视化操作界面，用户可远程输入环境特征、危害因素、监测需求等，灵活控制目标生物信号处理，实现实时响应和无人状态下长期运行，为复杂战场环境下监测预警等提供支撑，实现具有感知和检测功能的微生物设备的快速设计，以满足美军对部队部署环境的实时监测需求。

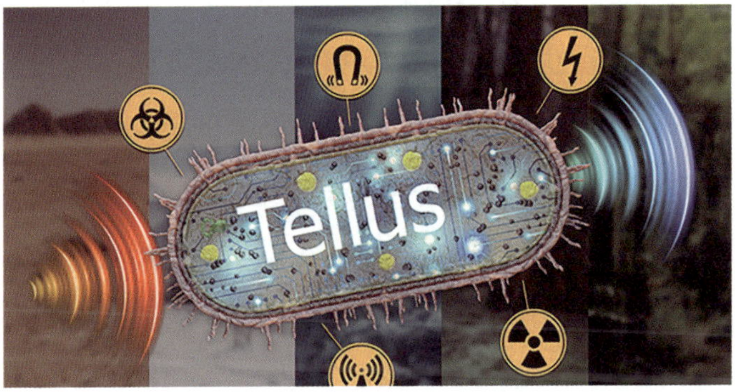

图4　“特勒斯”项目

三是利用多组学技术开发现场检测工具，提升战备人员监测能力。“智能无创生理指标检测”项目，旨在开发一种采用便携式分子传感器的生理指标检测工具。研究人员将利用多组学技术开发现场检测工具，利用已发现的表征人员效能的体液分子标志物，对作战人员身体健康状况相关的生理指标数据进行实时采集、处理、分析和预测，并研发分子传感器，实现不同能力需求任务中人员战备状态的快速测量，最大限度地降低由于治疗不及时造成的非战斗减员。该项目还将实现对作战人员疾病相关生物标志物和特定信号通路的识别与预警，为美军部队开展战备训练、执行军事任务等提供决策支撑。该项目一旦研发成功，将取得人员战备状态监测技术突破，可实时监测军事人员体液中的多组生物标志物，并快速给出人员战备状态量值，有望大幅提升美军的人员战备状态监测能力。

（五）开发应对新发突发传染病药物疫苗，着力构建快速生物安全新型技术体系

为有效提升美国生物安全防御能力，DARPA 相继部署了系列生物安全和传染病防控的研究项目，并将疫苗和药物研发模式从现有的被动型转为主动型，并着力开发疫苗和药物快速研发生产的新型技术平台。相继部署了“评估免疫记忆项目”“超越传染病”“保护性等位基因和响应元件预表达”“大流行病预防”“生物安全”等项目，围绕预测、预防、诊断和治疗4个方面，对应对大流行性传染病暴发进行整体布局，旨在开发颠覆性技术平台，提高未来快速应对突发传染病疫情的能力，为美军培育强大的技术优势。

一是研发核酸药物通用技术平台，增强新发突发疾病的响应能力。随着美国在海外多个国家和地区部署军队，美军士兵面临着罹患地方病以及新发突发传染病的严峻威胁。DARPA 在 2024 年加大“加强作战人员战备的可部署医疗对策”项目投入，较 2023 财年经费增加了约 1 倍，旨在构建可在短时间内大规模生产的核酸药物平台，根据战场需求生产出符合规范的核酸药物，将实现对抗新发突发传染病威胁，防止地区疫情发展为全球大流行。

二是研发延长疫苗时效性工具，提供新型生物防御手段。持续资助“评估免疫记忆”项目，旨在通过构建可用于评估疫苗免疫性的工具来增加对战时传染病保护的持久性。作战人员对病原体的防御依赖于反复接种多种疫苗以保持有效保护，该项目在“超越传染病”项目的初步发现和技术开发的基础上，通过了解关键宿主因素和免疫反应预测疫苗持续时间，开发一种评估工具和预防候选药物，以延长疫苗有效性。“保护性等位基因和

响应元件预表达”项目，旨在利用计算机、人体器官和动物模型实验等技术方法，通过调节转录组和表观遗传学的表达以增强保护人体的基因活性，提供可编辑的工具，并根据需要上调或下调基因表达，实现对生物威胁的及时和有效的应对。

三、几点认识

2024 财年，DARPA 预算着力强化生命科学、材料科学、信息科学、工程科技等领域的交叉融合优势，从战伤救治技术、生物防护装备、生物材料等方面提升美军总体战斗力。

（一）持续加大前沿生物技术经费资助

DARPA 近年来不断加大对生物科技项目的支撑力度和项目布局，生物科技领域的经费占其总经费的 10%左右。根据 DARPA 2016—2024 财年经费预算，生物交叉领域应用研究占比自 2016 财年的 64%持续提升至 2024 财年的 89%，且近期应用研究占比直接由 2023 财年的 80%提升至 2024 财年的 89%。2024 财年大幅增加作战创伤修复研发预算，较 2023 财年同比增长 24%，聚焦神经损伤防护药物研发、伤口愈合与血液感染技术以及大规模伤亡应急分诊与远程监测技术等。持续加大作战生物技术方向资助，该方向较 2023 财年同比增长 6%，聚焦战场资源按需生物制造、装备与环境维护、超常材料生物合成技术。在研的“脑损伤神经保护”“通过生物制剂保护材料”“加强作战人员战备的可部署医疗对策”等项目资助经费均翻倍。

（二）瞄准颠覆性前沿生物技术军事应用

近年来，DARPA 注重各种药物、疫苗、设施设备原型等的研发，旨在将颠覆性技术尽快用于战场。DARPA 有数个生物交叉项目研发历时 7 年以上，成果取得颠覆性突破。例如，“生命铸造厂”项目历时9年，投资近2亿美元，开发了多功能生物合成平台，实现了超常材料的生物合成设计与制造，可生产1630余种复杂稀缺高性能材料。成果已转化至三军，如海军可生产高能量燃料、热稳定聚合物、高性能复合材料，陆军可生产生化防御过滤器、织物、去污湿巾、车辆装甲黏合剂等，空军可生产生物衍生分子激光眼罩、军机高能燃料等。“下一代非侵入性神经技术”项目已经进入第二阶段，有望提高士兵与武器装备的高水平交互能力。

（三）重视成果转化产业化发展

2019年至今，DARPA实施“嵌入式创业计划”，为颠覆性技术团队提供技术催化资金、商业化指导和投资方，主要提供25万美元资金，为相关技术制定军事应用或商业化发展策略，优化颠覆性技术的产业化路线，使创新公司进入实验室、研究机构和国防工业基地等国防科技生态系统。截至目前，该计划为50余个种子前期研发团队筹集超5亿美元的美国投资，分拆出10余家新公司，与企业伙伴建立了大量联合开发协议。例如，Embody公司开发了下一代修复肌腱和韧带损伤的再生医疗设备和方法，筹集了930万A轮融资；轻诊断公司开发了新冠、脓毒症和心脏病的快速高敏多重即时诊断设备，融资6000余万美元。

（军事科学院军事医学研究院　刘伟　张音　刘迈）

（军事科学院国防科技创新研究院　谌为　程鲤　荆象新）

（军事科学院军事科学信息研究中心　薛晓芳）

DARPA 合成血液技术定位和消毒项目分析

2023 年 6 月，美国国防高级研究计划局（DARPA）发布“定位和清除血液系统中病原体的合成技术”项目（Synthetic Hemo-technologIEs to Locate and Disinfect，SHIELD），对真菌和细菌引起的血流感染（BSI）开发安全有效的预防医疗对策，广泛应用于战伤救治现场，降低血流感染患者发病率和死亡率。

一、项目背景

真菌和细菌病原体可引起血流感染，对平民和军队都是一个持续和致命的威胁。由于创伤后感染风险增加，在军队中尤为普遍，加上诊断延误、抗生素耐药性和治疗毒性，使得预防病原体感染存在很大的挑战性。

真菌病原体是对作战人员健康的一种未充分研究和报告的威胁，在战伤救治情景中，真菌病原体是造成很大一部分血流感染的原因。目前还没有预防真菌性血流感染的有效方法。真菌感染过程中，用抗真菌药物（唑类和多烯类）治疗，效果一般但毒性极大，从而导致耐药致病性真菌菌株的数量迅速增殖，扩大了对作战人员威胁的范围和规模。

细菌感染则是通过口服预防和感染后治疗来控制的。例如，在许多战伤救治情景中，口服抗生素作为预防措施，用于预防最初创伤后的细菌性血流感染，但因创伤会大大降低药物的口服利用度使得口服抗生素预防无效；又如，治疗早期细菌性血流感染，因不及时给药和多重耐药细菌的增殖使得静脉注射广谱抗生素无效。

二、项目内容

合成血液技术定位和消毒技术项目将开发安全有效的预防性对策，以防治血源性病原体（导致绝大多数血流污染的细菌和真菌）并预防与战伤相关的血液感染。

（一）应用场景

该项目旨在开发能够优化部队管理、预防血流感染风险的技术，可广泛应用于战伤救治场景中的创伤伤员。技术将使宿主能够清除多种不同的血源性真菌和细菌病原体，降低与血流感染相关的发病率和死亡率，包括与侵袭性真菌感染（IFI）和败血症相关的后遗症，为创伤伤员提供持久保护。项目最终将开发安全有效的广谱预防措施，保护伤员免受血源性细菌和真菌的侵害并防止血流感染，持久保护时长至 144 小时。

（二）技术方法

SHIELD 技术将为细菌和真菌血流污染的最先进治疗提供颠覆性的重大改进。SHIELD 技术方法可利用以下方法：生物分子、细胞和免疫工程（包括但不限于工程红细胞、仿生细胞、人造细胞、合成蛋白或宿主免疫调节，包括Ⅰ型和Ⅱ型免疫工程）；微颗粒或纳米颗粒工程（包括但不限于外泌体、合成微颗粒、脂质体、微凝胶、长循环颗粒、合成细胞)；合成与分子生物学（包括但不限于工程补体蛋白及其组分；调理化分子，包括碳水化合物结合基序及其各种工程组合)，识别多种病原体并帮助宿主防治多种细菌（革兰氏阳性菌：葡萄球菌、链球菌、梭状芽胞杆菌、李斯特菌、肠球菌；革兰氏阴性菌：埃希氏杆菌属、假单胞菌、耶尔森氏菌、肠杆菌属、克雷伯氏菌）和真菌（假丝酵母菌、曲霉属真菌、隐球菌、肺炎球菌、根霉属)。

（三）项目要求

（1）治疗未知病原体功效。治疗上述病原体中列出的至少 3 个不同属的 3 种以上病原真菌；上述列出病原体中至少 3 个不同属的 3 种以上的病原细菌，其中革兰氏阳性和阴性菌至少各 1 种。总体来说，验证在 BSI 中治疗总共 6 种最流行病原体的功效。首先将在体外测试该技术在全血中不少于 3 种真菌病原体和不少于 3 种细菌病原体的中和能力，以检测治疗未知病原体的功效。然后，研究小组将通过检测预防医疗对策清除至少 6 种血源性病原体（真菌和细菌各 3 种）的能力来评估体内的病原诊断效果。最重要的是，在第一阶段和第二阶段的体内实验中，将分别评估针对每种病原体的预防效果。在第三阶段将对同时暴露于多种病原体（真菌和细菌各 1 种）的预防效果进行评估。

（2）清除血源性病原体能力。体外病原体清除将通过检测药物在接触目标病原体后 12 小时内帮助宿主清除体外全血中的细菌和真菌的能力来证明。病原体直接引入活体模型宿主循环，通过检测暴露于目标病原体后 24 小时的病原体浓度来评估体内清除效果。

（3）安全性要求。项目将设计适当的实验，确定预防医疗对策安全、非免疫致病性和对宿主无毒，以验证预防医疗对策的临时和长期安全性。

此外，在给药前后检测相关的生物标志物（如炎症和凋亡细胞因子的血液浓度），确定不会引起不良的生理影响，包括细胞因子和其他生理参数在内的生物标志物的安全性方法必须具体明确，同时，预防医疗对策不能对血液功能产生负面影响，也不能在重要器官（如肝脏、脾脏、淋巴结和肾脏）显著积累引起急性毒性。

（4）持久保护能力。预防医疗对策将保护受试者在给药后至少72小时内抵御病原体。项目将评估诱导创伤（烧伤或爆炸）的动物模型给药后抵御不同病原体的持久性。再与最先进的BSI治疗方法比较，通过测量清除多种血源性病原体的能力，以及同时暴露于真菌细菌病原体动物模型的存活率来评估持久性。

（四）项目进展

该项目为期4年，划分为3个阶段，承担单位将开发、测试和验证针对血流感染的预防措施的安全性与有效性。其中第一阶段（基础阶段，18个月）将在体外研究中进行安全性和有效性的概念验证研究；第二阶段（18个月）将在动物模型中通过真菌或细菌感染来验证研究；第三阶段（12个月）提高暴露于真菌和细菌等病原体环境下的动物存活率。此外，承担单位将与第三方验证团队进行交互验证，模拟在多种病原体暴露情景下，作战人员遭遇威胁环境中不同创伤模型，评估预防措施的安全性和有效性。

该项目设置了交付指标。

第一阶段：体内和体外概念验证（0~18个月），相关指标包括综合测试计划、预防药物鉴定（实验室规模生产预防药物，支持体外和体内研究）、病原体识别（识别出最能清除病原体的分子，血流感染因素）功能（清除体内病原体）及安全性（预防措施为非免疫致病性）。

第二阶段：防止烧伤和病原体暴露（19~36 个月），相关指标包括持久保护（在中试规模生产预防药物）、功能（动物烧伤模型中单一病原体清除、病原体暴露后延迟清除及动物的存活率）、安全性（演示 SHIELD 预防措施的安全性）。

第三阶段：爆炸模型双重保护（37~48 个月），相关指标包括持久保护（全面生产预防药物）、功能（在爆炸创伤模型中清除多种血源性病原体）、效果和持久保护（提高清除多种血源性病原体后存活率）。

三、几点认识

（一）美军重视血液质量安全的基础研究

近年来，美军高度重视输血安全，保障战现场作战人员安全。为了保障血液安全，DARPA 的类透析治疗（DLT）项目针对危及生命的败血症，运用 DLT 技术研发一种便携式设备，减轻血液中有害物质及病原体威胁，有效地治疗败血症和相关并发症。为了优化血小板冷藏工艺，增加大规模应用，美军参与了血小板成分收集到冷藏的时间对体外特性和细菌生长的影响的研究。

（二）美军关注输血安全的军事应用研究

战现场条件下输血与正常条件下院内输血存在明显差异，战现场输血环境更为恶劣且情况紧急，创伤面感染的风险更高，对血液质量及输血技术要求也就更高。因此，美军一直以来都在进行战现场条件下血液安全及运输保障等，如美国食品药品监督管理局批准战场使用冷藏血小板的申请、DARPA 开发出血治疗人工生物复苏制品、美军研发战场用新型止血凝胶、开展无人机战场医疗补给及血液空投测试等研究。

（三）美军着眼未来战场的战伤救治场景

提高作战人员存活率是赢得未来战场的关键。美国建国以来未打仗的时间仅 10 多年，美军一直在强化在现场救治、伤员后送护理、早期输血等环节举措，提升存活救治链系统能力水平。无论是合成血液技术定位和消毒项目、人类无细胞组织工程血管（HAV）用于救治血管严重受伤的乌克兰士兵等新技术的研发，还是联合创伤系统、阶梯医疗救治等管理模式的优化，均是着眼于未来战场提高作战人员存活率、赢得战场主动的战略谋划。

（军事科学院军事医学研究院　尹荣岭）

DARPA 寻求开发具有颠覆性影响的战场麻醉剂

2023 年 6 月 12 日，美国国防高级研究计划局（DARPA）发布“战场救护麻醉剂”（ABC）项目征询书，寻求开发安全有效、不需专业培训、可在战场上使用的麻醉剂，发现新的麻醉靶点和机制，改变麻醉剂使用方式，支持更早、更接近受伤地点的急救干预措施，减少战创伤造成的损害，提高战时救护水平。麻醉剂包括镇痛药、镇静药等成分，该项目研制的麻醉剂不仅可用于战场救护时减轻疼痛，也可滥用于缓解焦虑，可能对战场伤员救治、“优化”士兵作战表现带来颠覆性影响，值得高度关注。

一、项目背景

目前，挽救生命的干预措施高度依赖医疗救护/伤员后送，根据有关统计，90%与作战有关的死亡发生在入院之前，危重伤员在 60 分钟内通过医疗救护的存活率可提高 3 倍。麻醉剂一直是手术干预常用药物，麻醉剂及其配套技术自开发以来在拯救生命方面取得了巨大进步，但因其固有的安全性不足，使用时需要在手术室环境中进行实时监测。DARPA 认为，美军自南北战争以来，在战场上使用的麻醉剂没有发生重大变化，一直使用相同的配方，存在给伤员和医护人员带来痛苦、损害和负担的可能。其他麻醉剂严重依赖生命体征监测、生理状态维持以及医疗专业人员干预，使用时需要麻醉医生监测病人生理状态，并以各种气体和其他机制的形式提供生命体征支持，以稳定呼吸，保持正常的氧气水平，维持心脏功能，因此，在没有医院配套设施的情况下使用麻醉剂可能会出现问题。虽然作战人员可以获得止痛药物，但目前还没有可供选择的足够安全的全身麻醉剂或镇静剂，无法在战场受伤地点进行生命急救干预。DARPA 启动 ABC 项目，致力于研制可在无监控条件下安全实施的战场麻醉剂，确定新的生物作用机制、新的药物化合物和配方，实现早期急救干预，减少与战场损伤引起的损害，进而改善战斗伤亡结果。

二、项目内容

DARPA 的 ABC 项目要求专门针对麻醉状态，从分子水平到解剖水平研究确定其新的生物作用机制，并基于新机制开发新的药物化合物和配方，研制不影响受伤人员的心输出量（左心室或右心室每分钟泵出的血液量）、血压和呼吸的战场麻醉剂，以实现在战场上的早期急救干预。

（一）研究内容

ABC 项目主要包括两项研究内容。一是发现并验证与麻醉相关的新靶点及其机制。目前缺乏对麻醉机制的全面认知是开发安全麻醉剂的主要障碍，该项目将全面探究麻醉发生的神经回路和分子靶点及其作用机制，识别能够引起主要麻醉效果的靶点，同时避免或消除对人体生理产生不良副作用（如血液动力学不稳定、呼吸抑制）。二是基于新靶点及其机制进行新型麻醉剂研制。目前已知的麻醉靶点不适合传统的药物设计技术，对人体的安全性也很难预测。与当前麻醉剂发现的方式相反，该项目开发的化合物和药物将基于上述研究中确定的麻醉靶点及其机制，进行甄选和优化，设计可实现更安全麻醉状态的特定化合物，并进行麻醉剂的生成、优化、配制和试验，最终使其临床指标显著高于当前最先进技术。

（二）技术要求

一是安全性。要求大幅提高战场麻醉剂的安全性，并可快速起效，具有麻醉药物组合给药的诸多特性，如镇静、失去感觉、失去意识和减少运动。二是便捷性。要求研制的战场麻醉剂不需要传统医院环境中训练有素的医疗专业人员进行干预，可在没有生命体征监测设备、无需采取生理状态维持措施的条件下使用。该项目还设想了一种麻醉剂，甚至可由未经专门训练的普通作战人员直接对伤员进行麻醉。

（三）阶段安排

ABC 项目研究周期为 5 年，分两个阶段。①第一阶段（2024—2026 年）：为期 3 年，主要任务是研究发现与麻醉相关的新靶点及其机制发现，并进行验证；设计新的化学物质，通过新发现的机制来实现麻醉。2026 年 12 月的里程碑目标是展示有助于麻醉的可操作的新靶点，扩大靶点空间，展示靶点对麻醉的作用（如无意识、无活动、镇痛等）。②第二阶段（2027—2028 年）：为期 2 年，主要任务是优化干预的安全性和药物性能，为不受监控的战场使用做准备。2028 年 8 月的里程碑目标是在动物模型中证明干预措施的安全性和有效性，其治疗指数比目前最先进的氯胺酮相比提高 10 倍以上，快速起效时间小于 1 分钟。2028 年 12 月的里程碑目标是新型战场救护麻醉剂具备安全有效的麻醉作用，完成其在生理相关的创伤损伤模型中的作用评估，演示验证其通过中枢（如静脉注射、硬膜外注射）和外周（如经皮肤、肌肉注射）给药途径的疗效。

（四）预期能力

ABC 项目如获成功，将为作战人员提供 4 项能力：一是在战场上实现无监测的麻醉；二是延长现场救护和急救干预的时间；三是减少与战创伤相关的心理创伤；四是增强民用部门的急诊重症救护能力。

（五）试验验证

DARPA 和未来选定的项目研究团队都将与独立的试验与验证合作伙伴以及美国食品药品监督管理局等监管机构合作，最大限度地提高麻醉剂研制的成功机会和效用。试验与验证合作伙伴将参与整个项目，并将在项目结束时对创伤动物模型的候选麻醉剂进行评估。

三、初步认识

未来战争呈现非线性、非接触、非对称的特征，战斗减员时空更加不规则，伤员分布更加趋于分散，使战创伤救治面临更大挑战，安全有效的麻醉剂对伤员治疗及其生理功能恢复和改善预后非常重要。DARPA “战场救护麻醉剂”项目研制的战场麻醉剂具有安全有效、便捷使用、易于管理等特点，可能对战场医疗带来颠覆性影响，其人体效能“优化”功效也可滥用于提高士兵战斗力，应引起我高度重视。

（一）将对战场医疗救护产生颠覆性影响

ABC 项目致力于研制可在无监控条件下安全使用的麻醉剂，如获成功，将对包括战地医学在内的医疗领域产生颠覆性影响。一方面，这种创新性设想代表着麻醉剂使用范式的转变，即从医护专业人员进行严格监督的麻醉剂使用方式，转向不存在或无法提供这种专业能力的操作方式。另一方面，该项目将寻求发现未知的麻醉机制，利用新药或作为组合给药成分的药物来实现麻醉，研制出与现有最先进药物相比安全性更高的麻醉剂最终产品，这将消除长期困扰医疗界的麻醉剂安全问题，并可提供更早、更接近受伤地点的急救干预措施，使农村医疗急救服务、航空医疗服务以及一级创伤救治服务受益。

（二）可用于“优化”士兵作战表现

吗啡、安非他命等麻醉剂曾在第二次世界大战期间作为止痛剂和安慰剂，在德国、美国、英国等国家军队中，特别是在执行特殊作战任务时广泛使用，但也导致成瘾等严重危害。自 2022 年俄乌冲突暴发以来，俄媒多次报道乌军内部大量使用安非他命类等麻醉剂和兴奋剂，用于克服士兵由于训练周期短、缺乏作战经验带来的恐惧、精神崩溃等问题，以提高其战斗力。美军滥用阿片类药物的情况非常严重。DARPA 在俄乌战场日益胶着之际启动“战场救护麻醉剂”项目，并将其列在 2024 财年“改善干预措施”项目中。“改善干预措施”项目旨在开发新的药物干预措施，以快速全面地优化健康作战人员的表现，并进行受伤作战人员的治疗。麻醉剂包括镇痛药、镇静药等成分，其中镇静药属于精神类药品，可以使人缓解焦虑，抑制精神紧张。ABC 项目研制的麻醉剂在用于改善伤员救治的同时，也可能用于“优化”健康士兵作战表现，值得高度关注。

（军事科学院军事科学信息研究中心　郝继英　蔡登亚）

发展

报告

技术发展专题

报告

2018—2023年美军生物技术领域发展分析

2023年3月，美国政府发布《美国生物技术及生物制造的明确目标》和《国防部生物制造战略》，以落实拜登签署的“推进生物技术和生物制造创新，实现可持续、安全、可靠的美国生物经济”行政令，发展生物技术和生物制造能力，确保美在生物技术领域的全球竞争力和军事优势。10月，美国国防部生物制造创新研究所启动“生物制造技术员注册学徒计划”，加强生物制造领域就业人员专业技能培训。美国国防部将生物技术作为“避免技术突袭、谋求对敌技术突袭”的关键发力点，加速推进生物技术研发及军事应用，使其“能利用生物技术的快速发展，在科学和技术方面保持领先于竞争对手”。本报告基于2018—2023年美国国防部生物技术领域布局项目及相关文献扫描分析，初步研判：美军生物技术领域的发展重点主要包括人效能增强、威胁快速检测与防治、生物合成与制造等，未来将应用于增强作战人员效能、监测报告环境潜在威胁、制备军用材料和军需物品等领域。

一、生物技术愿景

2022年2月，美国国防部发布《竞争时代的技术愿景》，提出：“生物技术是一门新兴工程学科，利用生命系统产生广泛的技术和能力。从抗击全球流行病和避免意外事件，到减少后勤保障成本和提高能源效率，生物技术可改变国防部执行任务的方式，在对抗性后勤环境中遂行任务，适应重大的全球变化。”

综合美国《国家生物防御战略》（2022 年发布）、《国防科技战略》（2023 年发布）、《国防部生物防御态势评估》（2023 年发布）、《国防部生物制造战略》（2023 年发布）、《国防部生物防御愿景备忘录》（2021 年发布）、《陆军生物防御战略》（2021 年发布）等战略规划文件，美军生物技术领域发展目标是：构建全面防范自然发生的、意外的、蓄意的全谱系生物威胁能力；增强作战人员体力、感知力和认知力；发展基于生物技术的生产模式和后勤保障方式，着力解决关键军事供应链的能力缺口。

二、生物技术发展重点

根据技术扫描分析结果，2018—2023 年美军在生物技术领域重点发展人效能增强、威胁快速检测与防治、生物合成与制造等技术。

（一）人效能增强技术

该技术以提升人体极限能力为目标，重点解决作战人员在训练和部署期间受到极端的身体和认知挑战等问题，增强作战人员的体力、感知力和认知力，满足未来军事任务的复杂性要求。2018—2023 年，美国国防部聚焦增强人体潜能以及人与计算机系统之间的交互能力，重点发展新型药物干预、脑机接口、神经可塑性增强等。

1. 聚焦增强士兵作战能力，发展新型药物干预技术

该技术主要利用生物信息学新方法、高含量的生理模型系统、生物正

交化学合成新方法，开发新型药物干预措施。①“万能药”项目，DARPA 2020 年启动，已投入 6455 万美元，旨在研究作战人员在极端耐力任务中的代谢应激、疼痛、炎症及生物分子机制，开发可调节人体内多个靶点的新型药物，以快速全面优化健康士兵的人体效能；当前正在基于反应谱优化新型靶向药物的活性，可在 60 天内确定蛋白靶点并合成药物，下一步将利用生物模型系统等方法验证新型靶向药物的治疗作用。2023 年，美国东北大学在该项目资助下，研究了疼痛和炎症的调节机制，利用生物医学发现引擎寻求新的治疗方法。②化学酶合成、结构系统生物学技术，2023 年，哈佛医学院分析评估了 AlphaFold2（用于预测蛋白质结构的人工智能程序）的性能、应用范围和局限性，揭示了突变、翻译后修饰和蛋白质-蛋白质复合物相互作用等生物学问题；同年，美国麻省理工学院开发了多步骤逆合成搜索算法，促进了化学酶合成药物化合物、特种化学品、商业化学品，提高了化学制造的可持续性和综合效率。

2. 聚焦提高人机通信交互能力，发展高分辨率脑机接口技术

该技术作为脑与外部设备的通信和控制技术，可将采集到的脑电信号转化为计算机可识别的信号，实现对外部设备的操控；也可让外部信息直接传入大脑或刺激大脑的特定部位，调控人的行为。①“下一代非侵入性神经技术”项目，DARPA 2018 年启动，已投入 8210 万美元，采用无创和精创两条技术路线，开发高分辨率、低延迟的非侵入性脑机接口，在 10 毫秒内完成信号读取并写入 1 毫米^3 脑组织，实现高水平的脑机通信；正在进行非侵入性脑机接口系统测试，下一步将评估噪声、位置等环境因素对系统性能的影响，以及与多个大脑区域的通信性能。在该项目资助下，2021 年，莱斯大学开发了用于脊髓损伤患者电刺激的植入物，可从体外电池供电的发射器产生交变磁场；2022 年，迈阿密大学发现磁电纳米颗粒可通过静脉注射或鼻内吸入，绕过血脑屏障输送到大脑特定区域。②“神经工程系统设计”项目，DARPA 2016 年启动，2021 年结束，共投入 7360 万美元，完成了植入式脑机接口系统开发，可与大脑给定区域进行清晰和单独通信，将数字听觉或视觉信息输入大脑来补偿视力或听力缺陷，恢复和增强人体效能。2021 年，在该项目资助下，布朗大学开发了“神经颗粒电极”，将 48 个无线微型神经传感器置于动物大脑皮层并组成网络，成功记录了大脑活动相关的特征神经信号。

3. 聚焦激发大脑潜力和大脑功能，发展神经可塑性增强技术

该技术主要提高与神经系统结构和功能相关的适应性改变的能力，可分为结构性神经可塑性增强和功能性神经可塑性增强。①“靶向神经可塑性训练”项目，DARPA 2017 年启动，2020 年结束，共投入 5600 万美元，完成了药物神经调节与周围神经刺激对学习的综合疗效评估，验证了周围神经刺激与训练相结合可有效提高认知技能训练表现、缩短学习时间，开发的非侵入性神经刺激方法，可用于外语学习、目标识别、情报分析、射击技巧等领域的认知技能训练。②迷走神经刺激增强神经可塑性技术，在 DARPA 和陆军资助下，2020 年，不列颠哥伦比亚大学验证了间歇性迷走神经刺激在靶向可塑性治疗参数范围内的安全性，提出迷走神经刺激和康复训练相结合可提高神经可塑性，改善多种神经系统疾病症状；2021 年，威斯康星大学提出可通过表征脱靶效应及其刺激剂量-反应曲线，指导临床迷走神经刺激的优化；2021 年，俄勒冈州立大学确定迷走神经刺激可强烈激活神经调节系统，刺激诱发的神经调节轴突和皮层兴奋性神经元的激活在轻度麻醉下仍持续存在。

（二）威胁快速检测与防治技术

该技术利用新型生物技术方法，对现役军事人员遇到的生化等特殊威

胁和对手的隐蔽活动进行监测，同时研究开发新型防治手段，防止对手突然袭击，保持作战部队的备战状态。2018—2023 年，美国国防部聚焦生化威胁监测、传染病防治等问题，重点发展生物传感器、基因编辑、病毒传染病治疗等技术。

1. 聚焦生化威胁识别与武器平台监测，发展生物传感器技术

该技术是以传感器为基础，由生物学、医学、电化学、光学、热力学及电子技术等学科相互渗透和融合的技术，通常使用生物识别元件（如酶、抗体），检测有害生物、病原体、化学物质等，可提供及时、准确的威胁信息。①“先进植物技术”项目，DARPA 2018 年启动，已投入 7820 万美元，旨在开发工程生物传感器平台，用于探测地面威胁（化学物质、病原体、辐射、爆炸物），向地面、空中和太空设备传输信号，以实现持久的远程监控和报告能力。现已研发出基于植物应激激素的新型生物传感器系统，展示了工程化植物在模拟环境中感知和报告多种生物威胁的能力，下一步将量化相关环境下植物表型的变化，整合植物对环境刺激的分子反应和功能性蛋白质生产的技术方法。在该项目资助下，2022 年，加州大学开发了 21 种具有纳摩尔到微摩尔灵敏度的生物传感器，可快速检测合成大麻素、有机磷酸盐等化学物质；2023 年，明尼苏达大学设计了具有更好耐受性的新型激活剂，可在被测试的所有植物中诱导报告基因和内源性基因的高水平转录。②“持续性水体生物传感器”项目，DARPA 2019 年启动，已投入 1.15 亿美元，旨在通过研究海洋生物对水下载具的反应，开发监测有人或无人水下平台的生物传感器硬件，扩展水下监视能力的范围、灵敏度和持久性。2020 年，雷声 BBN 技术公司等完成第一阶段研究，成功验证歌莉娅石斑鱼等海洋生物对水下载具的感知能力；2022 年，海军研究实验室等利用第二代生物传感器系统原型，演示了对有人或无人潜航器的

探测能力。

2. 聚焦目标基因改造和病原体检测诊断，发展基因编辑技术

该技术通过对目标基因进行删除、替换、插入等操作，使其获得新的功能或表型，甚至创造新的物种，被美情报界列为大规模杀伤性武器技术。①“昆虫联盟”项目，DARPA 2017 年启动，2021 年结束，共投入 4859 万美元，开发了植物内基因编辑方法，利用昆虫携带被称为“水平环境遗传改变剂”的转基因病毒，直接在田间感染农作物并对其进行染色体编辑。目前已在不同植物群落中，用昆虫将病毒扩散到目标植物；还提出了多种致死方法来限制病媒昆虫的存活。该项目被视为利用昆虫投放的生物武器。②“安全基因”项目，DARPA 2017 年启动，2021 年结束，共投入 5624 万美元，开发了安全可控的基因编辑工具，以控制、对抗和逆转基因编辑技术意外或恶意滥用的影响，在模拟自然环境中实现了体内高效和特异性的靶基因去除，演示了用于治疗的特异性基因编辑器和控制器。2021 年，加州大学开发出新的基因控制系统“精确引导昆虫不育技术”，改变了埃及伊蚊的基因，使传播登革热等疾病的雌蚊无法飞行，可用于控制野生种群，以安全、可靠、可逆的方式预防疾病传播。③“利用基因编辑检测”项目，DARPA 2020 年启动，已投入 6040 万美元，旨在基于基因编辑技术，开发可现场使用、低成本、高可信性的诊断设备，包括 15 分钟内一次筛查 10 种以上病原体或宿主生物标志物样本的检测仪，及 15 分钟内同时筛查 1000 个临床和环境样本的大规模多重检测平台。现已开发出现场检测病原体的手持设备原型、用于多路检测分析的原型平台模块，并集成到多功能诊断分析的功能原型设备中，下一步将进行现场试验验证与评估。2022 年，佐治亚理工学院获得 DARPA 920 万美元合同，用于对导致败血症和呼吸道感染的病原体进行点位检测。

3. 聚焦病毒变异和跨物种传播等环节，发展病毒感染新疗法

病毒性传染病防治技术主要涉及传染源控制、切断病原体传播途径、增强易感人群的抵抗力等方面，美军近期重点关注治疗性干扰颗粒、防止病毒跨物种传播等技术：①“干预和共同预防及治疗”项目，DARPA 2017 年启动，2023 年结束，共投入 7040 万美元，已研发出基于病毒进化原理的新型治疗性干扰颗粒，可干扰病毒复制增殖，以超越病毒性疾病变异速度，可为防治埃博拉等快速进化的病毒感染提供新疗法。在该项目资助下，2020 年，昆士兰科技大学通过施用有缺陷的干扰病毒，成功减少登革热在蚊子中的传播；2021 年，巴斯德研究所选用有缺陷的病毒基因组候选物，可强烈干扰哺乳动物和蚊子细胞中基孔肯雅病毒等甲型病毒复制，阻止其传播。②“预防新兴致病威胁”项目，DARPA 2018 年启动，2023 年结束，共投入 4872 万美元，完成了病毒跨物种传播模型验证，开发了从源头干预病毒向人类跨物种传播的方法，包括从病毒宿主移除病毒突变，减少动物宿主病毒载量的抗病毒剂、疫苗和干扰颗粒等。在该项目资助下，2021 年，卡里生态研究所针对新冠病毒的溢出传播现象，预测了新冠病毒在 5400 种哺乳动物中的人畜共患能力，确定了应优先监测的动物物种；2023 年，宾夕法尼亚州立大学完成环境变化对亨德拉病毒溢出风险的影响研究，提出该病毒溢出风险与温度、人口密度、森林覆盖等环境特征最为相关。③“大流行预防平台”项目，DARPA 2018 年启动，2023 年结束，共投入 1.36 亿美元，旨在开发可扩展的大流行应对技术平台，可在分离出未知病毒病原体后 60 天内制定现场医疗对策，防止疫情升级。现已验证了可识别和传递基因编码抗体的集成技术，正在开展临床前研究。在该项目资助下，2021 年，礼来公司利用抗原特异性 B 细胞的高通量微流体，筛选了中和抗体，可保护非人类灵长类动物免受新冠感染。2022 年，加拿大生物制品公

司使用高通量B细胞筛选管道，分离出新冠病毒刺突糖蛋白受体结合域特异性抗体，可有效中和新冠病毒。

（三）生物合成与制造技术

该技术是利用合成生物学、生物材料等技术，实现军事任务所需的水、食物、药品和材料的生产，提高作战弹性和军事供应链安全性。2018—2023年，美国国防部聚焦军需物资的按需生产，重点发展合成生物学、生物制造平台等技术。

1. 聚焦军事后勤保障供应链安全需求，发展合成生物学技术

合成生物学技术采用基因合成、编辑、网络调控等新技术，结合工程学理念，利用自然界中已有生物的元件，改造或创造新的生命体，从而建立药物、功能材料、能源替代品等的生物制造途径。①“工程活体材料”项目，DARPA 2017年启动，已投入5700万美元，旨在利用生物工程的设计-建造-测试-学习方法，开发工程化的结构支架混合材料技术，支持活细胞的快速长期生存，使建筑材料具有生物学功能、结构完整性和自我修复等功能。现已完成工程活体材料在多种作战场景下的耐久性和可靠性验证，正在建立恶劣环境下生物制造可行性和经济性的预测模型，下一步将根据实验生物学数据进行完善。2021年，科罗拉多大学在该项目资助下开发了基于水凝胶的细菌活体建筑材料，可利用微生物生产具有机械和生物特性的建筑材料，实现活体建筑材料性能的定制；2023年，加州理工学院开发出基因编码机制，可将温度稳态电路集成到活体工程材料中，通过优化生长和蛋白质生产来改善活体材料性能。②“应对战场环境变化的先进适应与保护工具”项目，DARPA 2021年启动，已投入4570万美元，旨在利用合成生物学构建细胞工厂，研制携带治疗性细胞因子和生物分子的植入性生物电子载体，以应对环境变化导致的士兵睡眠障碍和腹泻等问题。现已

演示了在临床水平传递有益生物分子的合成生物学电路组件，正在大型动物模型中验证生物相容性，开发用于跟踪昼夜节律的传感器原型，下一步将验证在体内清除 5 种细菌病原体，评估肠道中生物分子及代谢物对调节睡眠和清醒状态的作用。③“修改人体皮肤微生物组”项目，DARPA 2020 年启动，已投入 5890 万美元，旨在开发控制和操纵人体微生物组的新技术，利用人体微生物群信号改善生理机能；正在开发基于人体皮肤微生物组的生物制剂，减少蚊子、白蛉等疾病媒介的叮咬，下一步将演示工程化设计微生物的能力，验证对减少蚊虫叮咬的功效。2021 年，加州大学在该项目资助下，通过研究人类皮肤产生的气味、雌性蚊子利用嗅觉受体检测气味的行为，提出转移雌蚊使用气味寻找宿主的行为，可减少蚊子传播病原体。

2. 聚焦超常材料按需设计生产能力，发展生物制造平台技术

生物制造平台技术主要面向国防应用需求，以自然界已有的自然物质或合成物质为基础，构建基于生物体的新型制造平台，通过对自然生物的操纵来获取原创性新材料、新器件、新系统和新平台，实现军用高价值材料和设备的“按需设计与生产”。①“生命铸造厂”项目，2011 年启动，2019 年结束，共投入 1.94 亿美元，针对使用传统合成机制难以生产高价值分子的问题，形成了完全自动化的基础设施管道能力，可生产数克到千克级规模的国防应用所需的目标分子，演示验证了 350 种目标分子的制造方法，多种新型生物制品的设计与生产速度提升 7.5 倍。2021 年，DARPA 将相关生物制造技术成果转化至军事部门，主要包括：将前体分子转化为高能量密度燃料、高能材料、热稳定聚合物和高性能复合材料的技术；利用生物模板材料技术，开发对抗化生武器的过滤器、织物、去污湿巾等；利用生物衍生技术生产激光护眼罩；利用生物生产分子开发军用飞机燃料；

开发黏合剂，并评估将其用于装甲材料黏附在车辆上和用于3D打印的可能性。②“资源再利用”项目，2020年启动，已投入5710万美元，旨在开发加强作战人员部署地资源安全的生物技术，使作战人员可独立制造食物、水和石油润滑剂等物资，增强作战灵活性。现已设计出利用军事废料生产所需产品的原型系统，正在开发塑料废物生物降解、水垢净化和萃取等技术，验证在24小时内将废物转化为可用材料的能力，下一步将根据相关军事场景和废物类型，进行垃圾分解平台和生物反应器系统之间的稳健性压力测试和系统集成。

三、生物技术应用展望

综合美国国防部生物技术领域的战略规划、项目布局及技术进展，生物技术在增强作战人员效能、发展新型威慑手段、提升战场环境感知能力、变革后勤保障模式等方面有重要应用。

（一）增强体力感知力认知力，提升军事人员作战效能

美军利用莫达菲尼、普萘洛尔等药物，可增强人体学习能力和认知能力，提高士兵在高危高压环境下的态势感知和决策能力，预防创伤后应激障碍，帮助士兵持续保持警觉和战斗状态；利用脑机接口、经颅磁刺激等技术，可建立人脑和计算机、人脑与人脑之间的通信交互途径，由大脑直接操控武器系统，实现人与机器的高度融合和有机统一，推动人与武器深度结合，减少从大脑思维决策到肢体运动、再到控制武器而产生的时滞，实现战斗力的倍增。2024年，DARPA将投资923万美元接续发展高分辨率、低延迟的非侵入性脑机接口技术，研制可穿戴脑机接口系统，将推动形成士兵与人工智能、半自主和自主武器系统的完全交互能力。

（二）发展新型生物武器技术，提高生物暗战威慑能力

美军利用基因编辑、合成生物学等技术，可人工合成病毒或全新的致病微生物，重构已消灭或灭绝的病原体，打造致病性、传播性更强的新型生物战剂，研制针对不同个体或不同种族的基因武器，达到隐蔽高效、精准杀伤对手有生力量的作战目的。2022 年，俄乌冲突爆发以来，俄罗斯陆续披露美军在乌克兰资助开展候鸟迁徙传播禽类病毒等项目，长期研究烈性病原体及其传播机制，并针对特定地区研制潜在生物战剂。

（三）监测报告环境潜在威胁，增强广域战场态势感知能力

美军利用生物传感器等技术，将生物技术与传感器、电子信息技术相结合，可快速检测和识别生物战剂和高致病性病原体、有害化学物质或放射性物质，提供早期警报，及时发现和应对潜在的大规模杀伤性武器袭击；还可用于监测特定地区的生物活动，以识别、表征和报告在战略区域作业的潜水器等有人无人武器平台。生物传感器等技术将成为监视与侦察的游戏规则改变者，提供目标地区的生态信息和军事情报。2024 年，DARPA 将投入 647 万美元研发持续性水体生物传感器，利用海洋生物强化对各类水域的监测能力。

（四）制备军用材料和必需品，变革军事后勤保障支撑模式

美军利用基因编辑、合成生物学等生物技术开发高价值分子和材料，例如，类似蜘蛛丝的特殊纤维可用于防弹背心、降落伞绳、防弹头盔等后勤物资；研制食物和水等物资的按需生产系统、提取饮用水的工程制造技术，实现在战场制备军需物品，改变后勤保障方式；开发可在短时间内大规模生产药物的按需部署平台，提高药品供应的时效性，减少后勤保障负担，为战场前沿部署部队更好应对生物威胁袭击和新发传染病提供支撑。DARPA 2024 年将持续投入 1326 万美元，利用吸附剂新材料，开发直接从

大气中提取制备饮用水的技术，摆脱供水链制约，推动后勤保障向分布式的自我保障方式转变。

（军事科学院军事科学信息研究中心　郝继英）

合成生物学的军事应用前景及布局分析

当前合成生物学正催生下一代技术和制造业革命，在卫生、能源、农业、环境、化工等诸多领域显现出变革性潜力，已成为各国不能忽视的科技焦点和未来竞相争夺的科技高地。合成生物学技术的迅猛发展正驱动生物经济时代加速到来。除了巨大的经济价值，合成生物学在国防安全和武器装备研制方面也具有广阔的应用前景，美国正积极推进合成生物学在军事领域的部署。

一、合成生物学军事应用

合成生物学弥合了传统制造业与天然生物系统的鸿沟：同传统制造业相比，合成生物学具有“原料循环可持续、生产路径经济高效、生产产品性能优越”的优势；较天然生物系统，基于合成生物学设计的生物功能模块具有简单可控的特点，使其更易实现标准化、工程化和规模化。将这种新型技术应用于国防军事领域，将有助于改变未来战争的制造范式，实现关键军用材料和设备的“按需生产”。当前，合成生物学研究正快速拓展至军事相关领域，突显出巨大的应用价值。

（一）先进材料

通过对生物体代谢过程进行编程设计，可生产适应性强、稳定性高、可扩展的军用高性能材料。如基于合成生物学原理，在微生物中合成蛛丝蛋白。这种被誉为“生物钢”的材料，不仅具有超越天然纤维的力学性能，而且具有良好的生物相容性和可降解性，可用于制造防弹衣、防护装甲和高强度复合材料等。2023 年 4 月，合成蜘蛛丝生产方面研究取得了新进展，Fuzhong Zhang 等在 *Nature Communications* 杂志发表题为“*Bi-terminal fusion of intrinsically-disordered mussel foot protein fragments boosts mechanical strength for protein fibers*”的研究论文，研究人员通过使用工程化的贻贝足蛋白来制造双末端 Mfp 融合丝（btMSilks），将产量提高了 8 倍，并提高了材料的强度和韧性。

（二）医药研发

当前合成生物学正加速渗透到生物医学领域中，对当代生物医药的发展起到了强劲的助推作用，如合成生物学可实现青蒿素、紫杉醇、抗生素等多种稀缺药物或前体的合成；通过基因编辑疗法有望实现对人类遗传疾病的治疗。2023 年 3 月，华盛顿大学 David Baker 教授团队在 *Nature* 杂志发表题为“*De novo design of modular peptide-binding proteins by superhelical matching*”的研究论文，研究人员开发了一种针对重复多肽序列，从头设计结合蛋白的通用策略，能够生成高度稳定，具有高度特异性和亲和力的结合蛋白，这一策略可以用于靶向包含重复多肽序列的蛋白靶点（如突变亨廷顿蛋白），并且可以扩展到靶向包含无序结构的不可成药靶点。

（三）环境监测

利用合成生物学技术可开发适用于军事环境监测的生物传感器，如针对爆炸物（DNT 和 TNT）设计的生物传感器，可用于城市反恐和战场扫雷行动，已得到广泛关注和研究。2023 年 1 月 18 日，美国化学学会的 *ACS Synthetic Biology* 杂志发表了一项名为"*Cell-free synthesis goes electric: dual optical and electronic biosensor vie direct channel integration into a supported membrane electrode*"的研究，该研究使用合成生物学方法重建细胞膜及其嵌入的蛋白质，创造了一种生物传感器，该传感器以一种柔软且易于使用的导电聚合物为起点，在支撑物之上充当电路并由计算机监控。该导电传感平台可以在蛋白质被激活时进行电子读数，能够测试分子是否以及如何与细胞膜中的蛋白质发生反应，在环境监测领域具有潜在应用价值。

（四）能源开发

基于合成生物学技术开发的可再生能源和可替代的燃料，不仅能够实现"碳中和"背景下良好的环境效益，而且能够达到较高能量密度，适于作为轮船、飞机和重型机车等动力来源。此外，基于工程菌的能源生产模式，有望替代传统的后勤油料运输保障模式，仅需携带少量工程菌，通过就地获取生物基原料的方式，即可保障部队武器装备动力需求，精简了后勤运输规模，提高了部队机动性。2022 年 7 月，美国劳伦斯伯克利国家实验室团队在 *Joule* 杂志发表题为"*Biosynthesis of polycyclopropanated high energy biofuels*"的研究论文，设计利用聚环丙烷化分子作为高能燃料，在细菌中合成了聚环丙烷化脂肪酸甲酯新型生物燃料，能量密度大于 50MJ/L。2023 年 5 月，该团队在 *Nature* 杂志发表题为"*Complete integration of carbene-transfer chemistry into biosynthesis*"的研究论文，科研人员利用细菌将天然的酶促反应与一种被称为"碳烯转移反应"的化学反应相结合，构建了一种新型代谢网络，该工作有助于减少传统制造业对化石燃料的依赖，实现可持续的绿色生物制造。

（五）生物防御

在生物安全领域，防御生物武器和生物恐怖袭击是军方重要任务。合成生物学的快速发展带来的生物安全影响是双向的。一方面，如美国国家科学院《合成生物学时代的生物防御》报告所提及，合成生物学等相关技术的进步大大降低了生物武器制造和滥用的门槛；另一方面，约翰斯·霍普金斯大学在《解决全球灾难性生物风险的技术》报告中，也评估了多种基于合成生物学的技术在生物防御中的应用，如基于合成生物学的无细胞诊断技术，使用包含基因回路的冻干材料，具有稳定性强，便于存储、运输和分发的优点，适合在军事场景和大规模疫情中使用。新冠疫情中无细胞诊断技术研发应用取得了快速进展，包括哈佛大学 Wyss 生物启发工程研究所、美国陆军作战能力发展司令部化学生物中心和加拿大多伦多大学等团队分别研发了相关的原型产品。

二、美军布局特点分析

美国国防部对合成生物学在国防军事领域应用的关注由来已久。在美国国防部发布的《国防部科技优先事项》中，合成生物学被列为了 21 世纪优先发展的六大颠覆性基础研究领域之一。美国前国防部副部长鲍勃·沃克认为，人工智能和合成生物学对美国应对中国的竞争至关重要，建议发展合成生物学，并将其纳入国防研究重点。DARPA 是合成生物学领域项目部署的主力军，在引导美军甚至美国合成生物学发展中具有重要地位，其他机构近年来也积极开展合成生物学相关的研发活动，如美国海、陆、空三军近期组织的合成生物学联合研究项目及美国陆军开展的“陆军合成生物学中心”项目等。美军的合成生物学布局总体上体现出以“中美竞争”

为导向，以“军民融合”为路径，以“前沿科技”为焦点，以“战场应用”为特点的发展走势。

（一）聚焦国际竞争博弈点，构建未来国防实力

当前，中美科技竞争逐渐呈现全领域和多维度的特点。尤其是近年来，美国越来越强调其本土供应链弹性和安全性，企图在高科技领域构建“小院高墙”；新冠疫情暴发后，美国本土出现了严重的供应链危机，美国进行产业回流、振兴制造业、酝酿中美产业链脱钩的意图愈加明显。合成生物学作为美国发展生物经济的关键技术，在与军事应用的交汇领域也呈现出中美竞争态势的“压力传导”。在加强国防供应链方面，美军已启动“将环境微生物作为生物工程资源的项目（EMBER）”生物采矿项目，旨在摆脱国防工业关键元素对中国的进口依赖。此外，面向太空领域的竞争，美军积极扩展“天基生物制造”能力，以减轻“太空后勤补给”压力。

（二）利用地方优质科研资源，推动技术转化落地

合成生物学技术具有军民两用的属性，充分调动军地研发资源有利于推动相关技术进步。当前合成生物学显示出巨大的商业前景，资本因素的渗透使得一些合成生物学巨头公司崛起，如专注于生物设计的美国银杏生物公司、注重自动化生产平台开发的美国阿米瑞斯生物技术公司和美国查美根公司以及能源开发的美国蓝宝石能源公司等，这些高科技公司是美军可利用的优质研发资源。美军在研发的前期技术孵育和后期应用转化过程均构建了军民融合的开发模式。一方面，DARPA 通过公开招标的方式，资助合成生物学领域突破性、颠覆性研究；另一方面在产品应用转化端，美国国防部设立了国防部制造创新研究所，通过募集军方、地方公司、基金会等机构的资金，推动生物技术向生物制造的落地。

（三）聚焦战场应用需求牵引，促进战斗力生成

近年来，在“超级士兵”理念的推动下，DARPA 从只专注于研发先进武器平台转向全面提升美军士兵战场能力。围绕战场应用的需求，美军已开发了一系列合成生物学应用的概念模型，如开发开发战场环境“隐身衣”、掩盖个人热特征的新材料、阻断军队虫媒疾病感染的驱虫剂、调节昼夜节律和生理状态的人体可植入“适配器”等。这些技术将通过消除人体当前的许多限制来改变未来战争形式，将军事人员真正转变为“人体武器系统”，从而加强军事人员的作战能力。未来，随着合成生物学发展，美军一方面会继续加强已有的“能源替代、关键金属、新颖材料”等国防供应链相关研究，另一方面将借助多学科交叉融合的态势推进“效能增强、创新医疗、生物安全”等新型战斗力生成。

（四）注重多学科交叉赋能，增强军方科研力量

科技前沿对合成生物学发展的赋能体现在两个方面：一方面是“基因编辑”“高通量测序”“蛋白质组”等使能科技的发展，大大提高了基因组水平的注释、阅读、编写的可操作性，CRISPR 基因编辑技术具有操作简单、成本低、编辑位点精确、脱靶率低的特点，对合成生物学的发展具有里程碑意义；另一方面是学科交叉赋能。合成生物学自带学科交叉特点，融合了系统生物学和工程学属性，随着当前信息科学、增材制造、纳米技术与合成生物学不断融合创新，“细胞线路编写”“微流体”“无细胞蛋白合成”等尖端技术崭露头角。美军当前在合成生物学领域加强“细胞线路”编写能力项目部署和资金投入，聚焦未来能够充分释放合成生物学技术颠覆性潜力的人工智能技术，旨在解决目前人工智能在合成生物学领域应用过程中面临的挑战，意图实现生物制造领域真正的规模化、自动化和智能化。

三、几点认识

当前合成生物学在面向军事应用的“新材料、新能源、新设备”等创新成果正不断涌现，激发了未来重塑战场模式的无限可能，美军在该领域正不断蓄力，加强相关部署，探索合成生物学未来军事应用，秉承“一体化”能力建设理念，统筹科技创新、基础设施建设与人才培养。

（一）聚焦作战需求引领，打造前沿军事科技创新

美军注重合成生物学在军用领域的综合布局，从多维度提升战场感知、装备改良、作战效能等应用。加强系统设计，密切关注合成生物学领域的最新进展，及时对具有军事应用前景的合成生物学技术进行分析研判。同时，加大合成生物技术在国防领域的研发投入，支持合成生物学在军用材料、军用能源和生物医药领域等领域的综合研究。

（二）注重基础设施建设，构建生物技术创新生态

先进的计算能力和自动化基础设施建设将极大地促进合成生物学在预测和海量试错能力方面的提升，更快地完成合成生物学“设计-构建-测试-学习”的迭代过程，实现数据驱动的创新模式。美军注重合成生物学软件和硬件基础设施建设，并积极推动军民融合的研究生态。其不断加强基础设施平台建设，包括硬件科研设施及软件生物数据生态系统，建立实现相关数据标准化、广泛性和安全性的研究计划和建设任务；瞄准科研全链条设计，构建上游原创发现、中游技术开发和下游应用转化的平台；加强与地方学术界和产业界的合作，推进国防相关生物科技的发展。

（三）打造多样化人才队伍，适应不同国防任务需求

美国国防部在宣布军方推动“生物技术和生物制造”计划的举措中，

特别要求建立多学科、多样化的人才队伍，加强生物伦理学、生物安全和生物安保方面的研究。尤其考虑到美军“昆虫联盟”“冠状病毒改造”“无人机毒蚊系统”等合成生物学相关研究内容极为不公开和不透明，攻防意图难判，未来战场施用风险和威胁极高，从“科技战”角度加强反制能力建设尤为必要。

（军事科学院军事医学研究院　马文兵　刘伟　李丽娟　王磊）

战场环境下监测的活体生物传感器发展分析

生物传感器主要利用生物体内的生物分子、细胞和组织等进行检测和测量，实现对环境和生物体的监测。自 2018 年以来，DARPA 持续启动用于战场威胁监测的活体生物传感器研发项目，4 个项目至今在研，共投入 2.72 亿美元，2023 年 4 月，DARPA 又启动“忒勒斯”项目，相关研究取得重要技术突破。

一、研制可监测化学和核辐射的植物传感器

2017 年 11 月，DARPA 启动“先进植物技术”项目开发，通过修改植物基因，开发可对环境特定刺激响应、受远程监控的植物情报收集传感器，基因修改后的植物自持力和隐蔽性强且易于分布，2018—2024 财年共投入约 0.93 亿美元。项目主要为植物植入特定基因组，使其能对化生放核电等特定刺激做出响应，发现和探测潜在威胁；这些基因的改变并不破坏植物的生存能力。相关成果将为美军提供强健、隐蔽、易分布的新型植物传感器平台，也可以用于地雷或爆炸物识别等。

“先进植物技术”已研发出生物传感器快速设计系统，开发了可高灵敏

监测多种异构大麻素和有机磷杀虫剂等化学物质的生物传感器，未来有望将修饰分子植入植物中，形成高性能植物传感器。2022 年 6 月，美国科罗拉多大学团队利用植物激素受体自然功能感知响应化学药物和杀虫剂，可在活细胞中各种反应平台或使用纯化成分检测中发挥作用，可用于植物和微生物中开发工程化生命系统监测环境污染物，将分子建模、X 射线晶体结构引导、微调定向进化结合，为高价值分子开发新型传感器，可扩展许多不同化学结构能力，该研究主要利用植物应激激素“打开”和“关闭”受体分子的能力，作为快速生物传感器开发的可重编程支架，在“打开”位置，受体与另一种蛋白质结合形成紧密复合物，触发发光等可见反应，并采用先进计算重新设计受体，采用可在适当环境发光的酶，将其分成两部分，一块在开关上，另一块在所结合蛋白质上，并可重编程该过程用于多种不同化学品处理，并在实验室培养酵母细胞中演示系统。未来可将修饰后分子放回植物中作为生物传感器。

2023 年 5 月，北卡郝伯特农学院团队研发了可用于环境监测的工程伽马辐射植物传感器，检测核反应堆低剂量辐射泄露的自然方法，可在 3 米隔离距离内感测和报告环境中大于等于 10 戈瑞的伽马辐射，实验处理时间为 2~16 小时，转录丰度在处理后 1.5 小时达到峰值，荧光处理后 48~72 小时达到峰值，40 戈瑞最早在 8 小时内可告知，10 戈瑞则需 24 小时有显著反应，该传感器是第一个可在 3 米远距离报告的电离辐射植物传感器，也是首个自传播自修复剂量计。

二、开发可监测水下威胁的动物传感器

2018 年 2 月，DARPA 发布“持续性水生生物传感器”项目，旨在开发

可监测水下运载工具的水生生物传感器硬件设备，研究海洋生物探测水下运载工具的生物信号或行为，通过传感器硬件设备捕获、解释和转发这些生物信号或行为，探测美军面临的海上威胁。2019—2024 财年 DARPA 共投入 1.21 亿美元，研究自然和改良水生生物，确定哪些生物传感器可较好支持载人和无人水下运载工具的传感器监测系统。

2020 年 9 月，项目进入第二阶段，主要开发人造探测系统来观察、记录和解释生物体反应，并将分析结果传送至远程终端。雷声 BBN 公司研究鳄虾用于被动双静态声纳系统，诺斯罗普·格鲁曼公司将鳄虾咔嚓声作为三维声学成像系统的输入脉冲进行，弗罗里达大西洋大学利用歌利亚石斑鱼作为生物传感器，海军水下作战中心利用生态系统确定无人水下航行器是否经过礁石。2022 年 6 月，“水生生物传感器”研发团队开发了一系列带有机载计算的智能水听器，通过处理珊瑚礁、虾或石斑鱼遇到水下潜航器等威胁的声音，确定潜航器等目标的位置，可覆盖水下广泛区域，续航能力达 2 个月，有望形成永久漂浮的分散式活体传感器组生态系统，大大提升美军水下态势感知能力。

三、研发可监测“化、生、放、核”威胁的人体传感器

2018 年 2 月，DARPA 发布“表观遗传特征和观察”项目，旨在建立可读取人体表观基因组，识别接触过大规模杀伤性武器人员的技术平台。项目将从生物样品（如指刺或鼻拭子）中读取人体表观遗传基因组，揭示可能暴露于已被消除证据的大规模杀伤性武器威胁因子。2018—2024 财年 DARPA 共计投入 0.77 亿美元，专注于减少大规模杀伤性武器造成的威胁，用于改进军队大规模杀伤性武器威胁诊断。

项目的技术重点：研究识别和区分暴露于威胁因子的表观遗传特征；研究确定风险类型和暴露时间诊断分析技术。研究人员必须在生物样品中组装暴露前和暴露后的表观遗传基础训练集，开发 30 分钟内能进行多种分子分析和机载生物信息学分析的设备。

2021 年 4 月，“表观遗传特征监测”项目已开发了利用唾液或血液诊断人体表观遗传标记物的平台，可在化生放核暴露后数小时内或其他物证消失很久后发现暴露证据，检测不依赖于病原体及其污染物等，平台大约有鞋盒大小，在 1~2 小时内现场检测近 200 个样本。2023 年 9 月，项目经理总结了项目开发的知识平台数据库，拥有超过 1.5 千万亿字节的表观遗传学数据集，涵盖 12 种不同表观遗传方案，开发的 BIONNET 模块化方法，利用人工智能方法识别人类暴露样本的相关分子网络和基因，设计了有关病毒、细菌、寄生虫和人类非传染性疾病的血液基因表达数据汇编，验证检测稳健性和病因特异性，并检测了金色葡萄球菌、有机磷、莱姆病和新冠病毒暴露样本的基因，项目开发的多组学人工智能分析方法可大大提高表观遗传特征敏感性和特异性，开发的护理点设备可在恶劣环境供专业人员部署使用，快速检测化生放核威胁。

四、启动可监测环境的微生物传感器

2023 年 4 月，DARPA 启动“忒勒斯”项目，旨在利用不同微生物对不同物理化学刺激的反应，研发微生物传感器的按需设计工具，这些传感器可长时间无人值守地检测环境中的“化、生、放、核”等污染物威胁。项目历时 2.5 年，2024 财年预算为 902.8 万美元，最终实现微生物传感器底盘设计和系列传感器开发两大目标，用于美军环境监测。项目有望实现微生物传感器按需设计，形成系列传感器，大幅提升美军的环境监测能力。

“忒勒斯”项目将最终形成界面易操作的仪表盘，可根据用户所需监测的环境、条件、刺激与输出信号，提供微生物底盘类型及其信号接收器。项目主要包括两项重要技术。一是微生物传感器的灵活设计工具。集成各种微生物在不同环境、条件、刺激下，产生的信号类型和强度、信号输出方式等信息，开发仪表盘，用户可灵活选择微生物底物，快速设计微生物传感器。传感器的运行环境包括陆地和海洋；环境条件包括高压、腐蚀、丛林、生物污染、沼泽、雾霾、嘈杂电磁辐射、雪、尘土等；可感应的刺激类型包括 5 种物理刺激和 4 种化学刺激；可生物编码并转导电子电路、神经网络、模拟数字等 5 类信息，可输出电、光、无毒化学品等 5 类信号。二是微生物传感器的研发与测试。开发 6 种微生物传感器，确保每种传感器可检测并区分选定的刺激，通过信息处理，生成所选的输出信号；确定微生物的环境耐受性和续航能力；针对每种微生物选择至少 10 种变异体，每个变异体有不同的活性范围、特异性或运行动力学等功能，或不同的核糖体结合位点、调节元件、环境应激反应基因或信息处理电路等特性，确保传感器稳健开发。

关键评估指标是传感器设计、制造、测试的速度和准确性。项目将每 3 个月交付一种传感器，最后半年进行性能提升及评估，最终实现微生物传感器的陆地可监测距离达 10 米以上，水下监测距离达 1 米以上，灵敏度和特异性达 95%以上，传感器响应时间在 20 分钟以内，持续工作时间达一周以上。

五、初步认识

针对战场环境监测的生物传感器具有续航能力强、灵敏度高、成本低廉等优点，但同时也存在改构生物的环境适应性不够强、信号弱、监测普适性不高等问题，还需进行生物改造、生物反应信号读取与显示、可监测多种类威胁的研究。

（一）美军有望形成覆盖海上和陆地的生物传感器网络

自2018年以来，DARPA持续启动生物传感器研发项目，共投入2.72亿美元，4个项目至今在研。2018年启动的“先进植物技术”项目已开发植物传感器，可高灵敏监测多种异构大麻素和有机磷杀虫剂等化学物；“表观遗传特征监测”项目已开发人体表观遗传标记物检测平台，可在“化、生、放、核”暴露后数小时内甚至其他物证消失很久后发现威胁证据。2019年启动的“水生生物传感器”项目，已开发一系列带有计算能力的智能水听器，通过处理珊瑚礁、虾或石斑鱼遇到水下潜航器时发出的声音，确定目标位置，有望形成永久漂浮的分散式活体传感器。2023年启动的“忒勒斯”项目将研发微生物传感器设计工具，寻求快速、高精度环境监测能力。可以看出，DARPA持续开展生物传感器研发，有望形成覆盖海上和陆地的生物传感器网络。

（二）微生物传感器将提升美军作战环境监测能力

“忒勒斯”项目强调利用多种微生物，对不同化学或物理刺激的敏感性，研发微生物传感器设计仪表盘，开发的系列传感器可检测的刺激类型多、环境适应性强、续航时间长，比现有遥感和手持传感器等更精准、更高效，能耗和风险更低；此外，该传感器设计工具可不断增加对不同刺激有响应的微生物，使可监测的刺激类型更多，具有可持续性。项目一旦研发成功，将取得环境监测技术的突破，作战人员可针对所处环境，使用仪表盘快速定制相应微生物传感器，监测环境状态并及时调整作战任务，降低部队作战风险。

（三）活体生物传感器还存在环境适应力不强、信号弱、威胁监测普适性不高等问题

活体生物传感器主要利用可在自然界存活的动植物和微生物等活体，对战场环境的“化、生、放、核”等威胁因子的反应信号，并将这些信号转化为威胁因子报告。针对战场环境监测的生物传感器具有续航能力强、灵敏度高、成本低廉等优点。但这些活体生物由于自身基因改造、对威胁因子反应的信号弱等问题造成环境适应力不强、信号弱、威胁因子监测普适性不高等问题，还需进行高环境适应性生物的基因改造、生物反应信号读取过滤与解读等关键技术的开发与突破。

（军事科学院军事科学信息研究中心　薛晓芳）

脑机接口研究进展分析

脑机接口已成为全球科技前沿热点，在面向未来的科技创新发展中占有重要地位。2023 年，脑机接口技术在高性能器件研制、脑信息精准解译、神经功能康复、新型系统与装备研发、智能交互框架开发、安全性验证等方向领域涌现出一批突破性研究成果。相关成果提升了脑机接口系统作用效能，拓展了脑机接口技术的应用领域，推进了脑机接口技术向实际应用转化，对军事、工业、民生等方面的应用技术革新起到了重要支撑与推动作用。

一、脑机接口器件向着低创伤、高稳定性方向稳步发展

脑机接口器件主要分为植入式器件与非植入式器件。植入式电极是脑机接口技术的关键基础，被广泛应用于脑机交互、脑疾病诊断与治疗等领域。传统的植入式电极通常由金属等硬质材料构成，侵入大脑皮层或深部核团，直接检测神经元活动，具有较高的空间与时间分辨率，同时也因手术损伤等风险，应用上存在一定局限。近年，随着柔性纳米电

极、介入式等新型植入式器件的问世，植入式脑电极实现了侵入性由高到低、生物相容性由低到高的快速发展，大幅提高了植入式脑机接口技术的安全性，有望尽早实现植入式脑机接口从临床向商用、军用领域的迈进。

2023 年 4 月，墨尔本大学放射部联合帕克维尔皇家墨尔本医院在《美国医学会：神经病学》（*JAMA Neurology*）期刊上发表了新的研究成果，利用微创血管内介入技术实现了电极经颈静脉至上矢状窦，对感觉运动皮层脑电信号的记录。4 例患者的结果表明，该电极在整个研究过程中稳定采集信号，没有血管阻塞或器械移动，至少可离线解码五种动作类型。该电极解决了 BCI 植入需要开颅才能将穿透电极或表面电极接触到特定大脑皮层这一问题，是开颅手术的一种替代方法。非植入式电极无需进行手术植入，直接放置于头皮上即可进行脑电采集，其安全无创的特点更容易被使用者接受，因此，在健康人群脑机接口应用场景中得到了广泛应用。随着脑机接口系统在便携性、采集效率及舒适度等方面的应用需求增长，电极的改进成为急需解决的问题。近年来，随着材料科学与脑科学交叉融合，非植入式脑电极不断改进其材料性能，信号质量与稳定性不断上升，可用性得到了长足的进步，拥有广阔的实用前景。

二、脑机接口解码技术在运动、语音、情绪等多个领域取得新进展，大幅提高解码精度与效率

由于脑信号数据量小、稳定性弱等特点，传统脑机接口技术受解码精度不足所制约，难以投入实际应用。因此，脑信息解码技术攻关成为了脑机接口领域的核心难题之一。随着人工智能等交叉学科的技术不断进步，

涌现出一批适用于多种任务下的脑信息解码模型，使解码精度由低到高、解码效率由低到高、训练样本量由高到低不断进步，在运动解码、语音解码、情绪识别等领域均取得显著能力提升。

基于脑机接口的运动意图解码是脑机接口解码技术的核心应用。近两年，脑机接口技术在运动意图解码的准确性、灵活性、解码效率等方面取得进一步突破。在运动意图分类解码方面，2023 年 2 月，西班牙马德里卡洛斯三世大学电气工程、电子和自动化系在《应用智能》（*Applied Intelligence*）期刊发表新研究成果，提出一种新的脑电信号分类器，实现了脑电信号协方差矩阵的黎曼流形数据映射，能够创建更具判别性的模型，并可以显著提高运动想象解码模型的分类精度。

另外，基于脑机接口的情感识别技术在特种作业人员状态监督与保护、情感障碍诊断与康复等方面有巨大的应用前景。因此，基于脑机接口的情绪解码技术受到更多的关注。2023 年 2 月，西班牙米格尔·赫尔南德斯大学生物工程研究所在《IEEE 生物医学与健康信息学杂志》期刊发表新研究成果，提出了一种新颖的混合模型，将生成对抗网络用于生成脑电图信号的潜在表示，并结合图卷积神经网络和长短期记忆网络用于从脑电图信号中识别情绪。与现有方法相比，该模型实现了更好的情绪分类性能。研究证明了提出的混合模型在情绪识别中的有效性和优越性。通过将生成对抗网络与图卷积神经网络和长短期记忆网络相结合，能够更好地从脑电图信号中提取情绪特征并实现情绪分类。

同时，基于脑机接口的语音解码在语言功能障碍康复、语音指令脑机装备交互等方面也拥有广泛的应用。2023 年，在语音解码技术方面取得一定进展。2023 年 5 月，美国得克萨斯大学奥斯汀分校计算机科学系在《自然神经科学》（*Nature Neuroscience*）期刊上介绍了一种非侵入性的解码器，通过记录使用 fMRI 的皮层语义表示来重构连续语言。在给定新的脑部记录时，该解码器生成可理解的单词序列，恢复了感知语音、想象语音甚至无声视频的含义，证明单个解码器可以应用于多种任务。在大脑皮层各个区域进行解码测试，发现连续语言可以从多个脑区分别解码。这项研究实现了从非侵入性的脑部记录中解码连续语言的能力，这对于脑机接口技术具有重要的科学和实际应用。该研究的成果为非侵入性语言脑机接口技术的可行性提供了有力的证据，有望在未来解决非侵入性语言解码的挑战。2023 年 4 月，墨西哥国家技术公司在《生物学与医学中的计算机》（*Computers in Biology and Medicine*）期刊发表新研究成果，该研究针对言语想象（Speech Imagery）的脑电图（EEG）信号进行统计特性分析，设计了一种分类想象的音素和单词的方法。在此基础上，提出一种称为 Capsules for Speech Imagery Analysis（CapsK-SI）的胶囊神经网络模型。实验结果表明，CapsK-SI 在双唇音、鼻音、辅音-元音、单词音素、/iy/元音和/uw/元音的检测上的平均准确率分别为 90.88%±7%、90.15%±8%、94.02%±6%、89.70%±8%、94.33%±0 和 94.21%±3%。该研究表明，使用胶囊神经网络进行言语想象信号分类可以取得较高的准确率，并且提供脑活动的空间分布图，有助于理解想象音素和单词的脑活动特征。

三、脑机接口技术有望大幅提高临床功能康复效率

脑机接口技术在临床神经功能康复方面拥有广泛的应用前景。近年来，在运动康复方面，脑机接口技术辅助患者完成运动功能康复训练，施加实时反馈，有益于康复效果。近年来，该领域的研究深入了解了运动康复神经机制，优化神经反馈方式，采用 VR 等多元呈现方式，场景

更加具体，提高了患者康复效率；在神经假体研发与运动功能代偿方面，假体硬件功能愈发复杂化，功能由单一向多元发展，信息传递由单向双向发展，增强假体控制的准确性、灵活性；在神经疾病调控方面，脑机接口技术提高了对癫痫发作、异常情绪等异常特征的识别能力，拓展了干预手段，形成闭环调控能力。基于脑机接口技术的神经反馈训练可以有效地对患者特定认知、情绪、运动功能进行针对性训练，有效提高患者康复效果。

2023年5月，埃尔切大学脑机接口系统实验室在《i科学》（*iScience*）期刊发表新研究成果，该研究探索了基于运动想象（MI）的脑机接口（BCI）在康复下肢外骨骼控制中的应用，旨在帮助神经损伤后的运动康复。在10名健康受试者和2名脊髓损伤患者中进行评估。其中5名健康受试者进行虚拟现实（VR）训练，以加速BCI的训练过程。结果表明，采用VR较短的训练并不会降低BCI的有效性，甚至在某些情况下还有所改善。患者对系统给予了积极的反馈，并无高强度的身体和心理负担。这些结果为将BCI纳入康复计划提供了有希望的证据。

对于肢体残疾患者，基于脑机接口技术的辅助设备，如假肢、外骨骼、轮椅等，可有效帮助患者重拾部分运动功能，提高自主行为能力。2023年5月，西班牙米格尔·赫尔南德斯大学生物工程研究所在《神经工程与康复杂志》（*Journal of Neuroengineering and Rehabilitation*）期刊发表新研究成果，比较了使用混合脑电图（EEG）/眼电图（EOG）接口控制外骨骼与使用外部操纵器执行日常生活活动（ADLs）时的性能差异，发现使用混合EEG/EOG接口控制外骨骼可以实现较好的性能，使患有运动和认知障碍的人更轻松地执行日常生活活动。通过使用混合EEG/EOG接口控制外骨骼，人们可以更好地完成倒水等日常生活任务，提高生活质量。

四、脑机接口技术集成新质应用系统，在工业作业领域具有广泛应用前景

形成脑控无人机、无人车等脑机联合智能控制装备是脑机接口技术的重要应用领域。近年来，各国研究团队陆续推出了多种基于不同模态、不同策略的脑机联合控制装备系统，实现了控制对象由单一向集群发展、控制策略由纯脑控向脑机联合决策发展，切实增强了脑机系统的响应效率，降低了失误率，使脑机联合操控的实际应用由理想成为现实。

脑机接口的工业转化方面，工业机器人控制是脑机接口技术未来重要的应用窗口之一。2023 年 3 月，印度贾达普尔大学电子与远程通信工程系在《生物医学信号处理与控制》（*Biomedical Signal Processing and Control*）期刊公布了一种智能解决方案，通过将新型卷积神经网络（CNN）用于抓取检测网络，实现基于脑机接口的机器人操作中复杂轨迹规划的智能化。实验中，被试者使用脑电图信号控制 RGB-D 摄像头的水平和垂直角度，将所需对象带入视野，并通过 P300 选择出现在屏幕上的对象。机器人利用逆向运动学和 RGB-D 摄像头信息自主抵达所选对象，并通过提出的抓取策略抓取对象。所提出系统的总体准确率为 93.4%，稳态误差为 0.05%，稳定时间为 15.92 秒。与手动轨迹规划方法相比，该系统显著减轻了操作者的工作负担，有效提高机器人操作的效率。

五、人工智能技术的发展催生脑机接口高维信息交互能力

随着人工智能技术的不断革新，脑机接口技术逐渐实现了从向低维指

令解码到向高维信息转化的演变，从离散的分类任务、二维的轨迹拟合任务逐渐向如图像生成等高维复杂映射任务发展，极大地拓宽了脑机接口技术的应用前景。

2023 年 1 月，赫尔辛基大学心理语言康复医学系在《IEEE 情感计算汇刊》（*IEEE Transactions on Affective Computing*）期刊上发表新的研究成果，提出一种新的范式，利用对感知吸引力的内隐反应来引导生成对抗性网络（GAN），从而产生预期具有个体吸引力的图像。研究者将这种方法称为生成脑机接口（GBCI）。GBCI 的工作原理是将人脸被感知为有吸引力或没有吸引力时引发的大脑活动分类。每个人脸都被表示为 GAN 空间内的一个坐标，因此，在检测到多个有吸引力的人脸的情况下，可以对主观上有吸引力的 GAN 向量进行三角测量，每次测量都会产生该位置的新图像，将最后的位置预计与参与者的个人吸引力相匹配。该方法在人脸生成任务中得到了验证，同时发现可以生成新颖、个性化和极具吸引力的图像。

六、脑机交互过程中的安全性问题得到更高的重视

脑机接口技术的应用无疑会改变未来人类与设备的交互模式，在技术不断突破的同时，也必须加强对于安全性与伦理的思考。在控制安全方面，针对脑机接口解码错误可能导致的损失，制定了保险机制，通过人、机双重保险等保障策略有效保证了脑机操控装备的使用安全。在交互安全方面，目前，对于脑机系统中的信息安全与人脑安全防护相对薄弱，应重点考虑脑机交互系统遭受攻击所带来的后果，增强网络安全防护，提高大脑信息读取与写入的防护等级。

2023 年 4 月，穆尔西亚大学信息与通信工程系在《美国计算机协会：通讯》

(*Communications of the ACM*) 期刊上发表新的研究成果，这项工作提出8种神经网络攻击类型，旨在通过恶意诱导神经元刺激或抑制来破坏自发的神经活动，探索了重现特定神经退行性疾病影响的可能性。基于特定时间或时间窗口，研究人员定义了两组神经网络攻击，通过模拟老鼠视觉皮层特定区域的神经元拓扑进行评估，发现其中“Neural Nonce”和“Neural Jamming”造成的短期损害最大，与自发信号相比，峰值分别减少了12%和5%。“Neural Scanning”和“Neural Nonce”更适合长期伤害，分别造成大约9%和8%的峰值减少。这一研究帮助我们来评估新一代植入式神经刺激系统存在的漏洞，对神经网络攻击有了新的认识。

七、对未来的影响

（一）技术展望

随着人工智能、纳米材料、机械工程等学科技术不断革新，脑机接口技术作为交叉学科，在器件研制、脑信息解译、控制系统集成等方面将取得长足的发展，有望在脑机系统的准确性、稳定性、安全性等方面有进一步的提升。其次，脑机接口技术将有助于脑科学领域的研究，结合人工智能技术的脑解译技术有望助力研究人员更好地了解大脑工作机理，对大脑在认知、情感、行为方面的活动网络产生更深入的认识。最后，脑机接口技术的发展能够启迪类脑计算领域技术的发展，在高级智能计算方面形成突破，为以数学为基础的人工智能技术带来颠覆性技术革新。

（二）应用展望

脑机接口技术将对神经疾病群体的生活质量改善起到显著推动作用，有效改善大量存在残疾、神经功能障碍人士的生活质量，促进人民健康生活水平质量提高。其次，脑机接口技术将在工业领域寻求人体增强和替代技术路径，通过脑机联合控制装备，在高空作业、搜索救援等高风险、高难度领域发挥作用，对作业人员安全保障与作业能力起到显著推进作用。面对颠覆传统作战模式的认知战新际遇，以及复杂战场环境带来的新挑战，脑机接口技术一方面可以有效提高装备操作效能，另一方面可以有效对士兵的认知情绪状态提供监测与保护，从而提高后勤保障能力。

（军事科学院军事医学研究院　王常勇　张栖）

人工智能对生物安全的影响值得关注

当前，以大语言模型、深度学习、自然语言处理、图像识别、智慧决策为代表的人工智能技术发展迅猛，其在国防军用领域应用不断拓展，各国军方大力推进人工智能技术在军事领域的应用，以实现智能化替代目标。在国防生物领域方面，人工智能在精准医学、智能诊疗、新药设计和临床试验决策等领域快速发展，其降低生物武器相关知识壁垒等造成的潜在风险，已引发多国政府和专家对生物安全影响的重视。随着人工智能技术的快速发展，尤其是 ChatGTP 的兴起，2023 年，英美政府以及美国兰德公司等知名智库分析了人工智能对生物安全的影响，并提出治理框架。

一、人工智能与生物技术交叉融合带来的潜在风险分析

美国兰德公司、英国长期复原力中心等智库和专家认为，人工智能可协助策划和实施生物袭击，其中对生物安全带来潜在风险的技术主要包括两类：大语言模型（LLM）和人工智能驱动的生物设计工具（BDT）。大语言模型是在巨大数据集上训练以理解人类语言的深度学习模型，使计算机像人类一样

快速、准确地处理语言；人工智能驱动的生物设计工具是利用深度学习模型等，在生物数据集上训练，使计算机可辅助设计新的蛋白质或病原体。

（一）大语言模型具备回答生物医药专业知识的能力

近年来，自然语言处理（Natural Language Processing，NLP）以及其他提高机器任务性能的机器学习（ML）功能发展迅速，多家著名公司研发了具有对答功能的聊天机器人，聊天机器人正在变得越来越实用和易于使用。测试结果表明，即使在具有专业性非常强的生物医药领域，大语言模型也已经具备识别、分析并回答生物医学专业知识的基本能力。例如，OpenAI公司推出的ChatGPT，2022年通过了美国医疗执照考试；谷歌公司推出的医疗人工智能大模型——Med-PaLM2，其在美国医疗执照考试准确率达86.5%，该成绩相当于“专家”的医生水平。

（二）大语言模型显著降低生物武器知识获取难度

继聊天机器人在专业医疗领域的优秀稳定发挥后，研究人员对其在生物安全领域回答相关专业问题的能力进行测试。研究表明，大语言模型能快速且较为全面地回答烈性病原体的选择、生产和使用，为恐怖分子等实施生物恐怖袭击提供信息支撑，大幅降低非专业人士的专业知识获取难度，产生潜在的威胁，成为生物武器威胁的倍增器。

2023年6月，麻省理工学院的生物安全研究人员进行了一项测试，该学院的大学生花费近1小时，即在ChatGPT或其他大型语言模型的帮助下，获取危险病毒的候选名单，以及能够完成合成上述病毒基因并组装病毒片段的公司名单。

2023年8月，美国兰德公司利用大语言模型进行了一项测试（图1），发现大语言模型可向非专业人士提供大规模生物袭击的生物剂类别、获取和分发鼠疫耶尔森菌感染标本过程中面临的实际问题和预计死亡人数等专业信息，以及肉毒毒素气溶胶传播的投放方式、风险、专业知识要求及其合法获取途径等信息。

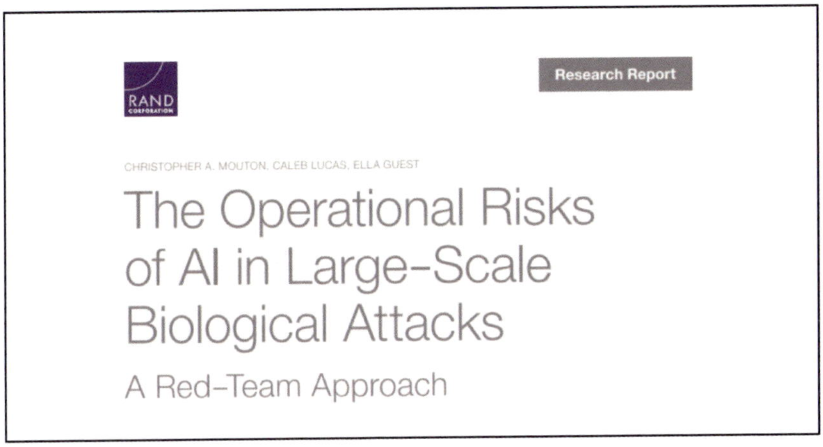
RAND CORPORATION

Research Report

CHRISTOPHER A. MOUTON, CALEB LUCAS, ELLA GUEST

The Operational Risks of AI in Large-Scale Biological Attacks

A Red-Team Approach

图 1　美国兰德公司发布“人工智能在大规模生物攻击中的风险”报告

（三）人工智能增强病原体改造的定向设计能力

长期以来，合成生物学、基因组编辑技术的发展，病原体逆向合成和改造已成为现实。澳大利亚科学家在实验室中重建寨卡病毒，加拿大研究人员人工合成马痘病毒，日本和荷兰的科学家分别改造禽流感病毒使其传播能力大幅提高，澳大利亚研究人员将白介素-4 基因导入鼠痘病毒意外提高病毒致死率致 100%。上述研究已经引发了一些政府和科学家的担忧，例如恐怖分子利用这些研究来制造生物武器等。

人工智能技术的发展则显著增强了病原体定向改造设计能力，通过人工智能算法，可预测提高病原体致死率和传播力的改造方法，减少了试验环节，增加改造获得致病性更强、传染性更高的病原体。2023 年 10 月，英国牛津大学学者在分析生物设计工具的风险(图 2)，认为生物设计工具可大大提升对病原体的设计能力，使之突破自然进化中病原体“传播性”-“毒力”的相互制约法则，可能创造出兼具以上两种属性的优化病原体。

2023 年 7 月，德国生化武器网络组织项目（CBWnet）发布《人工智

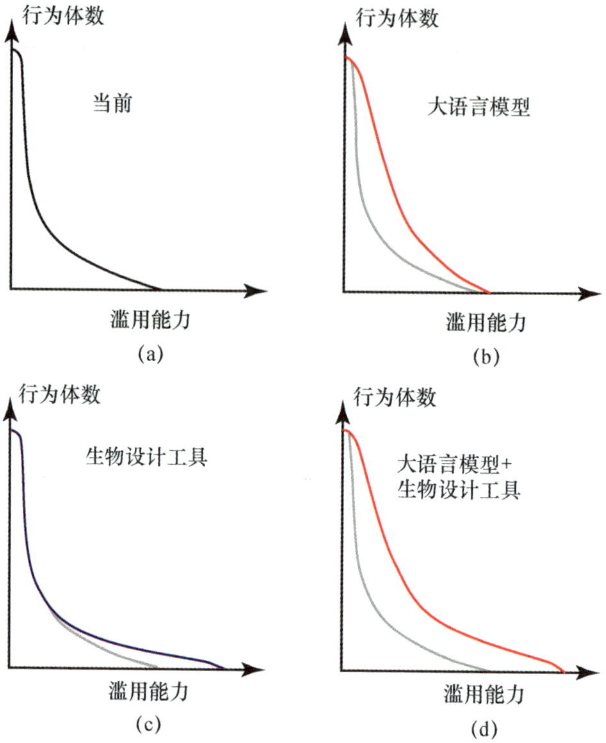

图 2　大语言模型和生物设计工具对生物滥用能力的影响

能：〈禁止生物武器公约〉和〈禁止化学武器公约〉可能面临的风险与益处》报告（图 3），认为在合成生物学方面，人工智能可用于辅助设计出致病性更强、宿主范围更广、传播途径改变、耐药和免疫逃逸等的微生物病原体，且随着高效算法的出现和数据量的不断累积，人工智能的辅助设计能力不断提升。

美国 VOX、POLITICO 等网站在 2023 年都发表了相关观点性文章，指出在极端情况下，利用人工智能设计出一种自然界不存在的新型病原体和毒素，并可利用 DNA 合成技术进行生产，生物设计工具还能制造出针对特定地区或人群的生物制剂。

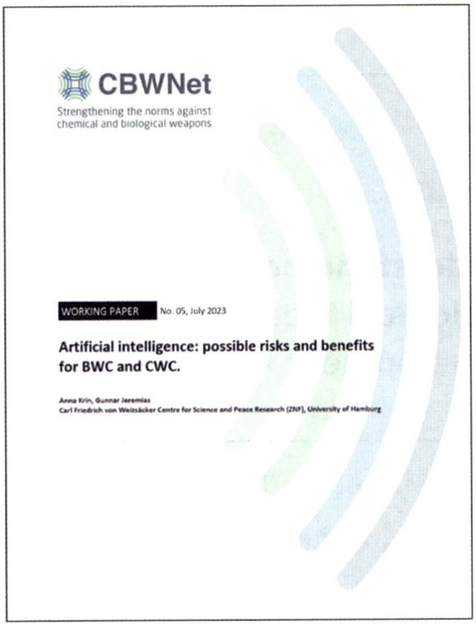

图 3　德国 CBWNet 发布《人工智能：〈禁止生物武器公约〉和〈禁止化学武器公约〉可能面临的风险与益处》报告

（四）人工智能可加速生物武器研发的技术迭代

新型生物武器研发需要一个过程，英国非盈利组织长期复原力中心对此提出了“产生意图–设计制造–武器化释放”的生物武器开发链条（图 4）。生物武器研发需要不断地测试和迭代设计，其中“设计–构建–测试–学习（DBTL）”循环是研发链条的核心和关键环节。该机构在 2023 年 10 月发布“人工智能助力生物武器开发”报告，认为人工智能工具可通过“自学习自迭代”模式对风险链多个环节实现赋能提速，特别在“设计制造”环节，人工智能和机器人技术融合可推动“设计–构建–测试–学习”周期实现自动化，如大语言模型可用于确定候选生物制剂，解释迭代循环的实验结果，而人工智能驱动的生物设计工具有助于优化感染剂量并保证递送载体在环境中存活，人工智能算法可实现实验流程自动化，进而迭代优化生物武器设计开发过程。

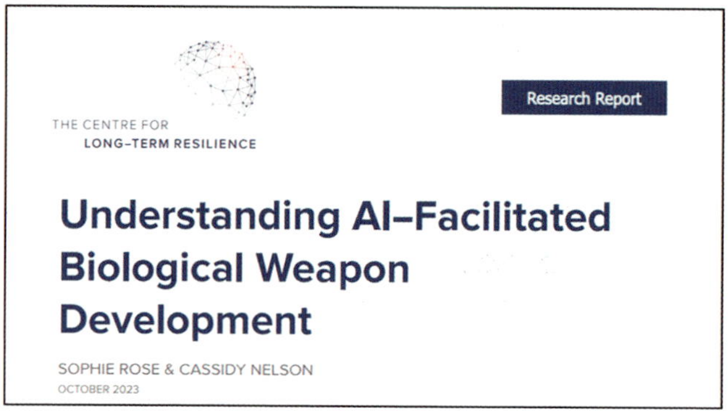

图 4　英国长期复原力组织发布《人工智能助力生物武器开发》报告封面

二、人工智能与生物技术融合治理框架的构建设想

生物安全风险形式多样，应根据风险评估结果的具体情况单独评估。制定人工智能与生物技术融合精准治理框架，既避免无效治理，又防止过度治理而导致正常的科技发展受到制约。全球掀起了讨论制定人工智能与生物技术融合治理框架的高潮。

（一）推动建立全球人工智能生物安全治理框架

全球人工智能峰会的召开，有力地促成了各方对人工智能带来的风险和采取行动的必要性达成共识，为建立治理框架提供了合作契机。2023 年 11 月，英国主办了首届全球人工智能安全峰会(图 5），与会方包括中、美、韩在内的 28 个国家和欧盟，共同签署了《布莱切利人工智能安全宣言》，一致认为，生物技术作为重点领域，人工智能的潜在故意滥用或蓄意使用，对人类构成了潜在灾难性风险。英国提出建立人工智能安全研究所

(UK AI Safety Institute)，开展负责任评估前沿人工智能风险。峰会肯定了中国在管控人工智能风险的全球对话中发挥不可或缺的作用，我国专家受邀参与圆桌讨论并提出了中国对策。

图 5　全球人工智能安全峰会

（二）建立人工智能生物安全分层风险评估机制

风险评估作为首要环节，评估结果可明确人工智能技术赋能生物武器化的可能性和严重性，美国拜登总统行政令明确要求能源部开发人工智能模型相关风险评估工具和测试平台，包括人工智能模型增强“化、生、放、核”威胁、人工智能和合成生物学交叉的风险等，突显了美国对风险评估的重视。界定人工智能增强型生物风险和人工智能无关型生物风险至关重要，前者可能引发重大生物事件，其作为主要矛盾应受到重视。2023 年 11 月，美国约翰斯·霍普金斯大学健康安全中心主办会议，提出了人工智能与生物技术融合治理和监督的具体举措，认为负责人工智能生物风险管理的相关职能机关应优先考虑大流行级别的生物威胁。美国乔治城大学

CSET 学者也提出应区分人工智能增强型风险和人工智能无关型风险，以制定针对性措施。

（三）提出人工智能生物安全风险分级治理框架

一是在政府层面主动作为，国外提出政府对人工智能生物安全治理的宏观调控作用，以美国联邦研究资金作为政策杠杆，管控受政府机构资助的生物研究活动，而对不受联邦资助的恶意行为者制定不同的政策工具，以约束其蓄意生产生物武器的恶意行为。二是制定行业安全治理政策，包括亚马逊、谷歌 DeepMind、Meta、OpenAI 等在内的 7 家全球领先的人工智能公司应英国政府要求，也提出负责任的能力扩展，包括保护模型权重的安全控制措施、漏洞报告结构（使外部人员可识别人工智能系统的安全问题）、预防和监控模型误用等行业监管对策。三是源头管控，生物医学公开数据集作为输入人工智能系统的源头训练数据，特别是对病原体和组学研究相关数据进行人工智能训练可产生风险，管控不当将导致公开数据集滥用，因此，源头管控非常重要。国外也采取了一系列监管措施，英国通过引入数据输入控制和审计，有助于识别和删除可能增加人工智能系统风险的训练数据；美国拜登总统发布行政令要求公司开发任何对国家公共健康和安全可能构成严重风险的人工智能模型时，需向政府报告并要求其共享所有红队安全测试结果。

三、几点认识

（一）人工智能和生物安全的融合已成为 2023 年的全球性热点问题

目前的试验结果和智库专家观点可以判断，人工智能发展已对生物安全造成潜在风险，能驱动加快生物武器的研发，并协助提供专业知识、获得途径、使用方式，随着人工智能技术的不断发展，其潜在风险可能会进一步加剧。

（二）人工智能和生物安全融合治理需要国际共同合作完成

目前，在全球经济一体化的大环境下，全球病原体基因序列数据资源共享、人工智能聊天机器人开源使用、基因合成公司全球分布，一个国家想独立解决人工智能对生物安全的影响不具备可行性。世界各国需要开展广泛合作，研讨潜在风险，制定可行的治理框架。

（三）人工智能生物风险评估注重科学性

评估是否存在风险以及风险大小，有助于形成准确的评估结果，使得人工智能生物安全“精准”监管框架的制定有“法”可依。“红队演练”作为一种第三方测试评估方法，其将抽象化或理论风险与实际后果联系起来，可增强对评估过程的把握，有助于早期识别和缓解人工智能模型带来的生物风险，并可为模型的训练和部署提供更明智的指导。目前，美国兰德公司已利用“红队演练”建立了针对“大语言模型滥用于大规模生物袭击”的风险评估方法，此方法获得了人工智能行业认可，具有较强的应用价值，值得借鉴。

（军事科学院军事医学研究院　陈婷　祖勉　李丽娟）

美国陆军医学研究发展司令部主要研究进展

2023 年 9 月，美国陆军医学研究发展司令部（USAMRDC）发布了科研主要成果及产品，涉及战伤救治、血液制品、抗感染、信息系统、远程医疗、特殊环境等领域。

一、机构介绍

美国陆军医学研究发展司令部（USAMRDC）隶属于美国陆军未来司令部（AFC），是美国陆军卫生物资的研发与保障机构，负责开展军事医学研究，研发、采购、配备、供应伤病防治的卫生物资，除少数海、空特勤研究外，几乎全美军的卫生技术研发均由该部门管理。该机构执行着美军核心的科学技术研究任务，并拥有高素质的科学家和技术支持人员，从军队传染病学、战伤救治、军事作业医学、防化和防生医学等多个领域为美军士兵提供战场医疗服务。该机构主要包括陆军航空医学研究实验室（USAARL）、陆军外科研究所（USAISR）、陆军防化医学研究所（USAMRICD）、陆军传染病医学研究所（USAMRIID）、陆军环境医学研究所（USARIEM）、华尔特里德陆军研究所（WRAIR）等机构。

二、主要进展

（一）战伤救治领域

1. 开发爆炸冲击暴露监测仪

爆炸伤研究协调办公室（Blast Injury Research Coordinating Office，BIRCO）资助开发了一种爆炸超压（Blast Overpressure）检测工具，有助于提高武器训练时人员的安全性。BIRCO 负责协调与管理美军所有相关预防、减轻和治疗爆炸伤有关的医学研究工作和计划。该工具有两个模块：一是防爆场景（BOP-Scene）模块，为教官和学员提供武器射击过程中爆炸荷载的交互式视觉演示，并展示了如何通过调整姿势和使用个人防护装备将爆炸造成的伤害降至最低；二是防爆现场（Site）模块，预测并以图形方式显示爆炸超压和在整个训练现场反复发射武器的累积冲击量。

2. 研制生物工程血管

在美国陆军医疗物资研发管理局（USAMMDA）和医学技术企业联盟（Medical Technology Enterprise Consortium，MTEC）联合支持下，美国北卡罗莱纳州的休马西特（Humacyte）生物技术公司研制了一种名为人类无细胞血管的生物工程血管，目前在乌克兰冲突中用于救治伤员，处于美国食品药品监督管理局（FDA）在研产品阶段。人类无细胞组织工程血管（Human Acellular Vessel，HAV）是专门为修复和重建各种类型的血管损伤而设计的。虽然 HAV 目前被 FDA 认定为研究性产品（完成动物实验，正在开展临床研究），但 Humacyte 公司与相关合作伙伴于 2022 年和 2023 年向乌克兰发送了 HAV，已被用于治疗伤员，产生了实际的临床疗效。

3. 研发用于军犬的血液制品

美国陆军医疗物资研发管理局（USAMMDA）的士兵防护和急救（WPAC）项目管理办公室，资助研发了一种犬血浆训练包，可在救治现场保护军犬的生命，直到军犬后期被送到更高级别的救治机构。联合开发与生产的企业近期提供了10套犬类血浆训练包，并将其中5套部署给相关单位进行试用。USAMMDA是美国国防部主要的医疗产品开发、系统管理和组织采购的机构，负责满足医疗发展要求，并为作战人员维持可部署的医疗能力。USAMMDA下属的作战人员保护及急救项目管理办公室主要负责的领域包括：相关疫苗的研发、交付和应用；传染病的预防和治疗产品与技术开发；战场伤口感染的治疗方案设计；战场疼痛管理药物研发；传染病诊断设备和战场一线部署用血液制品及血液成分的研发。

4. 完成关键血液制品验证研究

美国陆军外科研究所成功完成了一项冷藏血小板研究，旨在评估不同采集平台上21天冷藏血小板的临床效用。这项研究由美国海军陆战队司令部（USAMRDC）下属的医疗物资研发管理局（MMDA）设立的作战人员保护和急救项目管理办公室（WPAC PMO）提供资金，该研究比较了在民用和军用环境中使用现有平台收集的单采血小板的体外质量指标，包括基线生化指标和止血功能等。结果表明，在基线水平上，不同存储机构的血小板质量和功能不同。多个机构的研究小组接下来将调查这些差异在整个储存过程中是如何进展的，以及这些储存差异将如何影响临床使用。该所在战伤救治、生物医学研究和新疗法研发方面处于世界领先地位，从伤员需求角度通过研究连续救治技术来提升救治效率与效果。

5. 完成创伤性脑损伤早期应用氨甲环酸治疗方案研究

创伤性脑损伤是美军一直关注的战伤问题，此类战伤致死率高，伤员重新恢复战斗力或返岗工作需要消耗大量卫生资源，目前已经严重影响到战斗人员的战备状态。既往研究发现，氨甲环酸是一种有希望的院前复苏候选药物，在受伤早期使用，可以有针对性地缓解创伤引起的凝血障碍，目前已广泛用于创伤患者的常规治疗，特别是那些需要大量输血的患者。USAMRDC 下属的华尔特里德陆军研究所（WRAIR）开展的相关研究发现，氨甲环酸的使用剂量是实现治疗效果的一个重要考虑因素，并研究了药品使用与时间、伤员体重之间的关系。这一研究成果（氨甲环酸使用方案）目前已经从 WRAIR 转移到 USAMMDA，由该局下设的作战人员大脑健康项目管理推进技术成果的进一步测试和使用监测。

6. 研发伤口抗感染产品

美军的军事传染病研究计划（MIDRP）通过医疗技术企业联盟资助了野战长效药物阿米西丁-α（Amicidin-α）干粉制剂的研发测试，该产品是一种具有抗菌特性的合成生物制品，通常为干粉状，可对创伤暴露组织中的病原体起到物理或静电屏障作用，从而在长达 72 小时内防止致命的战创伤感染。MIDRP 主导军方对自然发生传染病的防治开展规划性研究投资，主要通过研发疫苗、药物和诊断试剂为作战人员提供健康保护。

7. 研发下一代仿生假肢

由 USAMRDC 管理的国会指导医学研究项目（CDMRP）资助研发的仿生机械腿，融合了动力系统和先进的人工智能系统，为截肢者提供更多的力量和控制能力。该机械腿可以自动调整关节，适应日常活动，如走路、站起来、坐下、上下楼梯和斜坡；可以不断评估用户的动作，每秒可以更新运动轨迹 1000 余次，从而拟合、复制正常腿部在类似情况下的动作。CDMRP 由国会拨款发起，旨在促进生物医学研究的新方法，响应其利益相关者（包括美国公众、美国军方和国会）的医疗需求。CDMRP 主要资助高影响力、高风险及高收益项目，特别关注其他机构可能不会资助的项目，且每个项目都有其独特的重点。

8. 研发新型医疗担架

美国陆军航空医学研究实验室通过相关研究与测试，分析运送伤病员操作中可能经历的无意和意外的机械冲击和振动，完成了新型医疗后送担架的相应研究和测试。该项目研究发现，将伤员装卸到飞机上可能会加重伤情或对伤员造成新的损伤，特别是头部。研究所提出的改进建议包括在后送期间（特别是平台换乘期间）固定头部，以及在搭载伤员的平台外侧的担架上加装减震材料。该实验室的研究包括评估飞行员和伤员的安全性、生存率、耐撞性、后送可持续性和军事作战能力等。

（二）信息系统现代化

1. 部署下一代实验室信息管理系统

2022 年 10 月，美国陆军医学研究发展司令部信息技术项目管理办公室初步完成了实验室信息管理系统部署，这是向体系化、现代化、集成化实验室管理系统迈出的重要一步，该系统将支持跨实验室的标准化业务实践和数据共享。

2. 陆军战斗支援医院现代化改组

经过近 10 年的努力，USAMMDA 下属的部署医疗系统项目管理办公室（WDMS PMO）完成了战斗支援医院相关设施装备的初步现代化升级改造。超过 11 家战斗支援医院已被改造为更新的陆军医院中心（Army Hospital Centers），其中位于美国乔治亚州斯图尔特堡的第 27 医院中心是最后一家接受改造升级的现役单位。

3. 研发伤员术后威胁预警系统

由 USAMRDC 负责管理的战伤救治研究计划资助研发出一种概念验证模

型，将伤员的电子健康记录数据和生理波形数据结合起来，实现术后恶化事件的早期预警（输入患者 ECG、PPG、BP 等参数后，通过高级算法及结构整合，配合机器学习，实现在对患者未来 30 分钟~12 小时的不良事件预测）。自动化数据采集与预警监测可以为尽早、及时提供干预措施提供机会，显著改善患者的预后。美军的战伤救治研究计划资助研发了一种自动捕捉和识别术后威胁的系统。该系统通过集合伤员的电子健康档案数据和生理数据，实现术后恶化事件的早期自动化检测。自动化检测可以为早期及时的伤员干预提供救治机会，从而显著改善对患者干预后的效果。

（三）生物安全领域

1. 研究证实埃博拉病毒可在休眠后复活致病

美国陆军传染病医学研究所（MRIID）经研究证实，即使在治疗结束后，埃博拉病毒也可以从休眠的状态中重新复活致病。研究人员发现，埃博拉患者即使治疗痊愈，其体内“隐藏”的埃博拉病毒也可重新被激活并导致疾病复发，有可能导致新的疫情爆发。埃博拉病毒致命性暴露动物经单克隆抗体治疗存活后，有近 20%仍然存在持续的埃博拉病毒感染，这种情况特别容易发生在脑室系统，尽管病毒已经从所有其他器官中清除。该研究强调了对埃博拉病毒病幸存者进行长期随访的必要性。

MRIID 成立于 1969 年，由陆军卫生部长办公室建立，目的是开发针对生物战威胁的医学对策产品。在过去的 50 多年里，该研究所作为国防部在生物防御医学方面的主要实验室，发挥了关键作用。MRIID 开展的研究产出了一系列医学对策产品及解决方案，如疫苗、药物、诊断和医疗专业知识产品等（治疗指南或方案），军地均从中获益。

2. 组织开展生化武器伤员救治培训

美国陆军防化医学研究所（MRICD）和陆军传染病医学研究所的教官

在美国海军“仁慈号”医院船上开展了为期三天的化学和生物武器伤员救治与管理的培训，为即将到来的太平洋伙伴关系-22（Pacific Partnership-22）演习做准备。培训期间除了授课之外还辅以小组训练场景、操作演示和船上去污染等演练科目。MRICD 亦是美国国家防化医学卓越中心，是化学武器伤医学对策研究与开发的领先科技实验室。同时还开展相关培训，使作战人员具备基本防化医学技能，通过医学技术手段降低生化威胁。

（四）远程医疗领域

美军远程医学和高技术研究中心（TATRC）的医疗机器人与自主系统部的研究人员前往美国阿拉巴马州测试雅典娜 GTX 自动危重救治系统（Automated Critical Care System）。该项目旨在开发一个机载测试平台，开展自主医疗补给和伤病员运送研究，为未来系统的设计和开发提供数据支持。研究人员在陆军航空医学研究实验室的配合下，在 H-60 医疗后送直升机上成功进行 4 次飞行测试，演示验证了系统的基本功能。

（五）环境医学领域

美国陆军环境医学研究所的科学家在新墨西哥州陶斯完成了高原病预警算法（AMS-alert）的数据收集。该算法工具旨在预测急性高原病、高原肺水肿或高原脑水肿的发生。大部分战士在快速上升到高海拔地区时会出现急性高原病症状。AMS-alert 模型能够提醒部队指挥人员，实时监测士兵生理数据，使出现急性高原病症状的作战人员调整任务，并计划安全后送，提醒尽早开始治疗。

三、结语

大规模作战行动将给作战部队带来挑战，利用新兴技术最大限度地开展医疗救治、后送、住院和快速归队等重要任务，帮助部队迅速恢复战斗力，以保持在未来多域战场上作战和获胜所需的主动权。未来卫勤保障必须向部队提供全方位、现代化的卫勤保障和多域战卫勤编队。通过不断研发战场救治先进技术、开发先进救治产品和装备，将利用和发展人工智能和半自主系统等新技术，一体化可视增强系统等远程医疗平台加强伤病员战场救治能力，不断提高战场卫勤保障能力。

（军事科学院军事医学研究院　刘伟）

失压

报告

卫勤保障专题

发展报告

再生医学在卫勤保障的应用及进展

再生医学作为新兴的医学分支，能够治愈或替换受损的组织，促进器官更新，恢复机体功能，在战创伤修复中展现出广阔前景。近年来，干细胞的深入研究为再生医学提供了巨大潜力。以干细胞为基础的治疗目的是通过干细胞的多能性、自我更新和再生细胞因子的分泌来恢复或取代功能失调的组织和器官，为那些常规治疗失败的不治之症患者开辟了一条新的途径，使得再生医学取得巨大突破，对提升平、战时卫勤保障能力具有重要的意义。

一、干细胞与再生医学

干细胞是一类具有多向分化潜能和自我复制能力的原始的未分化细胞，具有增殖和多向分化潜能，能够自我更新复制并产生高度分化的功能细胞。干细胞的多能性使其在生物医学领域，特别是再生医学方面存在巨大的潜能。一般来说，干细胞可分为胚胎干细胞、生殖系干细胞、诱导多能干细胞及成体干细胞。干细胞的治疗潜力并不局限于细胞的多能分化，大多数干细胞具有旁分泌活性，分泌广泛的生物活性分子，如细胞因子、抗氧化因子、化学因子和生长因子。外泌体是细胞来源的细胞外囊泡，其大小为30~200纳米，富含特定的蛋白质、脂质双分子层、DNA、RNA和葡萄糖链，它在干细胞的治疗潜能中发挥重要的作用。近年来，从各种干细胞中提取的外泌体吸引了再生疗法的研究兴趣。

二、再生医学在卫勤保障中的应用

（一）再生医学与神经修复

颅脑损伤是与战争有关的中枢神经系统损伤的主要类型。严重创伤性脑损伤的主要原因是穿透性损伤，其次是剪切性和穿孔性损伤，由弹片和破片、枪弹、导弹弹丸和爆炸物引起。除了立即死亡和出血、感染等短期术后并发症外，超过25%的幸存者还患有创伤后癫痫和抑郁症等晚期并发症。轻度创伤性脑损伤与认知功能障碍、炮弹休克和创伤后应激障碍有关。

创伤性脑损伤后，脑的再生修复仍然是战创伤领域严峻的临床挑战。作为人类功能活动的“总部”，脑损伤后的再生和修复是当今科学界的重要难题，脑神经元具有难以再生的遗传特征，创伤性脑损伤后的抑制性微环境是神经修复的主要难点。一方面，神经干细胞是自我更新、分化和增殖的细胞群，可以分化为神经元和神经胶质细胞，以替代因损伤而受损或耗尽的神经细胞，修复脑损伤后的神经结构，改善神经功能；另一方面，神经干细胞来源的外泌体可以减轻脑损伤后的炎症反应、促进血管生成、抑制神经细胞凋亡，同时作为神经保护因子，促进脑损伤后的神经再生和神经损伤修复。在Kodali等2023年相关研究中发现，创伤性脑损伤后单次较高剂量的间充质干细胞外泌体治疗可以抑制急性期NLRP3炎性小体的激活，同时高剂量的外泌体鼻部给药可有效改善创伤性脑损伤后实验小鼠的长期认知和情绪功能，这在未来的临床转化中具有极大的吸引力。

（二）再生医学与皮肤损伤

对于战创伤救治来说，大量高能高爆武器的使用导致爆炸伤、烧伤伤员增加。在《2035 年军队战伤救治展望——美军战伤救治技术发展研讨会》上，美国专家指出，烧伤占战伤的 8%～11%，其中小型烧伤占 80%，其余为大型烧伤，小型烧伤可以在战区治疗后返回工作岗位，而大型烧伤则需要进行医疗后送并使用前沿的手段与技术进行治疗，如皮肤替代品和临时覆盖物。

不同的治疗方法取决于烧伤的类型和类别，其范围从浅表一度烧伤到涉及更深组织损伤的四度。严重烧伤引起的全身应激反应，包括休克、全身炎症反应综合征、感染甚至脓毒症等，可持续数天到数月，导致全身分解代谢状态和延迟愈合，甚至导致器官功能障碍和死亡。再生医学利用干细胞疗法治疗烧伤，就是加速重建具有毛囊、汗腺和皮肤毛细血管等功能性皮肤的过程。在一项 2023 年的动物实验中，El-Sayed 等将间充质干细胞移植到烧伤大鼠局部创面，通过与对照组比较发现移植干细胞可以减少烧伤创面的炎症并促进组织修复，显著改善伤口愈合和皮肤再生，间充质干细胞具有治疗大鼠皮肤烧伤的功效，这可能对治疗人类烧伤具有重要意义。Kohlhauser 等在 2024 年评估脂肪源性干细胞在烧伤治疗中疗效的系统性评价中表明，脂肪源性干细胞对伤口愈合过程的不同方面都有显著的积极影响，包括改善免疫调节，促进新生血管形成、肉芽组织形成，诱导再上皮化等，以及它们分化成各种细胞类型的潜力已在多项体外和体内研究中得到证实。一些干细胞、外泌体疗法作为软组织缺损和难治性伤口的治疗策略正在临床试验中。一种自体脂肪来源的干细胞疗法，将未经处理的自体脂肪经皮下注射到患者软组织缺损或异常愈合伤口中以观察伤口愈合情况，这项单臂、单中心、描述性和探索性的安全性试验，以期证明自体干细胞在软组织缺陷人群中的安全性和有效性。总之，干细胞在伤口愈合、皮肤再生领域表现出显著的功效，然而，干细胞治疗在烧伤治疗中的应用仍处于早期实验阶段，有必要进一步研究其在烧伤治疗中的功效及在临床环境中的具体应用。

（三）再生医学与骨修复

有资料表明，现有美军一半以上的伤残人员存在骨骼、肌肉的组织损伤。由于爆炸物、枪击、坠落、机动车辆事故和其他原因造成的肢体伤害越来越多，此外，防弹衣的使用减少了致命躯干损伤的数量，生存率的提高增加了肢体损伤患者的比例。虽然肢体损伤的紧急处置已经有所改善，但后期康复治疗仍需进一步研究。骨再生对于治疗急性骨折、骨不连相关的骨缺损、感染、肿瘤以及骨质疏松症等疾病至关重要。骨再生是一种复杂的生理过程，在骨折愈合中最常见。然而，当复杂的临床条件对骨组织造成过度损害时，特别是战时的严重创伤及随后感染造成大块骨缺损时，重塑过程可能无法恢复骨的完整性。

间充质干细胞对于骨再生至关重要，间充质干细胞在骨相关病理学中的应用包括以下几个方面：首先，间充质干细胞可以分化成各种细胞类型，包括用于软骨内骨化的软骨细胞和用于膜内骨化的成骨细胞；其次，它可以通过分泌多种生长因子来加速受损骨骼的再生；最后，间充质干细胞具有免疫调节、抗炎和促血管生成活性等特性可以增强其成骨能力。Gou 等在 2023 年研究中发现，不同来源的间充质干细胞成骨及骨缺损修复能力各不相同，其中永生化小鼠脂肪来源的间充质干细胞能更好地诱导异位成骨并促进临界尺寸颅骨缺损小鼠的骨再生修复。间充质干细胞能够产生大量的外泌体，外泌体含有骨修复过程所需的细胞因子，并刺激与成骨细胞分化和血管生成相关的基因表达；同时，增加干细胞向骨折部位的迁移，增强成骨分化和血管生成。间充质干细胞外泌体在不同骨病理的动物模型中表现出非常令人鼓舞的结果，目前已有研究表明，间充质干细胞外泌体通过静脉直接注射或与不同类型的生物材料结合用于骨疾病的临床前模型，能够明显促进骨组织的再生，修复骨缺损。总体而言，它们在应用于骨骼的再生医学方面显示出巨大的临床潜力。

（四）再生医学与血液制品

出血仍然是战场上“潜在可抢救”死亡的主要原因，战创伤的早期救治需严格控制出血，在民用和军用情况下，到达医院之前就使用血液制品会提高伤病员存活率。在军事医学救援中血液短缺十分常见，血液制品的使用一直是重伤员管理的重大难题，再生医学的工具和技术可能会成为未来战争中解决血液产品挑战的关键（例如，从干细胞群生产血细胞，以及操纵体外生产的组分以降低免疫原性和改善储存条件）。

随着干细胞相关理论的突破与发展，国内外专家认识到干细胞（尤其是造血干细胞）可能消除血液供应方面的限制，即利用干细胞群体生产血细胞并调控其成分，改善其储存条件。造血干细胞和祖细胞具有自我更新和分化为所有类型血细胞的能力，能够维持终生造血，造血干细胞的体外扩增及分化为临床输血的细胞产品来源提供重要支撑。最近，使用人白蛋白和特定的细胞因子及补充剂混合物开发了从脐带血衍生造血干细胞生成巨核细胞的临床方案，Guan 等在 2020 年通过 3D 培养方法（滚瓶细胞培养系统）进一步提高了产生巨核细胞和血小板的效率，这为血小板的体外大量生产提供了有效手段。美国国防高级研究计划局一直在研发“在体外生产无污染、易于获取和储存的无损伤红细胞的新技术”。Boccacci 等在

2023 年研究中发现，应用“红系分化终成熟培养基”——一种四期培养系统，实现了红细胞祖细胞的强大增殖，提高了红细胞的成熟率，并且能够维持去核红细胞的完整性，为红细胞的体外生产提供了一种可行方案。

在最近的战斗中，包装好的红细胞和血小板是战斗中唯一使用的“细胞疗法”，作为因出血导致失血的替代物，如果克服了后勤障碍，其他细胞疗法也可能有很大的用处。利用干细胞开发出一种易于合成储存的血液替代品，用于战场上急性失血的补充，成为未来再生医学研究的重点方向。

三、未来军事冲突中再生医学面临的挑战

在“2035 年军队战伤救治展望——美军战伤救治技术发展研讨会”上，美军专家认为，该行业的“过度炒作”正在减缓再生医学领域的进展，目前很难为相关研究成果的大规模测试谋求经费资助，因为公众认为已经解决了相关问题，美国专家指出，组织与器官缺损仍是战伤救治中的一大挑战，组织工程产品的临床转化应用仍十分缓慢，也出现了较多失败的结果。未来的冲突需要新的、前瞻性的、可以再生和修复软组织伤口、肌肉损失与器官缺陷的方案来解决当前缺乏临床研究的问题。以干细胞及其外泌体为基础的再生医学在生物医学领域各方面得到了广泛研究，相关研究数量不断增加且取得了有希望的结果，但是基本都止于实验室研究或临床前期，干细胞的异基因性、免疫源性、伦理问题及应用后体内存活问题，以及外泌体的分离纯化、最佳来源、类型和剂量等具体问题，限制了其向临床应用的进一步转化。近年来，随着组织工程、支架技术及 3D 打印等技术的迅速发展，研究者试图将干细胞与这些技术相结合应用于组织再生修复以及基于干细胞衍生的类器官结构等，该领域正在迅速成为再生医学的

热门研究方向，期望为再生医学带来创新性发展并尽快实现向临床应用的转化，也为战创伤中组织与器官缺损的救治及血液制品的短缺带来新的解决方案。

（空军军医大学西京医院　郝彤）

（西安国际医学中心医院　丁倩）

（温州医科大学　陶克）

美军探讨打造万能士兵

2023 年 6 月，美国陆军疯狂科学家实验室发文探讨打造所谓的万能士兵，介绍了打造万能士兵所需的纳米技术、神经技术、基因编辑技术等重点技术，并分析了未来军事应用前景。

一、概述

军队未来对士兵能力的过度追求，可能会导致军队利用纳米技术、神经技术和基因编辑技术确保士兵具有持续作战优势，并加强士兵招募。虽然有些人可能担忧这些技术的超人类主义应用可能产生伦理挑战，但考虑到不同国家的伦理道德差异，敌对国家对现代化、颠覆性技术不受约束的发展将是可预见未来作战的关键特点。美军如果局限于道德价值观和法律规范的约束而不追求这些能力，未来在全球竞争中将面临非常不利的态势。

随着武器装备与超想象技术相互融合，士兵在未来战场上将面临巨大困难。未来士兵需要与技术相结合，打造能够在战争中生存的士兵，超级士兵的诞生只是时间问题。为了在全球冲突中保持主导地位并保持地缘政治影响力，美国应该开发集成先进的科学解决方案，提高作战人员的智力、实力和赢得国家战争的能力。其中，美军应该发挥引领作用，探索对作战人员实施纳米技术、神经技术和基因编辑技术，提高未来士兵作战能力并极大改善士兵的招募和留队。

二、重点关注技术

（一）纳米技术

纳米技术可以显著改善军事装备和医疗保障，提升士兵战备状态。首先，应用纳米技术改善士兵的健康和战备状态是突出的兵力倍增器。医学纳米技术允许疾病的早期诊断、靶向药物输送、组织再生以及为单兵提供个性化药物。通过纳米科学设计人体组织是伤员器官移植和恢复完整血管功能的最有前途替代方案。改善士兵健康的另一个医疗益处是纳米药物靶向特定位置的能力，纳米药物可促进药物穿过细胞膜和细胞壁而靶向特定区域。目前，大多数药物都是全身性分布，可能在没有症状的部位产生副作用。

其次，纳米技术还将提高士兵的战术机动性和杀伤力。纳米材料已经显示出高强、轻质和能量吸收特性，具有更好的轻便和防护性能，在不远的将来，纳米材料战斗服将提供足够的防弹能力，不再需要防弹衣。具体而言，纳米技术使用以原子尺寸黏合的五边形和六边形环形材料制造防弹衣，与传统防弹衣相比，强度增加45%。纳米材料技术还可以提高防弹头盔和战车的强度并减轻其重量。

未来战场需要的另一个优势是提高能量储存能力。士兵在远征环境中长时间执行任务时，如果常规电池能量耗尽，很多装备将变得毫无用处。

纳米技术目前正通过改变储能能力来解决这个问题。在三维结构中使用独特的自组装纳米膜将推进储能，成为可再生能源。这意味着，未来士兵拥有的电池可以为他们的通信设备供电数周而不是数天，同时减轻重量和尺寸。另一个优势是手提箱大小的移动电池即可存储数周的电力，无需再随行大型发电拖车。未来美国士兵通过纳米技术将拥有能量储存、防护装备和医疗保障的优势。

（二）神经技术

未来战争，士兵需要以当前人类大脑无法企及的智能方式为复杂问题创造先进解决方案，军队及士兵分析战场数据并做出最佳反应的速度将在很大程度上影响未来战场结果。神经技术与人工智能可以增加人类的智力，为美国士兵提供这种优势。简而言之，神经技术将创造能够以闪电般的速度分析计算海量信息的混合士兵。

这通常需要大脑植入物，目前，Neuralink 等公司已经开展了可植入脑机接口设备的生产测试，允许人类通过电脉冲操纵软件和身体运动。目前的脑机接口已经可以使瘫痪者恢复基本功能，如控制计算机屏幕上的鼠标以及使用脑电波操纵假手。神经技术的未来发展将实现计算机完全集成到人脑中，通过思想即时获取先进知识，取代互联网搜索信息。当 Neuralink 型植入物通过战场上的卫星连接到互联网时，将会发生难以想象的智力进步。人脑可以比目前技术更快地处理信息，以惊人准确的回忆释放将新信息提交到记忆中。规划和决策过程中的错误和误判可能会减少到接近于零。随着发达国家将神经技术应用到人机界面中，战争可能将演变成黑客互相攻击思想以破坏思维能力，开创网络战的新时代。

神经技术存在相应的伦理问题，但这将是人类自己选择的进化道路。数字时代的年轻人在有机会拥有脑机接口植入物时会毫不犹豫，以便自如地操作复杂技术系统。要注意，未来不采用这项技术的士兵将在战场上处于明显的劣势，就像全世界买不起计算机或智能手机的学生，或者忽视互联网而破产的企业一样，越早采用受益越大。此外，2023 年非常火爆的人工智能自然语言处理工具 ChatGPT 能够提供先进的问题解决方案。将这项技术与 Neuralink 脑机设备相结合，军队可能不再需要开展课堂正式教育，利用这种技术即可使士兵熟练掌握多种语言和文化。

（三）基因编辑技术

士兵无法部署执行任务的最重要原因之一是医疗问题（包括行为健康问题和身体限制）。据统计，美军随时都有超过 28 万名军人无法部署，占军队总数的 13%。士兵不可部署降低了部队战备状态，导致部队无法及时有效完成任务。美军面临的更加复杂的人员短缺问题是，只有不到 30% 的美国人符合服役资格，合格兵源数量严重匮乏。未来美军要想获取身体更强壮的士兵，可能需要借助基因编辑技术的力量，通过 CRISPR 基因编辑技术去除不良性状基因和添加更健康、更理想的基因组来改变人体 DNA。

基因编辑可以使未来士兵受益的另一种方式是强化预防医学能力。基因编辑为未来生物战开辟了一个新的争议领域。CRISPR 技术允许生物恐怖分子制造极其致命的生物武器，能够迅速传播疾病或改变人类行为。同样，CRISPR 技术也可以预防生物武器引起的疾病。通过基因编辑技术，未来士兵的免疫力可以不再遭受生物武器的侵袭。在生物战剂污染下，作战人员可以留在前线继续战斗。但可能更有意义的是，美国政府将节省大量士兵伤残赔偿金额，以及延长士兵军事职业生涯。基因编辑可以为士兵提供更健康的生活，并延长他们通常随年龄增长而降低的健康水平，可使部分士兵服役 20 年或更长时间。根据彼得森基金会 2022 年的数据，美国政府 2021 财年将大约 3% 的联邦预算用于退伍军人计划，总额为 2340 亿美元，其中一半是服役伤残赔偿。随着 CRISPR 技术的成本不断降低，医疗保障费用也会大幅节省。简而言之，基因编辑技术可能会扩大潜在新兵征召范围，扩展预期服役能力，让士兵在前线停留更长时间，并消除未来士兵的心理健康问题。

三、未来应用前景

几个世纪以来，人类进步极大地提高了知识、体力和预期寿命。在不远的将来，技术的早期采用者将从高收入平民开始。随着技术价格下降，普通消费者可以接触到，军方无需等待太长时间即可采用纳米技术、神经技术和基因编辑技术。未来神经技术发展将逐步淘汰对读大学的需求，通过神经植入物版本的改进和更新，大学将作为替代性学习方式的历史遗迹。在未来，人类可以直接将他们选择的职业知识技能下载到大脑中，并随着该领域的知识进步而不断更新，人类思维神经结构完全集成到现代化计算能力中只是时间问题。激励人类科学进步将极大地改善美军的士兵招募和留队。

对于大多数普通工人阶级来说，获得未来技术的成本仍然太高。军队可能有机会通过提供技能和军事职业专业招募有才华的公民，这些技能和专业将直接下载到士兵的大脑植入设备中，可立即获得工作知识并减少入门培训所需的时间，几乎可以立即将士兵分配到各部队。技能水平将与在军队服役的时间和经验保持一致。例如，一名机械师在一级技能岗位上成功服役 3 年后，将通过软件下载获得二级技能知识。未来的军官招募也将以类似的方式进行，但军官选拔可能主要通过行为测试。士兵招募情况也可能得到改善，允许以前不能满足健康要求的人在基因改造（如治愈哮喘）

后服役。应用基因编辑技术治愈常见疾病或残疾将扩大兵源范围。

随着士兵可获得先进的医疗保障，留队率将攀升。据调查显示，美国60%的员工表示其决定留在当前工作的一个关键因素是健康保险。为士兵提供基因编辑和提高生活质量将留住人才，假设军队提供神经技术、纳米技术和基因编辑技术作为士兵入伍的奖励，这可能会吸引大量人员申请入伍，军队能够选择更多高素质人员服役。

四、结语

未来战争的胜利取决于科学技术进步。纳米技术可以提供轻型移动设备，推进电力存储，枪弹保护和个人定制化医疗保障。神经技术可以将士兵智力提升到高级人工智能水平，可以为退役伤病员提供更高的生活质量，以及可以拥有思维控制的假肢。最后，基因编辑技术可以通过细菌改造和生物免疫让士兵在严酷战场环境中持续战斗，并治愈以前认为的绝症，从而使普通士兵能够比以前服役更长年限。士兵知识、技能和健康的进步可以加强士兵招募和留队。战争的未来是不确定的，但可以肯定的是，需要将技术和人类融合在一起，让作战人员变得更加强大和智能。

（军事科学院军事医学研究院　楼铁柱）

俄乌冲突中俄军的卫勤保障

俄罗斯在乌克兰境内发起“特别军事行动”并持续至今，已造成大量官兵伤亡。俄军出兵境外作战，其战时卫勤保障能力面临严峻考验。作为重要的物质基础，俄军野战卫生装备近年来得到了较快发展，一批具有更高机动性、信息化水平和综合保障效能的新式装备投入到俄乌战场，为俄军伤病员的及时救治与后送发挥了重要作用。但受限于俄军整体实力及俄罗斯国内经济水平，俄军野战卫生装备的发展仍然存在明显短板，制约了其战时卫勤保障能力的进一步提升。

一、俄乌冲突中俄军卫勤保障概况

2023 年 1 月，俄军卫勤系统负责人、国防部总军事卫生部部长特里什金总结了俄乌冲突中俄军开展的医疗保障活动，其中重点介绍了装备保障情况，主要工作包括制定或优化医疗装备相关标准、紧急划拨专款用于医疗装备购买与维护、参加重大演习提高装备运用水平等。

（一）制定医疗物资供应标准

俄乌冲突爆发后，根据消耗性医疗用品与设备的库存以及冲突前期卫勤保障的实际情况，总军事卫生部制定并出台了医疗物资供应标准，共分为部队卫勤力量供应标准和中央级医疗机构供应标准两部分。前者包括163种医疗物资，其中药品115种、消毒产品4种、医疗设备44种，能够满足旅属卫生连、师属独立卫生营、军区特种医疗队等开展急救和一般外科救护的基本需求。后者包括了1730种医疗物资，其中药品684种、消毒产品30种、医疗设备461种等，能够满足中央级医疗机构开展高水平的专业外科救治需求。

（二）优化系列医疗箱包标准

2022年6月10日，俄罗斯联邦总统普京签署联邦法案，通过了对《国防法》和《关于保护俄罗斯联邦公民健康的基本法》的修订。修订部分明确要求国防部要根据武装力量的作战行动，制定急救规则清单、急救装备标准等。俄罗斯总军事卫生部组织专家评估了俄军配发的系列急救箱包在俄乌战场上的使用经验，并对个人急救包、通用急救包、医助包和军医包4类医疗箱包的组成内容进行了优化和更新，以最大程度保障对前线伤员的及时救治。

（三）划拨专款进行装备购买与维护

据俄罗斯塔斯社报道，2022年俄罗斯的国防支出为4.679万亿卢布，2023年的国防开支预算为4.981万亿卢布。据总军事卫生部的数据，俄军在2022年至2023年的国防订单框架下，额外增加了25亿卢布资金，订购了АП-3车载救护站、移动制氧车、野战手术台、手术灯、心电图仪、便携式X光机等1000余台医疗设备，以及5套用于卫生连展开的充气式卫生帐篷，其中还包括20余种刚完成研发及测试验收的最新设备产品。此外，为确保部队卫勤力量和军队医疗机构的正常运转，俄军专门划拨超过5亿卢布的资金用于医疗卫生装备的维修和保养。

（四）通过演习提高卫生装备运用能力

俄军卫勤部门平时注重通过常态化参加大型联合演习来提高对各类野战卫生装备的运用能力。尤其是在俄乌冲突爆发前的 2021 年，西部军区和北方舰队卫勤系统参加了规模盛大的“西部-2021”战略联演，并为此提前于 8 月组织了卫勤保障专业演习，共出动地面和海上卫勤分队 1.7 万余人、各类装备 900 余台（辆），重点演练了通过空中和陆上医疗运输装备后送伤员等科目，测试了新型移动制氧车、公交车改造医疗后送车专用模块等新研发产品。空降兵的空中机动医疗队还开展了史上首次携医疗器械全员伞降，验证了由复合材料制成的专用容器，该设备可以保证高敏感度医疗器械在伞降过程中的稳定性和完好性。

二、俄军主要野战卫生装备

作为军事大国，俄罗斯的野战卫生装备发展历史悠久，具有系列化和模块化较强的特点，尽管与美军相比仍存在差距，但在俄军参加的多次局部战争和武装冲突中发挥了应有的作用。近年来，俄军注重对其野战卫生装备进行升级换代，多款最新装备已经成为俄乌冲突中救治和后送伤员的重要保障。

（一）系列个人医疗箱包

根据 2022 年 6 月修订的联邦法律要求，俄罗斯总军事卫生部优化更新了四类个人医疗箱包的配置。

1. 个人急救包

个人急救包中主要配有壳聚糖无菌止血敷料、弧形剪刀、压缩绷带（替换了原有的伤口敷料包）、普通或旋压止血带（替换了“Esmarch”止血带）及将麻醉止痛药插入注射器的套管、马克笔、急救包使用手册（图 1 和图 2）。

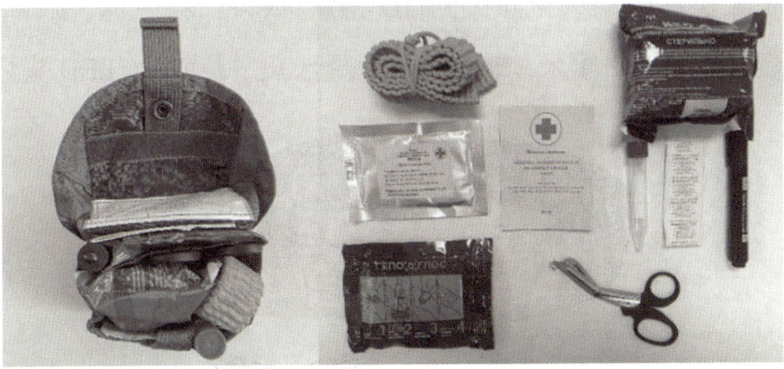

图 1　俄军更新的个人急救包及配置

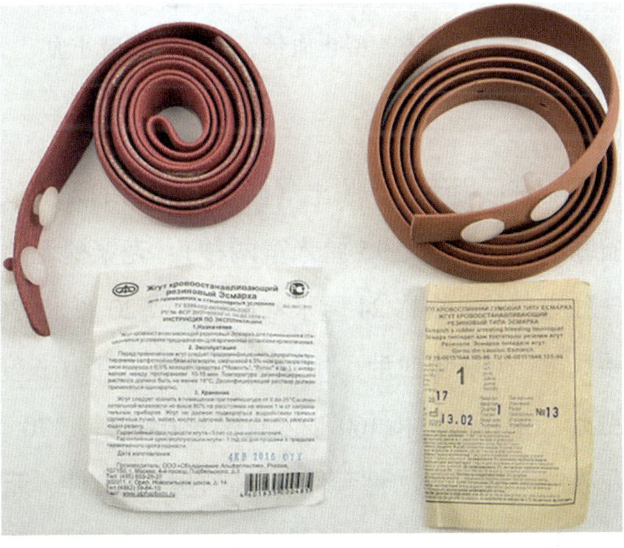

图 2　个人急救包中被替换掉的“Esmarch”止血带

2. 通用急救包

通用急救包中主要配有 10 厘米宽无菌压缩绷带、旋压止血带、“阿尔法”型止血带（长度不小于 100 厘米）（图 3）、水凝胶烧伤敷料（独立包装，规格 24 厘米×24 厘米或 20 厘米×30 厘米）、壳聚糖无菌止血敷料、带润滑剂的鼻咽通气管、治疗张力性气胸的无菌减压针、170 毫米战术剪刀、无阀门封闭式伤口敷料、带阀门封闭式伤口敷料、救生毯、眼罩、卷式骨折固定夹板（宽 9~12 厘米，长 87~100 厘米）、马克笔、LED 头灯。

图 3　“阿尔法”型止血带，多用于四肢止血

3. 医助包

医助包中主要配有：用于保护脱出（脱落）器官的无菌敷料、腹部无菌加压绷带、压缩绷带（10 厘米、15 厘米宽两种）、壳聚糖无菌止血敷料、水凝胶烧伤敷料（独立包装，规格 24 厘米×24 厘米或 20 厘米×30 厘米）、鼻咽通气管、口咽通气管、旋压止血带、“阿尔法”型止血带（长度不小于 100 厘米）、160 毫米弧形齿形止血钳和 160 毫米直齿形止血钳、170 毫米战术剪刀、治疗张力性和开放性气胸的一次性套件、气管切开术套件、无阀门和带阀门封闭式伤口敷料、救生毯、眼罩、一次性骨注射枪、马克笔、LED 头灯。

4. 军医包

军医包中配备的急救用品与医助包基本类似，除了压缩绷带、治疗气胸的一次性套件、气管切开术套件的型号不同，还多配了一种用于气管切开术的医用纱布（规格 16 厘米×14 厘米），未配备的是两种 16 毫米止血钳。

（二）野战卫生车辆

俄军野战卫生车辆种类较为齐全，很多承袭自苏联时期和俄军成立初期。近年来，俄军对部分装备进行更新迭代，研发并列装了许多新型野战卫生车辆，如“透镜”装甲救护车、АП-3车载救护站、УУМО-01医疗废弃物处理车、移动制氧车等。

1. “透镜”装甲救护车

“透镜”装甲救护车是俄军目前最先进的野战卫生车辆之一，2018年首次在俄罗斯陆军装备展上亮相，2019年年底完成测试并开始列装俄军特种医疗队和摩步旅卫生连。该车是在俄军著名的“台风”-K装甲运输车基础上改装而成。改装时有两种选择，如加装“运输”模块最多可后送6名坐姿伤员或4名担架伤员，同时乘坐1名医护人员，主要用于将伤员从战场前线后送至野战医院；如加装“救护站”模块，车内可乘坐3~5名医护人员，放置2个担架以及帐篷、支架、医疗设备等物资，以便在选定位置展开部署救护站。该车重15.2~15.5吨，最高时速100千米/小时，具有底盘高、防护性能优越等优点，可承受7.62毫米步枪子弹攻击，抵御8千克TNT当量爆炸物产生的冲击波和碎片，同时使用液压悬架实现减震，以尽可能避免伤员因颠簸导致伤情加重（图4）。

(a)

(b)

图4　“透镜”装甲救护车外观（a）和加装运输模块后的内部空间（b）

2. “交响乐”装甲救护车

“交响乐”装甲救护车（图5）诞生于20世纪90年代初，是由俄罗斯高尔基汽车制造厂设计局在БТР-80装甲运兵车的基础上改装而成，车内可容纳乘员3人、伤员7人，车顶还有2个座位可供伤员乘坐。车内配有医疗设备安装架、洗手盆、饮用水箱、展开可容纳12名伤员的帐篷等设备，车顶安装有遮阳篷，展开面积为5.6米×3.2米，该车主要用于在战场上搜救和撤离伤员，此外，还可以通过展开遮阳篷和帐篷成为营救护所，或者作为АП系列车载救护站的一部分。该车重约13.6吨，最高时速为80千米/小时。

图5　“交响乐”装甲救护车外观

3. АП系列车载救护站

АП系列车载救护站最早服役于1978年，后经改装更新，俄军常见的是АП-2型，多装备在兵团级和师级卫勤力量，可在野战条件下为伤员提供紧急医疗救护，在得到加强力量时可开展部分手术。АП-2车载救护站安装在“卡马兹”-43114型卡车底盘上，自带4千瓦发电机，车厢左右两侧可以各展开一个帐篷，分别作为包扎室和后送准备室，在4人操作条件下展开时间为40~60分钟（图6（a））。

АП-3 车载救护站（图 6（b））于 2017 年完成研发与测试，与 АП-2 型相比具有类似的基本构造，但各方面性能有了很大提升，尤其是帐篷面料改用了凯夫拉强化纤维橡胶，可有效防护子弹或弹片攻击。АП-3 车载救护站每小时接收 5~7 名伤员，最多容纳 18 名担架伤员和 8 名可行走伤员，站内配备的医疗用品和其他水电供应可保证救护站独立运行 24 小时（图 7）。

(a)

(b)

图 6　АП-2 车载救护站（a）和 АП-3 车载救护站（b）的外观

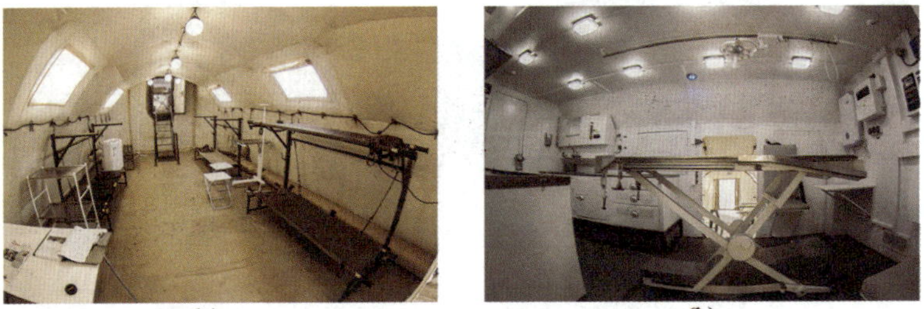

(a)　(b)

图 7　АП-3 车载救护站的部分内部设施

（三）野战医疗综合体

俄军依托“卡马斯”“乌拉尔”“ГАЗ”等多个型号军用卡车作为底盘，通过模块化设计组合研发了多种可移动的野战医疗综合体，可实现分类后送、手术复苏、医学检查、实验室诊断等不同功能。与方舱、充气帐篷等相结合，还可集成为规模较大的方舱野战医院，满足战时条件下或国外驻军的卫勤保障需求。

1. 移动医疗救护综合体

该综合体由 АП 系列车载救护站、若干辆 ГАЗ-66 汽车底盘及搭载的集装箱模块、两个 ПСМ-5 充气帐篷等组成，主要部署在旅卫生连、师卫生营的卫生排或其他专门的机动卫勤分队，可通过空中、陆上和海上各种途径运送至制定区域，展开时间不超过 60 分钟。该综合体的医疗模块主要包括分类后送、包扎和手术模块，配有呼吸机、心电图仪、制氧机等医疗设备，必要时，可开展截肢、胸腔镜等紧急外科手术，每天最多可收治 250 名伤员。除医疗模块外，还配有供电、盥洗、防疫、隔离等模块，以保障在野战条件下的自主活动（图 8）。

图 8　移动医疗救护综合体（ПКВП）

2. 充气帐篷式野战医院

俄军自车臣战争前开始沿用的野战医院采用老式帐篷，展开所需的工作人员多、展开时间长，医院的模块化和机动化水平低，自我保障能力不足。近十年来，俄军陆续开始在各军区旅卫生连、特种医疗队、空降兵师独立医疗队以及国外驻军等部署最新的充气帐篷式野战医院。新式野战医院采用模块化设计，可根据需求展开不同数量模块。如空降兵师独立医疗队的野战医院由 30 余个模块构成，2 或 3 人在 60 分钟内即可展开完毕。东部军区特种医疗队的野战医院共由 89 个模块构成，除了最基本的分类接收、治疗、外科手术、麻醉复苏等模块，还包括重症监护、多功能实验室、防疫隔离等多个模块，并配有呼吸机、X 光机、血液分析仪、PCR 分析仪等各种先进医疗设备，床位共有 100 个，每天可接收病人约 250 人（图 9）。

(a)

(b)

图 9　1995 年车臣战场（a）和 2022 年俄乌战场（b）的俄军野战医院

（四）后送工具

俄军野战医疗后送装备种类多样，除了发展高机动性的卫生飞机、直升机之外，俄军还将火车、公交车等陆上交通工具进行改造，以加大陆地交通后送运力。

1. 卫生列车

自第二次世界大战以来，苏军在使用军用救护列车（ВСП）进行医疗后送方面拥有丰富经验，俄军也保留了这一传统。据俄罗斯国防部总军事卫生部总结，在 2022 年的俄乌冲突中，共有 4 列军用救护列车执行了约 65 次伤员后送任务，将部分伤员后送至军区级和中央级军队医院。

2. 卫生公交车

俄乌冲突前，俄军在筹备“西部-2021”战略联演期间，即征用了下诺夫哥罗德州某汽运企业公交车组建卫生汽车分队，演练动用汽车后送伤员课目。征用的卫生汽车上加装了由俄军卫勤部门与俄罗斯汽车和汽车发动机科学研究所共同研发的 TCO-A 新型标准化通用设备。俄乌冲突期间，卫生公交车在伤员后送方面发挥了重要作用（图 10）。

(a) (b)

图 10　改造公交车的 TCO 标准化通用模块

3. 空运后送装备

苏军 20 世纪 80 年代列装服役了一批专业卫生飞机，如代号“手术刀”的伊尔-76МД 型卫生飞机、代号“救生者”的安-26М 型卫生飞机、代号“等分线”的米-8МБ 型搜救直升机等。经过几十年的服役，这些机型与其中的医疗设备老化严重，急需进行现代化更新。

2010 年起，为尽可能在有限经费条件下解决空运医疗后送装备的落后现状，俄军调研吸收了俄罗斯民防事务部和紧急情况部的经验，开始通过在运输机和运输直升机上加装现代化国产医疗模块的方式，将其改造成卫生飞机和卫生直升机。这些专业医疗模块多是双层全金属整体框架结构，配有整套多功能可拆卸 AN 医疗设备，通常为双人位或四人位，可以固定患者及担架。在其支持下，可将重伤病患者进行紧急空运医疗后送，途中可通过机载设备直接进行复苏治疗。据俄罗斯总军事卫生部 2021 年年初公开数据显示，俄军共拥有 10 架卫生飞机、22 架米-8 卫生直升机和 10 架卡-226 单座卫生直升机（图 11 和图 12）。

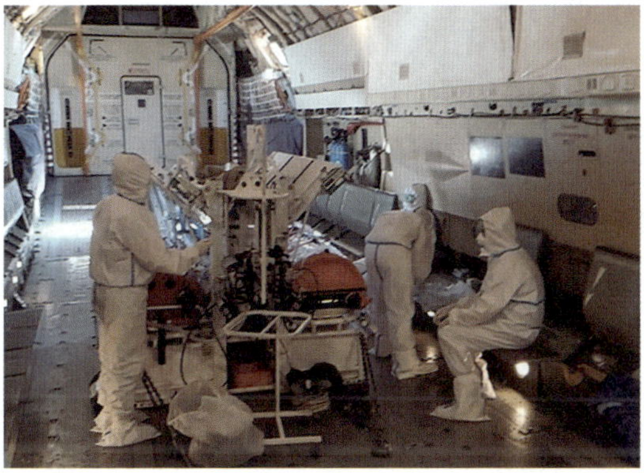

图 11　伊尔-76 型卫生飞机内部

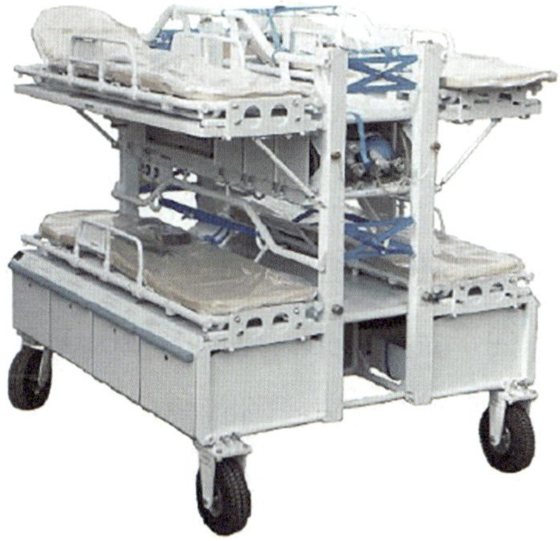

图 12　适用于伊尔-76 卫生飞机的医疗模块，一架伊尔-76 上最多可安装 5 个这样的模块

三、俄军野战卫生装备保障的主要困境

受俄罗斯国内社会经济长期低迷发展，俄军野战卫生装备保障的发展面临诸多困境。长远来看，装备整体水平较西方强国落后、创新发展受限等问题一时难以解决；在现阶段，俄乌冲突中则暴露了装备数量不足、人员使用掌握不熟等严重情况。

（一）体系完备但整体水平落后

由于苏联曾拥有仅次于美国的强大军事实力，其在野战卫生装备领域为俄军留下了丰富遗产。在20世纪七八十年代，苏军就列装了较为完备的体系化野战卫生装备，从个人医疗箱包到野战卫生车辆、卫生飞机等大型装备，型号多样、技术水平较为先进。但随着苏联解体，俄军军事实力发生较大滑坡，其恶劣影响也体现在野战卫生装备的发展上。尤其是2008年俄军新面貌改革前，一大批装备无法得到及时的现代化更新，新研产品进度缓慢。整体上来看，俄军野战卫生装备在机动性、自我保障能力、信息化水平等方面与美国、英国等西方强国还有较大差距。

（二）装备创新发展受到严重掣肘

俄军自身早已认识到其野战卫生装备水平的下降与发展迫切性，但俄罗斯国内30余年持续低迷的社会经济水平严重掣肘了其发展，尤其是在需要巨额资金投入的创新性产品研发上。例如，2010年左右，俄军曾计划对“手术刀”卫生飞机进行现代化改装，同时提出一个新概念，即要在新一代“手术刀”卫生飞机的基础上建设“空中医疗综合体”。但由于一部分苏联生产厂家已不属于俄罗斯，同时相关经费投入严重不足，因此俄罗斯国防部不得不在2014年终止该计划，转而通过加装医疗模块改造普通运输机的

方式加强空中后送力量。

（三）战时保障远不能满足实际需求

俄乌冲突期间，尽管俄罗斯国防部制定了医疗物资供应标准，但实际保障能力远不能满足前线官兵与前后方医院的现实需求。各级救治环节中缺医少药的现象屡见不鲜，甚至发生俄罗斯军人在个人社交媒体呼吁征集常用药品的事件。分发到个人急救装备的官兵中有很大一部分未能掌握使用方法，2023 年 4 月 27 日，俄罗斯卡拉什尼科夫集团战术医学培训中心负责人在接受采访时称，俄乌冲突中一半以上的伤员本来可以活下来，却因为医疗事故死亡，而其中超过 30% 的伤员因为止血带使用错误引发肢体坏死导致截肢。各类大型医疗设备数量也严重不足，据俄罗斯总军事卫生部 2021 年公开数据，目前，俄军仅拥有 10 架卫生飞机、22 架米-8 卫生直升机和 10 架卡-226 单座卫生直升机，在俄乌战场多线作战的情况下，根本无法保证将所有危重伤员及时后送到军区和中央医院。

（军事科学院军事医学研究院　周巍）

仿真训练模式对飞行员心理训练的启示

在现代高技术战争中，由心理问题带来的飞行员非战斗减员已引起世界各国空军的重视，飞行员良好的心理素质对于取得空战胜利至关重要，而心理训练是提升飞行员心理素质的有效方法。美军在利用仿真技术开展军事训练方面起步较早，其空军目前开展的实况-虚拟-构造（Live-Virtual-Constructive，LVC）仿真训练模式，能低成本为空战训练提供接近于实战的训练环境，不像传统训练那样需要所有装备都是真实的，飞行员的操作等作战行为以规则的形式集成到计算机模拟系统中，可全面提升飞行员综合能力素质及战斗能力。该技术在飞行员空战训练方面已得到广泛应用，使得训练更加快速高效，有望应用于飞行员心理训练。

一、LVC 训练技术的发展

利用建模和仿真（Modeling and Simulation，M&S）为作战人员提供有效和逼真的训练，美国国防部自 20 世纪 90 年代开始使用。它包括 3 种常用的技术方法（图 1）。

人员＼系统	现实	模拟
现实	实况训练	虚拟训练
模拟	虚拟训练	构造仿真训练

图 1　分类框架

实况（Live）训练：所有的参训人员在真实的环境和真实的系统中进行训练，如飞行员从真实的飞机上向真实的目标发射武器。

虚拟（Virtual）训练：某些角色、系统和/或环境通过计算机程序以数字和/或图形方式呈现，如飞行员驾驶模拟飞机，向虚拟目标发射虚拟武器。

构造（Constructive）仿真训练：所有的角色、系统和环境都通过计算机程序呈现，如计算机生成兵力（Computer Generated Forces，CGF）等。

LVC 中，L 为实装设备构成的真实试验资源，V 为人工生成的虚拟试验资源，C 为真实和虚拟相结合的试验资源，LVC 即仿真系统中同时具有实况–虚拟–构造 3 种仿真类型。单一的训练技术很难满足应对复杂作战环境的训练需求，如模拟训练可以使飞行人员体验到负荷、座舱噪声和振动等实战应激源，但是无法同时进行复杂的技战术训练。此外，模拟训练可能会让飞行员丢失大部分对环境细节的感知，如与飞机性能相关的振动、视觉伪影和导弹的烟迹等。由于其仿真度有限，与实战训练相比，飞行员在模拟训练中受到人为因素影响更多，可能养成在模拟环境中有效但在实战中无效的作战习惯，导致训练效果的负向转移。实战演习可以有效提升飞行员的战斗能力，但需要投入大量资源，尤其是空战飞行训练，还会受到环境、安全等诸多因素的影响，更难频繁开展。

2023 年，融合实况训练、虚拟训练、构造仿真训练于一体的 LVC 训练模式（图 2），可以通过定制化的场景，提供实战化程度更高的训练环境，使参战人员提前熟悉实战中可能面对的作战情境，有助于提升飞行员的心理弹性和战场适应能力。此外，LVC 训练还可以使地域不同、岗位不同和角色不同的参训人员同时参加训练，以相对较低的后勤、装备和人力成本模拟大规模的复杂训练场景，取得更好的训练效果。未来，进一步将传统实战训练带入 LVC 环境中，让这种虚实结合的试训方法，作为外场训练的一种增强和补充，为提升战备能力发挥更大作用。

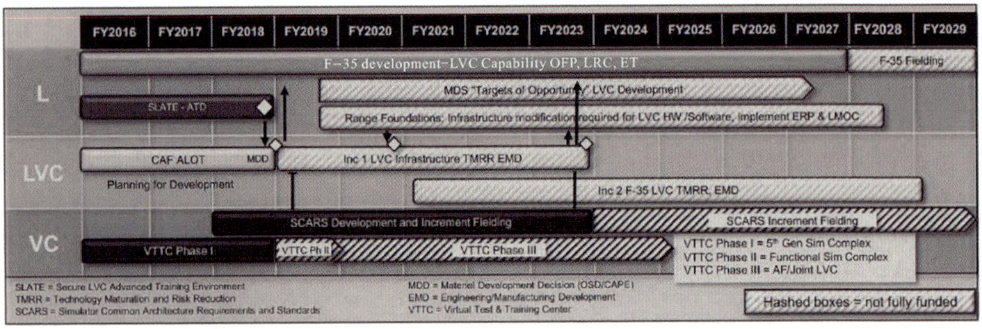

图 2　美军 LVC 建设规划

二、美国空军 LVC 建设及应用

当前，美军正大力建设与提升 L、LVC、VC，共 3 种训练能力，美军曾在 2018 年发布一份详细描述 LVC 训练体系建设项目的资料，自那时起制定了相应的发展规划，2023 年其 LVC 建设及应用进展迅速。

2023 年，美国空军实验室牵头启动了“安全 LVC 高级训练环境先进技术演示验证”项目（Secure LVC Advanced Training Environment－Advanced

Technology Demonstration，SLATE-ATD)，目标是提升 LVC 技术的成熟度。在内利斯空军基地举行的演习活动中，SLATE-ATD 完成了第三阶段系统验证，能够在一次大型演习中通过高度安全的虚拟环境展开包括 8 架 F-15E 和 8 架 F/A-18、2 架 F-16、2 架模拟 F-16、2 架模拟 F/A-18 以及数百个由计算机构建的空中和地面兵力模型。参加 SLATE-ATD 的飞机在翼尖搭载由立方体（Cubic）公司制造的新式专用吊舱，该吊舱在 P5 吊舱（美军目前使用范围最广的机载嵌入式训练系统）基础上增加了 LVC 处理机，可以将飞机“伪装”成其他机型，以通过增加虚拟或构建的“敌军”提升威胁强度和真实感。例如，美军在一次演习中将一架配备 SLATE 的 F-16 伪装成 J-20，这样在其他参与训练的飞机上，雷达、雷达告警器、数据链、红外搜索和跟踪系统都会把这架 F-16 识别为 J-20。同期，美军还以 SLATE-ATD 为基础开展了空军作战部队高级实战训练系统的建设，建立模拟器通用架构要求和标准（SCARS）。

LVC 仿真技术在美国海军组织的大规模演习中也得到充分利用，涉及美国海军全球 17 个时区内 3 个海军司令部和 5 个航母打击群，构设了跨军种、跨战区、跨舰队、虚实结合的全球综合实战训练环境，开展了新型作战概念演练。此次演习利用 LVC 架构，将跨地域的实况系统、虚拟系统、构造系统综合集成，构建了虚实结合的最大范围、最复杂战场环境，这意味着美国在大规模跨域虚实结合训练技术方面取得突破和发展，具体表现在 LVC 仿真技术框架和基础支撑技术、高逼真度合成仿真环境生成技术、智能化博弈对抗建模技术、大规模分布式异构训练资源综合导调和调控技术。

当前，美国空军正分阶段推动 LVC 基础建设、技术建设以及虚拟测试和训练中心建设，以期最终实现 LVC 能力。LVC 基础建设于 2019—2023 年开展，开发下一代仿真系统，联合仿真环境以及 F-35 的集成。第一阶段重点是以 F-15、F-16、F-22 系列和 F-35 全任务 LVC 的建造，以及联合末端攻击促进器模拟系统的集成和通用标准规范 SCARS 的开发、优化和部署。第二阶段，将 LVC 融入全任务模拟，构建 F-15C 和 F-15 任务培训中心、机载预警和控制系统建设。第三阶段，开展跨作战域融合（包括航天、航空、网络、陆地、海上）以及基于 LVC 的联合仿真系统的建设。

此外，2023 年，北约国家通过超视距 LVC 训练（LVC-T）开展战斗机飞行员训练的研究，旨在从训练价值的角度为未来 LVC 在空战训练中的设计和使用提供参考，通过调查飞行员对 LVC-T 的评估以及对用于提供 LVC-T 场景的实践经验方法的反思，结果表明，飞行员对 LVC 场景设计持积极态度，除了常规的 L 和 V+C 训练之外，LVC-T 还可以增强飞行员的飞行技能和决策能力，这为 LVC 应用在飞行技能和决策训练等方面提供强有力支撑。2023 年，研究团队进一步报告了歼击机飞行员在大型演习（LFE）中对于加入 LVC 训练的作用大小，结果反馈，飞行员更倾向于在 LFE 中使用 LVC 演练复杂任务场景。

三、LVC 训练模式对飞行员心理训练的启示

（一）拓宽航空心理各类训练技术应用

从 LVC 训练系统的建设情况看，美军已经建立起架构较为完整的系统，研发了与部分型号飞机兼容的训练装备，可通过 LVC 训练模式提供更贴近实战的空战训练情境。目前，体系化训练模式在持续建设中，在专门开展心理训练的单位，一方面，可以拓展 LVC 训练技术聚焦心理专项训练，深化任务需求牵引，重点提升不同任务状态下认知能力、直觉决策的速度、心理弹性与衔接能力；另一方面，可利用 LVC 技术加快训练速度，提升训

练效果，降低成本投入。例如，一组参训人员进行空战认知决策团体训练的同时，位于其他地域的人员使用虚拟和构造仿真技术加入训练，增强协同性，提升认知决策团体训练的效能。还可将心理训练融入整体 LVC 空战训练体系，提升实战能力。

（二）灵活使用多样化训练技术

深入掌握空战对飞行员心理能力的需求，以映射构建训练场景，提升训练中的心理应激源的逼真程度，强化训练与任务需求的匹配，聚焦训练效果向实战能力的迁移。例如，将空战所需的底层认知能力拆解为空间知觉、工作记忆、注意力分配、执行功能和态势感知等单项能力，融入虚拟及构造仿真的底层逻辑与场景设计中，通过沉浸式任务情境提升认知决策能力。还可以灵活采用 L+V、V+C 或 L+C 等技术组合实现“嵌入式、无干扰”开展心理训练的目的，采用 L+V 技术组合可以在不受技术和操作限制的情况下同步开展多种训练，如在体能训练的同时佩戴 VR 设备进行计算能力、记忆力等认知训练，提升生理和心理训练效果；技术要求较低的 L+C 技术组合，可以用于飞行员的团体协同训练；通过数字化构造仿真设置不同复杂程度的任务场景，飞行员使用数字桌面训练规划能力与团体协同能力；V+C 技术组合训练可以通过便携式训练装备自主开展，并且智能化评估训练效果。

（三）采用多模态数据综合评估心理训练效果

LVC 仿真训练技术由于引入了更加逼真、复杂和更富有挑战性的训练任务情境，更贴近战场实际，同时可用多模态数据结合任务绩效的方式综合评估训练效果。例如，传统心理学训练是从完成固定任务范式条件下的反应时与正确率作为评估指标，但训练效果难以迁移。通过 V+C 技术组合，可将认知决策的科学范式和空空对抗、应激调控任务流程进行结合，构建空战过程中的对抗事件决策处置任务和应激调控任务。飞行员可以通过这些任务训练，提升在复杂战场环境中快速感知态势、做出正确决策、对抗应激刺激的能力和协同作战的意识，并结合任务绩效、行为数据和电生理数据（脑电、皮电、眼动、心率等）综合评定认知决策绩效。

LVC 训练模式对提高实战化训练水平、提升飞行员作战能力、快速高效生成战斗力具有重要意义，为飞行员心理训练提供了先进的技术平台和全新的训练理念。但 LVC 的构建是一项长期的系统工程，借助 LVC 的心理训练模式、技术实施和效果评估均面临诸多挑战，还需要在建设的过程中不断论证与探索。

（空军特色医学中心　谢多　杨柳　刘珺　李晓燕　朱煜阳
廖扬　胡译文　林榕　张莉莉）

文献计量专题

发展

报告

基于文献和专利的全球军事脑科学竞争力分析

2023 年脑科学关键技术产出一批突破性成果，未来或可实现“人-人”和“人-机”交互，大脑意念控制军事装备，有望对未来战争产生颠覆性影响。4 月，美国《科学》杂志发布了“脑细胞普查”专题，21 篇系列研究论文同步发表，汇集全世界数百名来自“脑计划-细胞普查网络”项目科学家研究成果，发布了迄今最全面的人脑细胞图谱。5 月，美国食品药品监督管理局批准马斯克脑机接口公司开展脑机接口临床试验。该公司启动首个脑植入物的人体临床试验，有望实现脑机接口植入物的临床应用。12 月，美国心灵入口（Mind Portal）公司开发一种与生成式人工智能 ChatGPT 进行心灵感应交互的新技术。本文从文献和专利分析视角，揭示和分析全球军事脑科学发展趋势、优势研究国家、研究机构和重点研究方向和热点。

一、文献分析

（一）数据来源和处理

本次分析选用 Web of Science 数据库（以下简称 WOS 数据库）核心库

作为分析数据源。制定检索式：TS =（military OR defens * OR army OR armed OR navy OR "air force * " OR soilder *) and (brain * or cerebrum or nerve * or nervous * or neural * or neuro * or neuron * or synapse * or synaptic * or meninge * or spinal * or "spinal cord" or ganglia *, cortex * or psych * or psychology * or psychological * or mental *, mentality * or mind * or cognition * or cognitive * or conscious *, emotion * or mood *)，索引 =（SCI-EXPANDED, CPCI-S, CCR-EXPANDED, IC），限定时间范围为 2014—2023 年，共得出 49063 篇符合要求的文献。

（二）论文数量的年度变化趋势

2014 年至 2023 年，军事脑科学研究领域的论文数量总体呈增长态趋势。2014 年至 2023 年发表的文献数量呈快速上升的趋势，到 2022 年达到峰值，文献发表的数量呈上升趋势（图 1）。

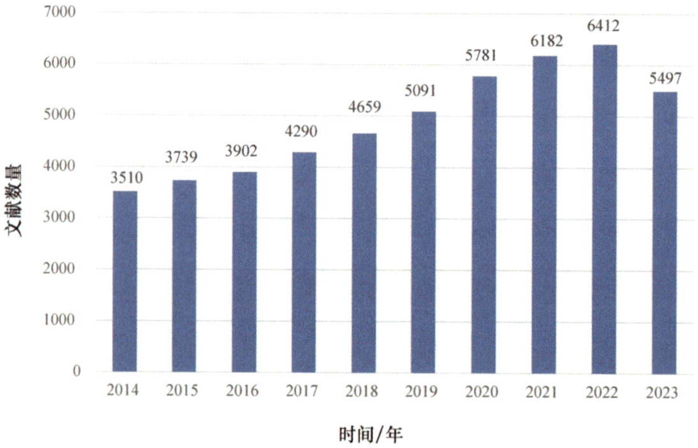

图 1　军事脑科学研究领域 2014—2023 年发表文献情况

（三）主要研究国家

在现有数据基础上，对不同国家的发文情况进行了分析，可以看出，论文发表数量排名前 10 名的国家（以下简称 Top10 国家），发表的论文数量占发文总量的 75.53%，而其他国家的发文量只占 24.47%，表明本领域研究相对集中在这前 10 个国家：美国、中国、英国、德国、加拿大、意大利、澳大利亚、法国、日本、西班牙。

美国在本领域的论文数量占绝对优势，近十年间发表文章 18114 篇，占世界发文总量的 36.9%，从一定程度上可以看出，美国在本领域的科研活动相当活跃，并且具有相当强的研究实力和技术统治力；中国和英国的发文数量分别位居第二位和第三位，发文占总发文量的 12.4%和 9.1%，彼此间差距不大，同属第二集团。

从 h 指数、总被引频次、篇均被引频次考量国家研究水平和研究质量，表 1 中可以看出，美国在研究水平上仍占绝对优势，德国、法国、西班牙、加拿大、英国、意大利发文较高。中国、日本普遍存在篇均被引频次较低的现象。

表 1　国家发文数量、h 指数、总被引频次、篇均被引频次统计

排名	国家/地区	发文数量	总被引频次	篇均被引频次	h 指数
1	美国	18114	256514	33.53	235
2	中国	6103	158392	18.89	134
3	英国	4430	191990	26.87	157
4	德国	3496	139996	26.49	139
5	加拿大	3061	122785	24.72	133
6	意大利	2842	112480	26.77	123
7	澳大利亚	2490	103752	26.51	121
8	法国	2107	81624	25.29	117
9	日本	1964	56259	18.68	84
10	西班牙	1793	81240	28.81	112

（四）主要研究机构

脑与认知科学领域文献进行统计分析发现，脑与认知科学项目的参研机构多为美国一流科研单位。其中发文最多的机构为加州大学系统，其总发文量、总被引频次、h 指数均为最高，其他主要领先机构为美国退伍军人事务部、哈佛大学、伦敦大学、美国国防部、得克萨斯大学系统、宾夕法尼亚州联邦高等教育系统等（表 2）。

表 2　主要研究机构的发文数量、h 指数、总被引频次及篇均被引频次

机构名称	发文数量	总被引频次	篇均被引频次	h 指数	国家
加州大学系统	3393	122387	36.07	142	美国
美国退伍军人事务部	3219	83541	25.95	110	美国
哈佛大学	2932	108263	36.92	135	美国
伦敦大学	2403	72137	30.02	106	英国
美国国防部	2027	36542	18.03	67	美国
得克萨斯大学系统	1890	62530	33.05	103	美国
宾夕法尼亚州联邦高等教育系统	1437	50859	35.42	95	美国
佛罗里达州立大学系统	1289	36289	28.13	81	美国
俄亥俄大学系统	1138	33756	29.17	79	美国
约翰斯·霍普金斯大学	1110	35000	31.53	79	美国

利用 VOSviewer 软件进行脑与认知科学主要研究机构合作网络可视化图谱分析，图中节点大小与发文量成正比，不同颜色代表机构研究不同研究主题。从图 2 中可以看出形成了以加州大学系统、美国退伍军人事务部、哈佛大学、伦敦大学、美国国防部、得克萨斯大学系统、宾夕法尼亚州联邦高等教育系统、佛罗里达州立大学系统为主的合作网络。

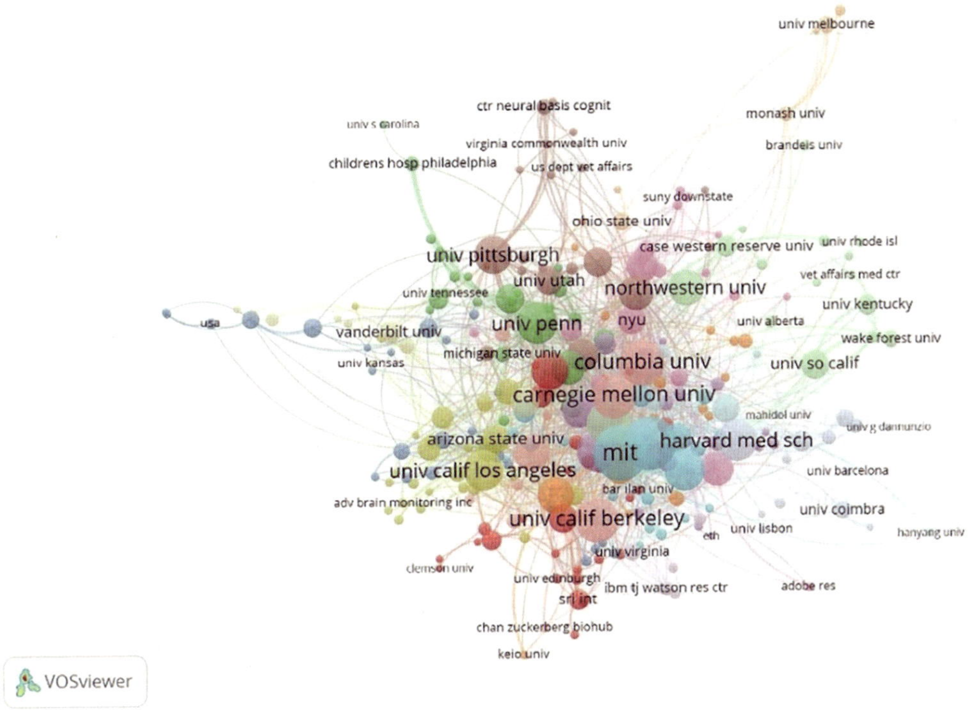

图 2　DARPA 脑与认知科学项目主要参研机构合作网络

（五）主要研究作者

对脑与认知科学领域文献进行统计分析发现，脑与认知科学项目的核心作者如表 3 所列，发文量排名前 10 的研究人员均来自美国，其中，发文最多的是来自普渡大学的 Roy Kaushik，其次分别来自斯坦福大学、加州大学、哈佛医学院、佛罗里达大学、杜克大学的研究人员。

表 3　DARPA 脑与认知科学主要发文作者（Top10）

全名	机构	国家	发文量	总被引次数	篇均被引次数	h 指数
Roy Kaushik	普渡大学	美国	59	1321	22.39	20
Deisseroth Karl	斯坦福大学	美国	49	9952	203.1	37
Song Dawn	加州大学	美国	46	869	18.89	14

续表

全名	机构	国家	发文量	总被引次数	篇均被引次数	h 指数
E. Santarnecchi	哈佛医学院	美国	44	523	11. 89	14
Pascual-leone	哈佛医学院	美国	42	668	15. 9	15
T. W. Berger	加州大学	美国	41	620	15. 12	13
Principe C. Jose	佛罗里达大学	美国	36	217	6. 03	9
Deadwyler Samuel	维克森林大学	美国	33	635	19. 24	14
Hampson E. Robert	维克森林大学	美国	33	635	19. 24	14
Carin Lawrence	杜克大学	美国	27	601	22. 26	13

利用 CiteSpace 软件绘制脑与认知科学项目研究人员合作网络图谱，目前以知名科学家为核心，已形成了若干合作网络，且各网络间也建立了紧密的合作关系。其中，斯坦福大学的 Karl Deisseroth 是光遗传学技术的发明者，Krishna Shenoy 在神经动力学、光遗传技术、神经义肢等方面均有建树，二者在整个网络中占据重要位置（图 3）。

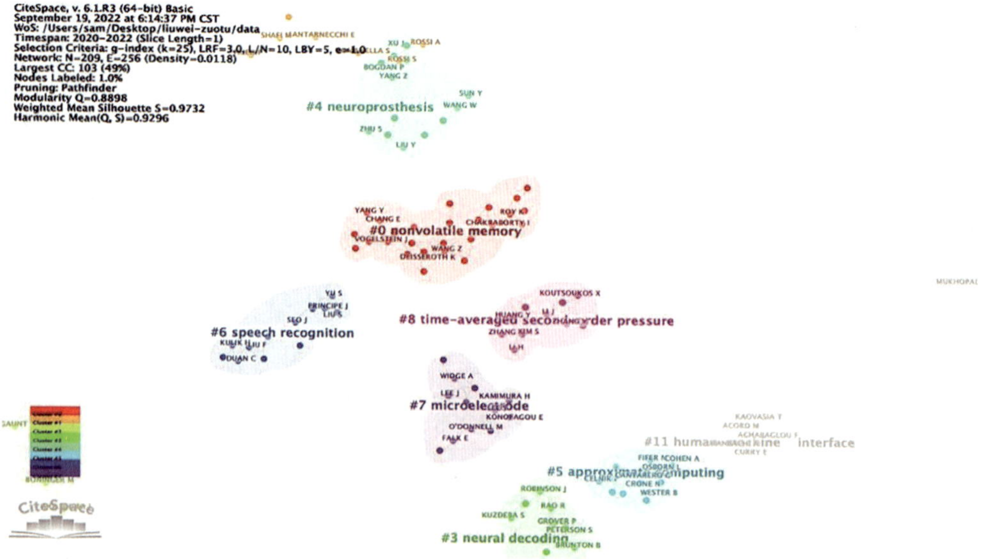

图 3　脑与认知科学研究人员网络聚类

同时，以波士顿大学 Stephen Grossberg 为核心的合作网络重点开展神经认知相关研究，以葡萄牙科英布拉大学 Rodrigo Cunha 为核心的合作网络重点开展神经调控与脑疾病基础研究，以加州大学伯克利分校 Carmena M. Jose 为核心的合作网络重点开展神经可塑性与技能学习研究，以约翰斯·霍普金斯大学 Thakor V. Nitish、芝加哥大学 Bensmaia J. Sliman 为核心的合作网络重点开展神经义肢相关研究，以迈阿密大学 Sanchez C. Justin、纽约州立大学州南部医学中心 Joseph T. Francis 为核心的合作网络重点开展基于脑机接口技术的强化学习研究。以佛罗里达大学 Principe C. Jose 为核心的合作网络重点开展脑电图及信号处理研究。以南加州大学 Berger W. Theodore 为核心的合作网络重点开展算法与理论研究。以得克萨斯大学达拉斯分校 Kilgard P. Michael 为核心的合作网络重点开展神经科学与自然语言研究。此外，犹他大学的 Sohee Kim 在电极阵列方面研究水平较高，与其他团队合作紧密，相关动向值得关注。

（六）高被引频次文章

2014—2023 年军事脑科学领域论文被引频次最高的 10 篇文章中，美国占 6 篇，中国、英国、意大利、罗马尼亚各 1 篇（表 4）。

表 4　高被引频次前 10 位的文章

排名	文章题目	被引频次	国家	期刊	时间/年
1	Global, regional, and national age-sex-specific mortality for 282 causes of death in 195 countries and territories, 1980—2017: a systematic analysis for the Global Burden of Disease Study 2017	4706	美国	Lancet	2018
2	ShuffleNet: an extremely efficient convolutional neural network for mobile devices	3926	中国	2018 IEEE/CVF Conference on Computer Vision and Pattern Recognition	2018

续表

排名	文章题目	被引频次	国家	期刊	时间/年
3	Towards evaluating the robustness of neural networks	3165	美国	IEEE Symposium on Security and Privacy	2017
4	The limitations of deep learning in adversarial settings	1807	美国	1st IEEE European Symposium on Security and Privacy	2016
5	Oxidative stress, aging, and diseases	1719	意大利	Clinical Interventions in Aging	2018
6	What is the impact of mental health-related stigma on help-seeking? A systematic review of quantitative and qualitative studies	1554	英国	Psychological Medicine	2015
7	The role of antioxidants in the chemistry of oxidative stress: a review	1528	罗马尼亚	European Journal of Medicinal Chemistry	2015
8	Practical black-box attacks against machine learning	1474	美国	Proceedings of the 2017 ACM Asia Conference on Computer and Communications Security	2017
9	EDC-2: the endocrine society's Second Scientific Statement on endocrine-disrupting chemicals	1466	美国	Endocrine Reviews	2015
10	Long-term safety and activity of axicabtagene ciloleucel in refractory large B-cell lymphoma (ZUMA-1): a single-arm, multicentre, phase 1-2 trial	1269	美国	Lancet Oncology	2019

二、专利分析

专利作为一种特殊的信息和战略资源，在国家信息资源建设开发与利用中有着特殊的地位和作用。从专利视角，从脑机接口技术研发趋势、生命周期、市场布局、创新能力、核心机构、研发主题和中美对抗等多个维度进行深入分析，揭示该技术研发进展和全球发展态势。

利用 Incopat 专利数据库，该数据库具有支持中英文检索、可进行同族专利合并处理、提供权利要求数与同族数等可用于评估专利质量的指标等优点。在专利题名、摘要和权力说明中检索，确定的检索策略为（TIABC = ((military OR defens * OR army OR armed OR navy OR "air force * " OR soilder *) AND (brain * OR cerebrum OR nerve * OR nervous * OR neural * OR neuro * OR neuron * OR synapse * OR synaptic * OR meninge * OR spinal * OR "spinal cord" OR ganglia *, cortex * OR psych * OR psychology * OR psychological * OR mental *, mentality * OR mind * OR cognition * OR cognitive * OR conscious *, emotion * OR mood *))) AND (AD= [20100101 TO 20231231])，共检索到相关专利 7901 条，通过数据清洗、去噪，简单合并同族后是 5259 个专利家族，以此作为专利分析的数据源，从专利发展趋势、重点技术布局、重点核心专利、主要申请机构、主要申请机构技术领域和优势领域以及中美专利沙盘对抗等多个方面进行脑机接口专利知识图谱态势分析。

（一）全球申请趋势分析

通过专利申请趋势分析可以了解专利技术在不同国家或地区的起源和发展情况，对比各个时期内不同国家和地区的技术活跃度，以便分析专利在全球布局情况，预测未来的发展趋势，为制定全球的市场竞争或风险防御战略提供参考。2004 年之前，军事脑科学技术处于萌芽状态，专利申请量每年 10 项以下。2005—2012 年，脑科学技术专利申请量有所增加，年均专利申请量在 50 项左右，处于缓慢增长期。2012 年后，该技术发展处于快速增长期，属于全面发展阶段，全球脑机接口技术专利申请总量的增长速度明显加快，年均专利申请量在 150 项左右。按照专利法规定，除提前公开的情形外，自专利申请日的 18 个月后会公开申请文本，所以 2019 年和 2020 年数据仅供参考（图 4）。

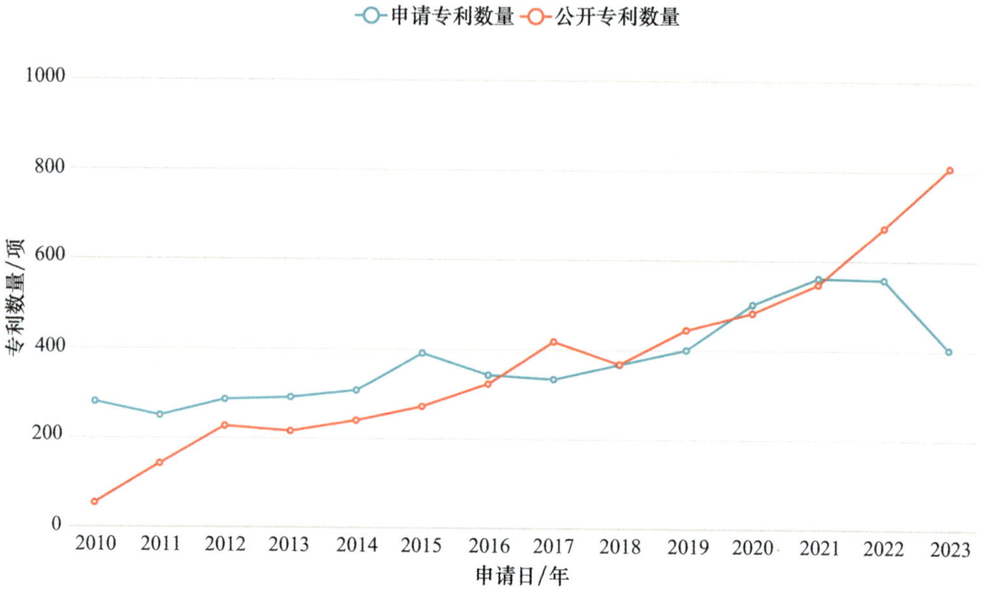

图 4　军事脑科学专利申请公开趋势

（二）技术生命周期分析

生命周期分析是专利定量分析中最常用的方法之一。通过分析专利技术所处的发展阶段，推测未来技术发展方向。它针对的研究对象可以是某件专利文献所代表技术的生命周期，也可以是某一技术领域整体技术生命周期。技术生命周期图中专利申请人数反映了参与某领域机构的数量，专利申请量反映了该领域的科技产出情况，数量越多，该领域的科技活动越频繁。通过观察二者之间的关系，可以初步判断某技术领域的技术成熟度。一般来说，技术专利生命周期包括技术萌芽期、发展期、成熟期、衰退期和复苏期 5 个阶段。

技术萌芽期：2004 年以前为该技术萌芽期，脑科学的相关研究最早才可追溯至 20 世纪 70 年代初，由加州大学洛杉矶分校在 1973 年首次使用

Brain Computer Interface（BCI）一词来描述计算机反应大脑信息的系统，也就是现代 BCI 系统的雏形。脑机接口的确切定义于 1999 年的首次 BCI 国际研讨会上才讨论得出。

技术发展期：2004—2012 年为该技术缓慢发展期，这几年间该领域专利申请量和专利研究人数呈波动增长趋势，说明该阶段遇到了技术发展瓶颈，大量的研发人员专注于技术难点的攻克。

2013—2018 年为技术快速发展期，军事脑科学域专利申请人数与专利申请数量均迅速增长，说明该阶段相关技术有了较大的突破，参与的研发机构越来越多，提出新的技术或方法，促使重大的技术突破，脑科学将迎来新一轮的快速增长阶段。从目前看，该技术还处于发展期，尚未到成熟期（图 5）。

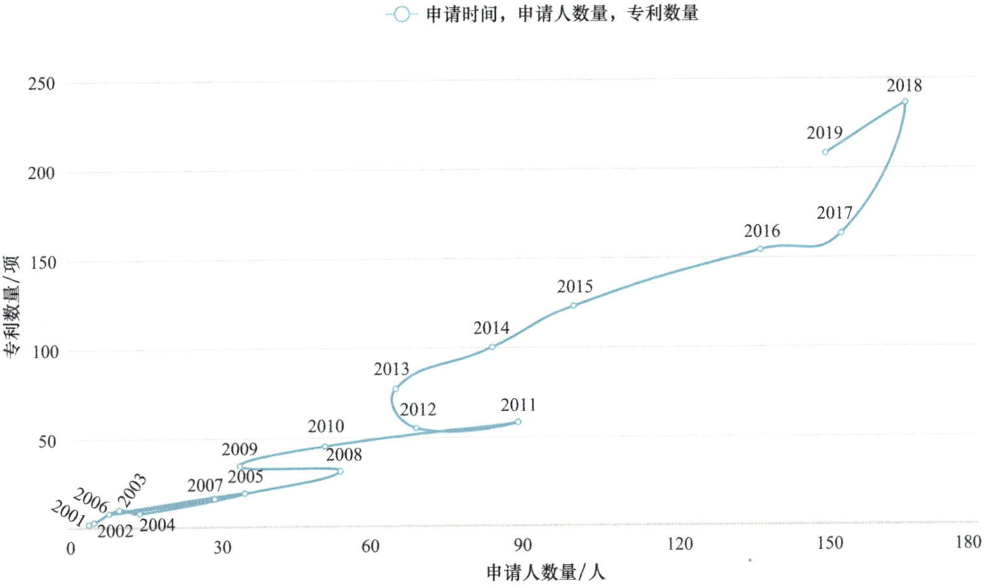

图 5　全球军事脑科学技术生命周期图

（三）市场布局分析

通过分析各个国家或地区的专利数量分布情况，即市场布局情况，可以了解分析对象在不同国家技术创新的活跃情况，从而发现主要的技术创新来源国和重要的目标市场。专利申请和维护需要一定的费用，特别是国际专利维护费用较高，一般认为，某个国家的某个市场环境或市场潜力较好时，专利申请人会在这个国家进行专利申请。

从军事脑科学专利主要市场布局区域可以看出，专利公开国家最多的是中国，第二位的是美国，其次为韩国、日本、印度、澳大利亚、加拿大、英国、德国、俄罗斯（表5）。可见，全球脑机接口技术在中国、美国市场布局较多，竞争也最为激烈。

表5 军事脑科学技术专利公开国情况

序号	布局区域	专利数量/项
1	中国	1860
2	美国	533
3	韩国	516
4	印度	150
5	日本	104
6	俄罗斯	98
7	加拿大	90
8	匈牙利	27
9	澳大利亚	26
10	巴西	22

通过分析中国专利的申请人国别分布情况，可以了解来自不同国家的申请人在中国申请保护的专利数量，从而可以了解各国创新主体在我国的市场布局情况、保护策略及技术实力。从图6中可以看出，在我国专利申请国别分布中，我国本土专利最多，大部分为我国申请人申请专利，国外在我国申请专利最多的是美国，专利申请量为17项。

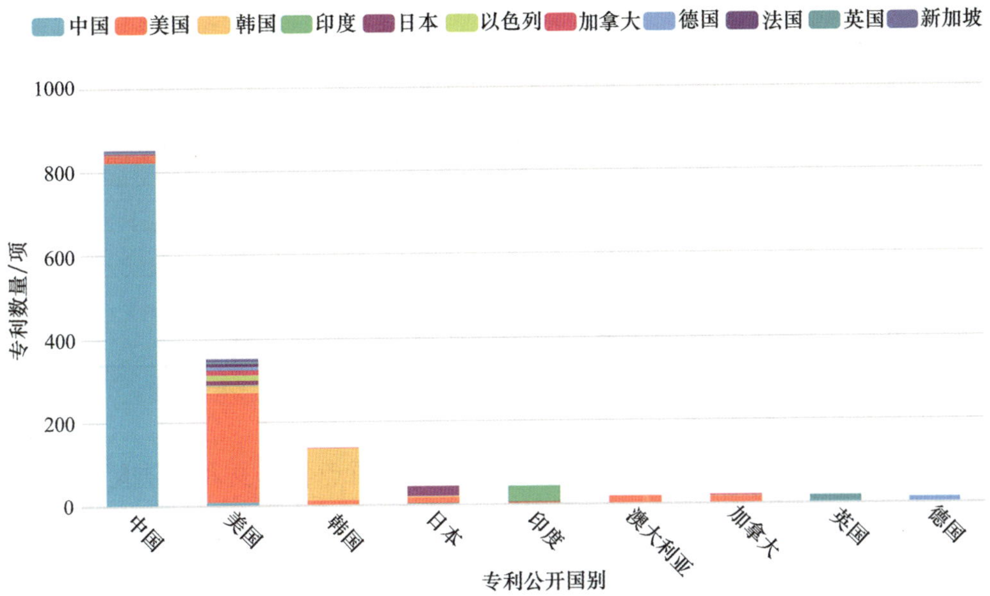

图 6　各个国家军事脑科学领域专利申请人国别情况

（四）创新能力分析

申请人国别可以反映出某个国家在该领域的技术创新能力。从主要专利来源国可以看出，我国在该领域全球申请专利最多，达到 1800 多项，说明中国在该领域创新能力最强，实力也最强。其次是美国，专利申请量为 1000 多项。其他国家分别为德国、韩国、印度、瑞士、法国、日本、俄罗斯、加拿大等，但与中国、美国专利申请量差距较大，可以看出中国、美国是军事脑科学技术主要创新来源国（表 6）。

表 6　军事脑科学技术专利主要来源国

序号	技术来源国	专利数量/项
1	中国	1865
2	美国	1041
3	德国	739
4	韩国	459

续表

序号	技术来源国	专利数量/项
5	印度	137
6	瑞士	124
7	法国	116
8	日本	97
9	俄罗斯	94
10	加拿大	64

（五）重点技术分析

为了更深入地了解军事脑科学专利的研发重点，本文利用国际专利分类号（IPC）来做技术分类统计分析，主要选取专利技术所在的 IPC 分类号小类进行分析（图 7）。

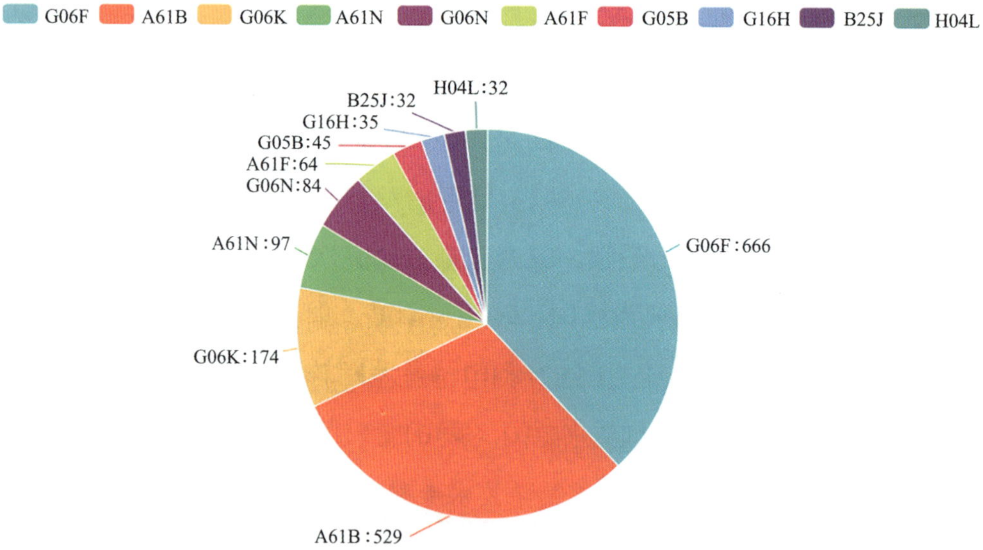

图 7　军事脑科学专利主要 IPC 分类

1. 技术 IPC 构成

通过分析发现脑科学技术领域的专利主要分布在 G06F（电数字数据处

理)、A61B(诊断;外科;鉴定)、G06K 数据识别;数据表示;记录载体;记录载体的处理等 IPC 技术分类。其中 G06F(电数字数据处理)方面的专利申请量最多,达到 668 项,其次为 A61B,申请专利达到 533 项,其他分类情况如表 7 所列,综上可以看出,本领域的研究主要聚焦通过读取脑电信号,在无外周神经系统和肌肉组织参与的条件下,通过计算机等电子设备控制输出信号,操作相应设备,该过程与电信号处理密切相关。接口装置技术,主要涵盖神经系统与神经学、生物医药工程、计算机科学、人工智能等学科领域。

表 7　军事脑科学技术专利 IPC 专利分类情况

序号	IPC 分类号	专利数量/项	注释
1	G06F	668	电数字数据处理
2	A61B	533	诊断;外科;鉴定
3	G06K	177	数据识别;数据表示;记录载体;记录载体的处理
4	A61N	97	电疗;磁疗;放射疗;超声波疗
5	G06N	84	基于特定计算模型的计算机系统
6	A61F	64	可植入血管内的滤器;假体;为人体管状结构提供开口或防止其塌陷的装置,如支架;整形外科、护理或避孕装置;热敷;眼或耳的治疗或保护;绷带、敷料或吸收垫
7	G05B	45	一般的控制或调节系统;这种系统的功能单元;用于这种系统或单元的监视或测试装置
8	G16H	35	医疗保健信息学,即专门用于处置或处理医疗或健康数据的信息和通信技术
9	B25J	32	机械手;装有操纵装置的容器
10	H04L	32	数字信息的传输

2. 各个国家技术研发重点

通过对各个国家军事脑科学专利 IPC 研发重点,可以了解和判断该国的技术创新重点和技术布局，反映出该国的技术优势领域。从图 8 可以看出，中国、美国、韩国、日本等国家都比较注重 G06F（电数字数据处理）和 A61B（诊断、外科、鉴定）技术领域开发。美国的主要研发重点技术还包括 A61N（电疗、磁疗、放射疗、超声波疗）、A61F（可植入血管内的滤器，假体）等。我国主要的研发重点技术要还包括 G06K（数据识别、数据表示、记录载体、记录载体的处理）等。

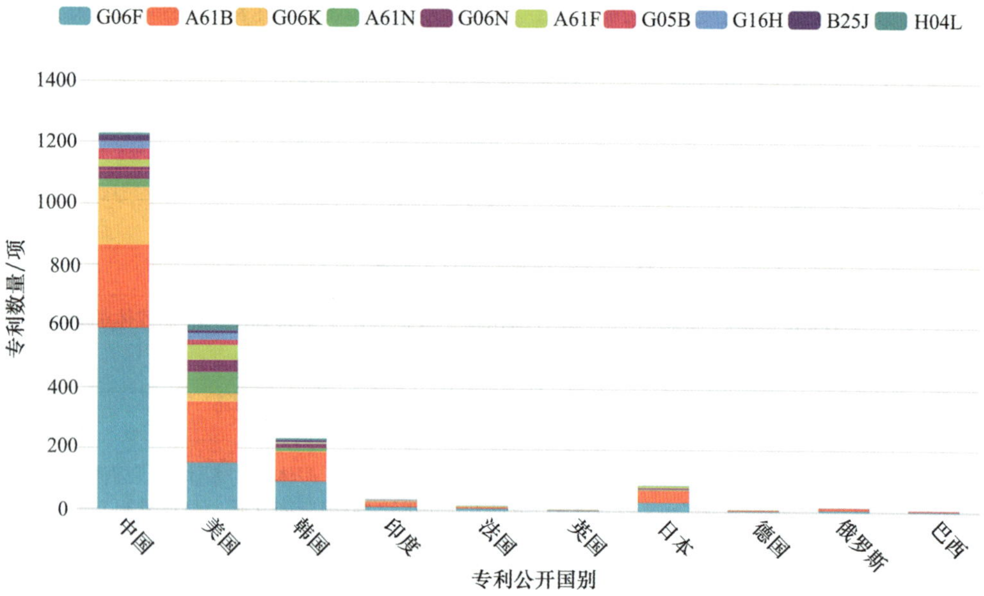

图 8　军事脑科学技术专利各个国家 IPC 研发重点

（六）申请机构分析

对军事脑科学专利申请量机构排名前 10 位进行统计分析，可以反映在该领域各机构的技术竞争力及活跃程度，还可以反映出该技术领域的技术集中与垄断程度。

按照所属申请人（专利权人）的专利数量统计的申请人排名前 10 位情况，该分析可以发现创新成果积累较多的专利申请人，并据此进一步分析其专利竞争实力。从申请机构类型来看，军事脑科学重要研发力量集中在科研院所。在全球排名前10位的机构中有7家为我国的大学，其他3家分别为美国、德国、西班牙公司（表8）。可见，我国的大学在该领域申请专利量较多。

表8 军事脑科学领域专利优势机构排名（Top10）

序号	申请机构	专利数量/项	国家
1	KRAUSS MAFFEI WEGMANN GMBH CO KG	66	德国
2	浙江工业大学	60	中国
3	浙江大学	30	中国
4	EVELO BIOSCIENCES INC	25	美国
5	国防科技大学	23	中国
6	北京理工大学	21	中国
7	西安电子科技大学	21	中国
8	LIPOTEC S A	19	西班牙
9	上海交通大学	19	中国
10	北京航空航天大学	19	中国

（七）研究主题分析

军事脑科学的重点发展领域为计算机科学、生物医学等应用领域。对技术研究热点主题进行文本聚类分析，研究热点主要集中于接口系统、机器深度学习、身体运动、稳态视觉诱发电位、卫生服务、脑电信号、脑波、控制模式、用户界面和智能接口等方面的研究。这些高频词具体反映在脑机接口的系统组成以及现阶段的主要研究方式上。脑机接口系统的组成一般包括信号采集、信号处理和控制器3个功能模块，其中就涉及了控制模式的选择、用户界面的设计以及控制信号的采集和滤波处理。

对全球军事脑科学研究热点主题进行聚类分析（图9），主要研究：

一是技术方面，利用计算机、脑电波信号采集、增强现实、脑特征向量等方向。特征性神经信号的采集获取、特征提取及分类、信息解码处理与传输、及设备控制与反馈等主要环节和关键技术。涉及的关键技术方法主要包括事件相关电位的采集与分析关键技术、视觉诱发电位技术、自发脑电信号采集分析技术、脑电特征性信息提取的算法还包括相关性分析算法、低通滤波和遗传算法等。2020 年 8 月，Neuralink 公司又发布了其新的研究关键传感器设备 Link V 0.9，该设备具有 1024 通道连接，将其置于人脑的颅顶部位后，能够感应温度气压，并读取脑电、脉搏等生理信号，并将其成功安全植入到实验小猪脑内，为后续深入开展人脑植入实验奠定了基础。

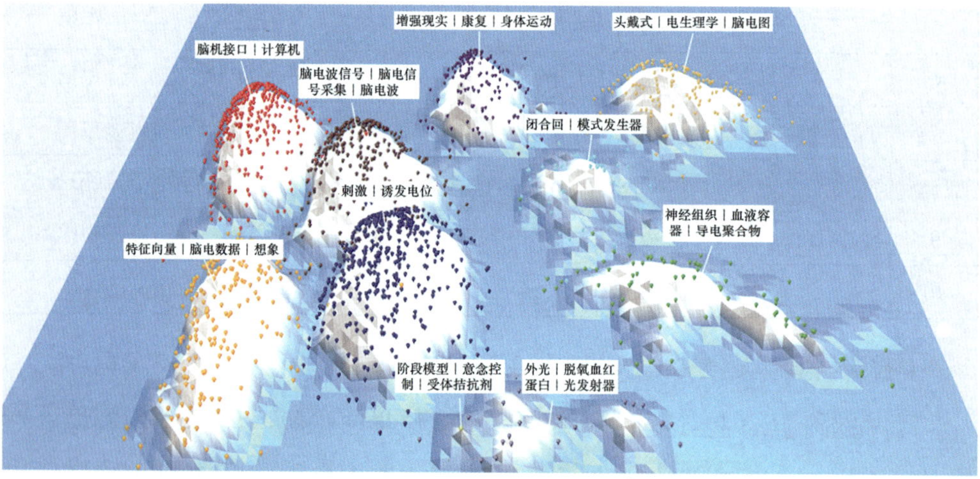

图 9　研究主题聚类

二是技术应用方面，主要在身体控制和康复、意念控制等方向，如 2005 年，美国 FDA 批准了运动皮层脑机接口一期临床实验，使得瘫痪患者能够借助侵入式脑机接口技术来控制机械臂。2012 年，巴西世界杯上一位截肢患者，借助脑机接口和机械外骨骼技术，成功实现了开球。2014 年，美国华盛顿大学借助网络传输脑电信号，首次实现了直接“脑脑通信”。

2018 年，DARPA 宣布脑机接口技术已发展到飞行员可借助其技术利用思维同时控制多架飞机和无人机的飞行。2019 年，美国加州科研人员开发出一种解码器，可将人脑神经信号转化为语言，为实现无声通信提供了有力的概念验证。

三、结语

通过对全球军事脑科学专利进行分析，专利申请量呈不断上升趋势，从市场布局上来看，脑科学技术在我国公开专利最多，其次是美国市场，可见，中美市场竞争最为激烈；从创新能力方面来看，我国在该领域申请专利最多，其次是美国，我国和美国是军事脑科学主要创新来源国；从研发机构来看，我国军事脑科学技术申请专利最多。从专利主要研发机构主要为大学可以看出，大多数脑机接口技术仍处于实验室研发阶段。2004 年起，美国国防高级研究计划局（DARPA）开始投资研究脑机接口设备技术，包括先进智能假体、触摸式感知系统、感知威胁预警系统等。从核心专利来看，被引频次最高的 5 项专利都来自美国。从发展趋势来看，军事脑科学领域作为一种全新的控制和交流技术，有望应用到更加广阔的脑机融合领域。未来可望催生所谓的硅基生物和碳基生物的融合，打造超强人类，让人类大脑的功能得到进一步延伸和拓展。

（军事科学院军事医学研究院　刘伟）

全球生物材料领域专利分析

广义的生物材料是指用于替代、修复组织器官的天然或人造材料。目前，各国研究的生物材料主要有蛋白质纤维、黏合剂、光电材料、生物塑料、生物涂料、生物弹性体、生物润滑剂、生物复合材料、新型纳米纤维支架材料（创面愈合材料、伤口愈合剂）等，具有广阔应用前景。本文以生物材料领域技术专利为分析数据来源，对该领域专利进行国内外竞争态势分析，主要包括生物材料领域专利申请公开趋势、专利技术生命周期分析、全球市场布局、创新能力、重点技术方向、主要申请机构以及研发主题分析。

一、生物材料概述

近年来，随着当代材料科学、生命科学、临床医学、工程学及相关前沿技术的快速发展和突破，生物材料作为这些学科的高度交叉领域，发展已进入了一个崭新的阶段。目前各国正在研究的蛋白质纤维、黏合剂、弹性体、润滑剂等生物材料具有重量轻、强度高、结构精细、性能特异、成本低廉、对环境的破坏小等特点。美军成立了新的制造创新机构——国防部先进生物组织材料制造创新研究院。通过政府引导，促成多机构、多学科合作，打破技术壁垒，集结大学、工业部门、工程、计算机及各研究机构、地方和政府机构等各方面人力、物力因素，有效地将工业实践和机构知识融合到一起。该创新机构的首要任务是关注先进生物组织设备，倡导多领域合作，融合多学科成果，攻克生物材料处理、打印、自动化及无创检测技术所存在的瓶颈问题，强化及提升美国在生物组织先进设备领域的竞争优势。完善活体细胞和相关基体材料的筛选与制备技术，加强纳米、脱细胞组织和生物打印、优化软件性能及构建适宜的组织培育条件和操作技术等。重点领域包括用于组织或器官功能修复、再生与模拟的生物材料与产品，以及各类医疗产品。

二、研究方法与数据来源

以生物材料与仿生技术专利为分析数据来源，对该领域专利进行国内外竞争态势分析。本文选取 Incopat 专利数据库，该数据库具有支持中英文检索、可进行同族专利合并处理、提供权利要求数与同族数等可用于评估专利质量的指标等优点。

检索策略为（TIAB-DWPI=（“biologic * material *” OR biomaterial * OR “bio * material *” OR “bionic * material *” OR “biomimetic * material *” OR “bio-mimicry material *” OR “bio-inspired material *” OR “biological mimetic * material *” OR “tissue engineering material *”））AND（AD=［20100101 TO 20231231］），共检索到相关专利 23055 条（检索日期：2024 年 2 月 16 日），通过数据清洗、去噪，简单合并同族后是 10340 个专利家族，以此作为专利分析的数据源，从专利发展趋势、重点技术布局、重点核心专利、主要申请机构、主要申请机构技术领域和优势领域以及专利地图等多方面进行国际竞争态势分析。

三、研究结果分析

（一）全球申请趋势分析

通过专利申请趋势分析可以了解专利技术在不同国家或地区的起源和发展情况，对比各个时期内不同国家和地区的技术活跃度，以便分析专利在全球布局情况，预测未来的发展趋势，为制定全球的市场竞争或风险防御战略提供参考。2013—2018 年，生物材料与仿生领域技术专利申请量处于快速发展期，2019 年专利申请量有小范围下滑，2020—2021 年专利申请量又缓慢增长；在专利公开方面，2010—2015 年处于快速发展期，2014—2015 年稍微下滑，2015—2019 年快速发展，2019—2020 年又缓慢下滑，整体呈发展趋势。按照专利法规定，除提前公开的情形外，自专利申请日的 18 个月后会公开申请文本，所以 2019—2020 年数据仅供参考（图 1）。

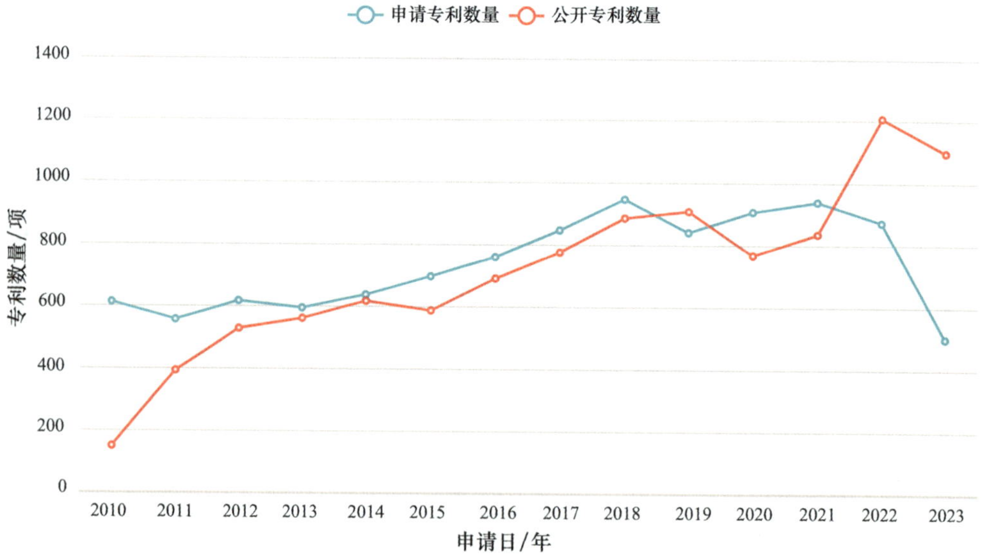

图 1　生物材料专利申请公开趋势

（二）技术生命周期分析

生命周期分析是专利定量分析中最常用的方法之一。通过分析专利技术所处的发展阶段，推测未来技术发展方向。一般来说，技术专利生命周期包括技术萌芽期、发展期、成熟期、衰退期和复苏期5个阶段，从全球生物材料和仿生技术专利生命周期图可以看出，1993—2011年处于快速发展期，2011—2013年技术有所下降，2014年开始又进入技术缓慢发展期，目前该领域整体还处于技术发展期（图2）。

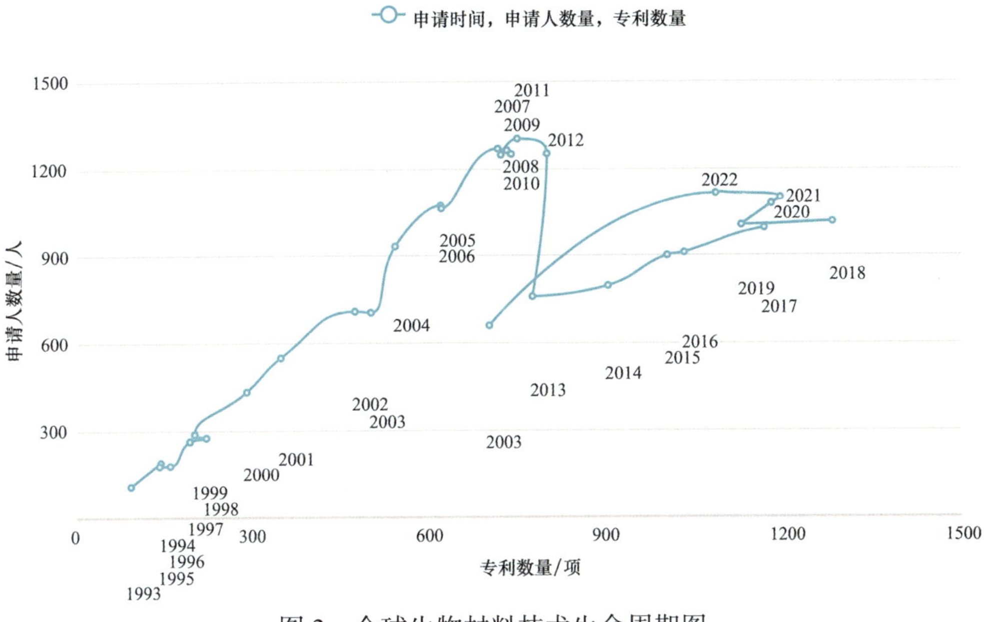

图2　全球生物材料技术生命周期图

（三）市场布局分析

从生物材料与仿生专利主要市场布局区域可以看出，专利公开国家最多的是我国，第二位的是美国，其次为韩国、俄罗斯、印度、日本、巴西、加拿大、印度尼西亚、乌克兰等国家。可见，全球生物材料与仿生技术在中国、美国市场布局较多，竞争也最为激烈（表1）。

表1　生物材料技术专利公开国情况

序号	布局区域	专利数量/项
1	中国	3496
2	美国	1613
3	韩国	906
4	俄罗斯	389
5	印度	345
6	日本	345
7	巴西	183
8	加拿大	173
9	印度尼西亚	110
10	乌克兰	86

（四）创新能力分析

申请人国别可以反映出某个国家在该领域的技术创新能力。从主要专利来源国可以看出，美国在该领域全球申请专利最多，达到3040项，说明美国在该领域创新能力最强，实力也最强。其次是我国，专利申请量2720项。其他国家分别为日本、德国、法国、俄罗斯、英国、意大利、瑞士、加拿大等，但与美国、中国专利申请量差距较大，可以看出美国、中国是生物材料与仿生技术主要创新来源国（表2）。

表2　生物材料技术专利主要来源国

序号	技术来源国	专利数量/项
1	美国	3040
2	中国	2720
3	日本	682
4	德国	265
5	法国	254

续表

序号	技术来源国	专利数量/项
6	俄罗斯	179
7	英国	178
8	意大利	174
9	瑞士	139
10	加拿大	133

（五）重点技术分析

为了更深入地了解生物材料与仿生专利的研发重点，本文利用国际专利分类号（IPC）来做技术分类统计分析，主要选取专利技术所在的 IPC 分类号小类进行分析。通过分析发现生物材料与仿生技术领域的专利主要分布在 A61L27（用于假体的材料）、C12N15（突变或遗传工程；遗传工程涉及的 DNA 或 RNA，载体（如质粒）或其分离、制备或纯化）、G01N33（利用特殊方法来研究或分析材料）、A61K47（以所用的非有效成分为特征的医用配制品，如载体或惰性添加剂；化学键合到有效成分的靶向剂或改性剂）等技术方向（图 3 和表 3）。

表 3　生物材料技术专利 IPC 专利分类情况

序号	IPC 分类号	专利数量/项	注释
1	A61L27	2077	用于假体的材料
2	C12N15	732	突变或遗传工程；遗传工程涉及的 DNA 或 RNA，载体（如质粒）或其分离、制备或纯化
3	G01N33	671	利用特殊方法来研究或分析材料
4	A61K47	595	以所用的非有效成分为特征的医用配制品，如载体或惰性添加剂；化学键合到有效成分的靶向剂或改性剂
5	A61F2	562	可植入血管中的滤器；假体，即用于人体各部分的人造代用品或取代物；用于假体与人体相连的器械；对人体管状结构提供开口或防止塌陷的装置，如支架

续表

序号	IPC 分类号	专利数量/项	注释
6	C12N5	555	组织；未分化的人类、动物或植物细胞，如细胞系
7	C07K14	525	具有多于 20 个氨基酸的肽；促胃液素；生长激素释放抑制因子；促黑激素；其衍生物
8	A61K9	489	以特殊物理形状为特征的医药配制品
9	A61K31	427	含有机有效成分的医药配制品
10	A61K35	385	含有不明结构的原材料或反应产物的医用配制品

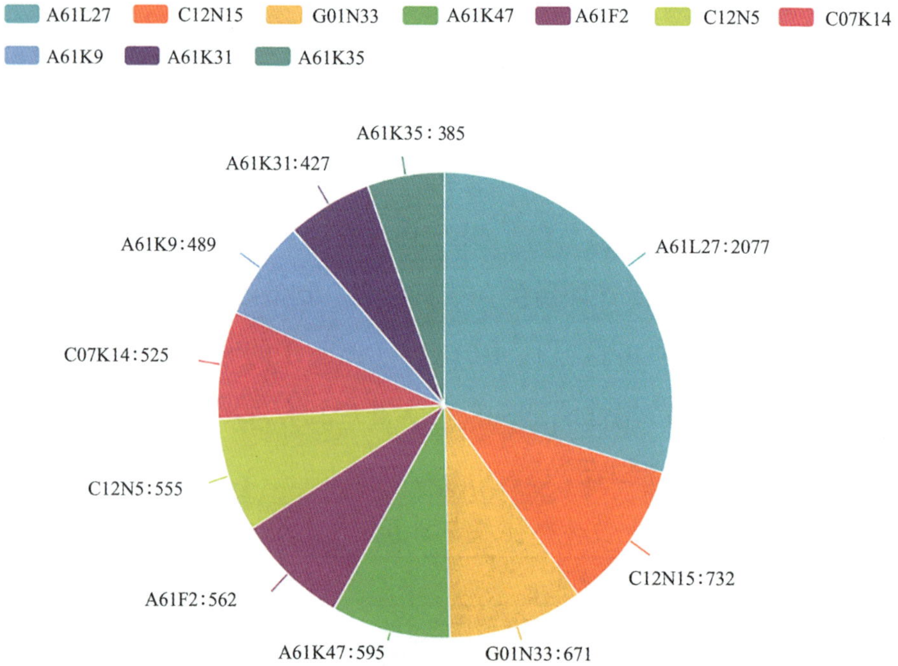

图 3　生物材料专利主要 IPC 分类

（六）申请机构分析

对生物材料与仿生专利申请量机构排名前 10 位进行统计分析，可以反映在该领域各机构的技术竞争力及活跃程度，还可以反映出该技术领域的技术集中与垄断程度。

按照所属申请人（专利权人）的专利数量统计的申请人排名前 10 位情况。该分析可以发现创新成果积累较多的专利申请人，并据此进一步分析其专利竞争实力。从申请机构类型来看，生物材料与仿生重要研发力量集中在科研院所。在全球排名前 10 位的机构中有 6 家为中国的大学，其他 4 家分别为美国、韩国、日本的机构（表 4）。

表 4　生物材料领域专利优势机构排名（Top10）

序号	申请机构	专利数量/项	国家
1	四川大学	70	中国
2	中国农业大学	61	中国
3	KOREA INSTITUTE OF SCIENCE AND TECHNOLOGY	50	韩国
4	THE REGENTS OF THE UNIVERSITY OF CALIFORNIA	50	美国
5	中国科学院遗传与发育生物学研究所	49	中国
6	中国农业科学院作物科学研究所	48	中国
7	华南理工大学	39	中国
8	浙江大学	39	中国
9	INDUSTRY ACADEMIC COOPERATION FOUNDATION YONSEI UNIVERSITY	30	韩国
10	НАЦIОНАЛЬНИЙ УНIВЕРСИТЕТ БIОРЕСУРСIВ I ПРИРОДОКОРИСТУВАННЯ УКРА ii НИ	29	日本

（七）发明人分析

通过对专利发明人进行分析，可以确定分析生物材料与仿生领域专利主要发明人，帮助进一步理清该技术或申请人的核心技术人才，可以进一步挖掘该领域的人才竞争情况。按照专利数量统计的第一发明人排名情况，美国科尔马斯特心血管公司的 Robert G. Matheny 发明专利位于第一，我国山东理工大学的朱国全位于第 5 位（图 4）。

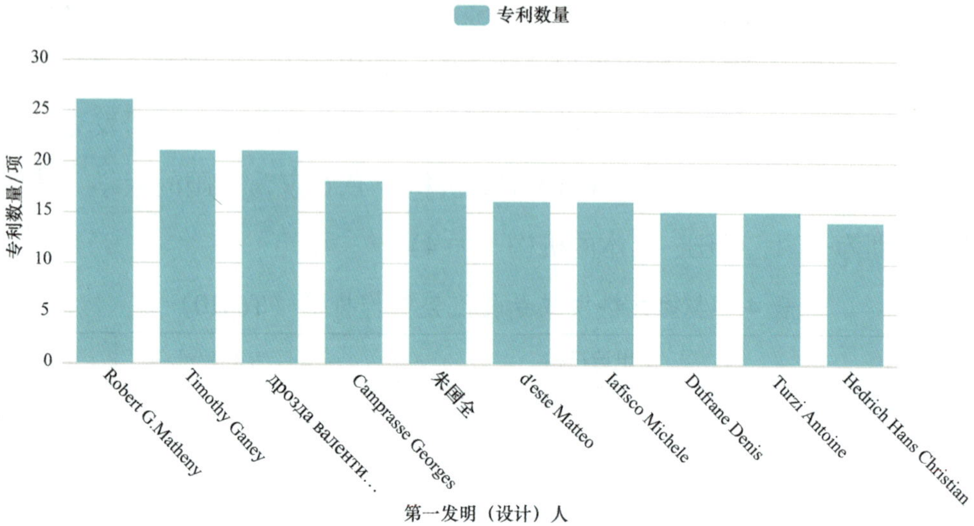

图 4　专利第一发明人 Top10

（八）研究主题分析

生物材料与仿生的重点发展领域为计算机科学、生物医学等应用领域。对技术研究热点主题进行文本聚类分析，研究热点主要集中于细胞外基质、仿生材料、组织工程、医用生物材料、光学生物传感器、生物芯片、复合生物材料等（图 5）。

（九）专利沙盘对抗分析

从全球生物材料与仿生专利进行分析发现，中国和美国是主要专利申请和研发主要国家，对美国和中国的专利进行对抗分析。综合考虑专利数量、专利价值度、技术影响力、权力范围、运用经验值等因素，对中美专利进行综合对比分析。专利数量指的是对应数据样本中的专利数，专利价值度评估平均合享价值度，技术影响力参考引证信息，权力范围参考权利要求的数量，运用经验值根据许可、转让、质押等法律事件评估。

红方代表中国专利，蓝方代表美国专利，从图 6 中可以看出，美国在生

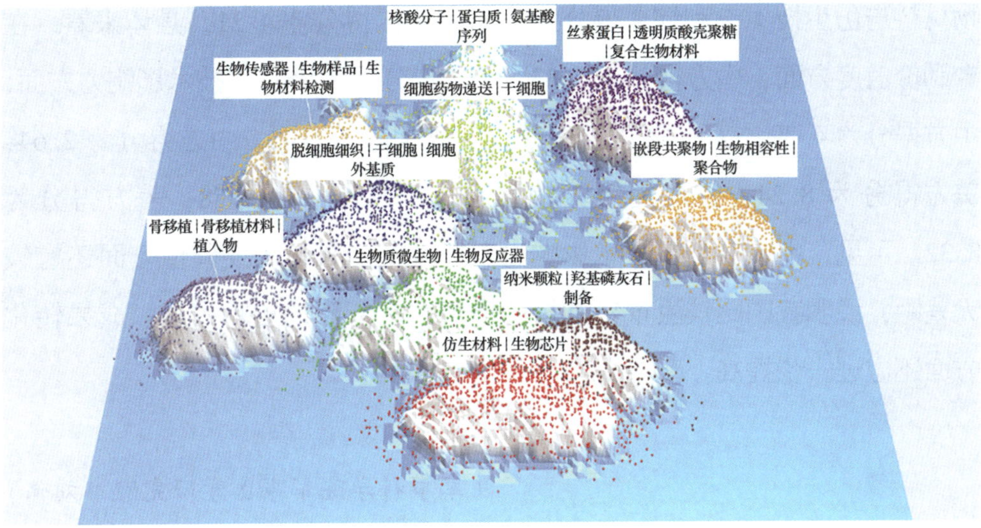

图 5　研究主题聚类

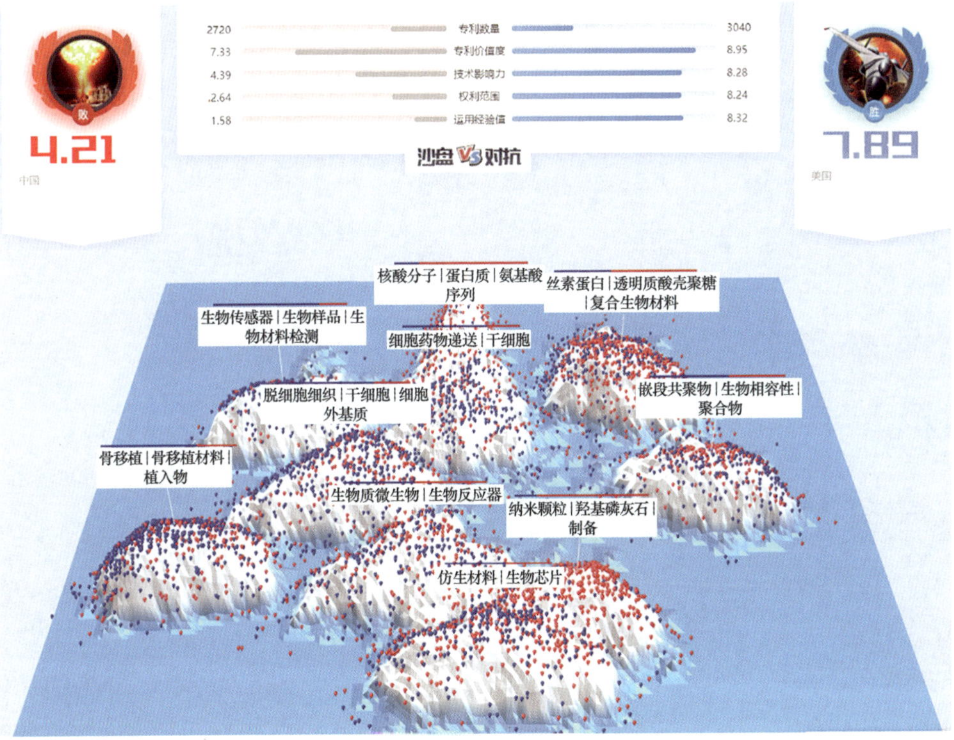

图 6　生物材料专利沙盘对抗分析图

物材料与仿生技术专利综合得分为 7.59，中国得分为 4.21。具体来看，在专利价值度方面，中方得分为 7.33，美方得分为 8.95；在技术影响力方面，中方得分为 4.39，美方得分为 8.28；在权利范围方面，中方得分为 2.64，美方得分为 8.24；在运用经验值方面，中方得分为 1.58，美方得分为 8.32。可见，中国专利在技术影响力、权利范围和运用经验值方面还有较大差距，说明我国比较注重专利量的申请，在专利的应用推广、成果转化方面还应进一步提高。

（军事科学院军事医学研究院　刘伟）

全球基因编辑领域专利分析

基因编辑是指对目标基因进行删除、替换、插入等操作，以获得新的功能或表型，甚至创造新的物种。基因编辑技术，尤其是 CRISPR/Cas 技术已经广泛用于各物种的基因编辑。近年来，基因编辑一直是生物科技领域的研究热点，相关技术不断成熟，在基础研究、临床治疗、药物研发、遗传改良等方面不断取得突破性进展。本文以基因编辑领域技术专利为分析数据来源，对该领域专利进行国内外竞争态势分析，主要包括基因编辑领域专利申请公开趋势、专利技术生命周期分析、全球市场布局、创新能力、重点技术方向、主要申请机构以及研发主题分析。

一、基因编辑概述

基因编辑技术已经在人胚胎细胞基因编辑、干细胞基因编辑、免疫细胞（T 细胞）基因编辑、RNA 检测、癌基因筛选、遗传筛查、药物靶点筛选和模式动物研究领域广泛应用，极大程度地推进相关领域的变革性发展。美国国立卫生研究院、DARPA 与产业界均投入巨资驱动基因编辑技术的发展，目前该技术的应用已经较为成熟。2023 年 11 月，美国仿生血管公司开发出新型人工血管，已用于救治 16 名血管严重受伤的乌克兰士兵，表现出巨大的潜在应用价值。2022 年 1 月，美国首次在血管内皮细胞上实现基因编辑，有助于治疗任何由内皮功能障碍引起的疾病。2022 年 1 月，美国开发出新型体内基因编辑类病毒载体，可作为一种有潜力的治疗性大分子递送载体。2022 年 2 月，美国内华达大学、马里兰大学和宾夕法尼亚州立大学的科研团队利用 CRISPR 基因编辑技术首次实现了对蜱虫的基因编辑。2022 年 3 月，美国得克萨斯大学奥斯汀分校的科学家开发出新版本的基因编辑工具。

二、研究方法与数据来源

以基因编辑技术专利为分析数据来源，对该领域专利进行国内外竞争态势分析。本文选取 Incopat 专利数据库，该数据库具有支持中英文检索、可进行同族专利合并处理、提供权利要求数与同族数等可用于评估专利质量的指标等优点。

基因编辑技术主要以锌指核酸酶（Zinc Finger Nuclease，ZFN）、转录激活因子样效应因子核酸酶（Transcription Activator－Like Effectors Nucleases，TALEN）和 CRISPR/Cas9 等为代表。CRISPR/Cas9 是基因编辑领域应用最广泛的一项技术，具有设计简便、高效、可实现高通量操作的特点。根据研究主题设定的检索式为（TIABC＝（“Gene Edit” OR “Genome Edit” OR ZFNs OR ZFN OR TALENs OR TALEN OR CRISPR or CRISPR/Cas9 or “clustered regularly interspaced short palindromic repeats” or “zinc finger nuclease” OR “transcription activator like effector nucleases”））AND（AD＝［20100101 to 20231231］），

共检索到相关专利 45469 条（检索日期：2024 年 2 月 16 日），通过数据清洗、去噪，简单合并同族后是 20697 个专利家族，以此作为专利分析的数据源，从专利发展趋势、重点技术布局、重点核心专利、主要申请机构、主要申请机构技术领域和优势领域以及专利地图等多方面进行国际竞争态势分析。

三、研究结果分析

（一）全球申请趋势分析

通过申请趋势可以从宏观层面把握分析对象在各时期的专利申请热度变化。通过专利申请趋势分析可以了解该领域专利技术在不同国家或地区的起源和发展情况，对比各个时期内不同国家和地区的技术活跃度，分析该领域专利在全球布局情况，预测未来的发展趋势，为制定全球的市场竞争或风险防御战略提供参考。图 1 展示的是专利申请量的发展趋势，从图 1

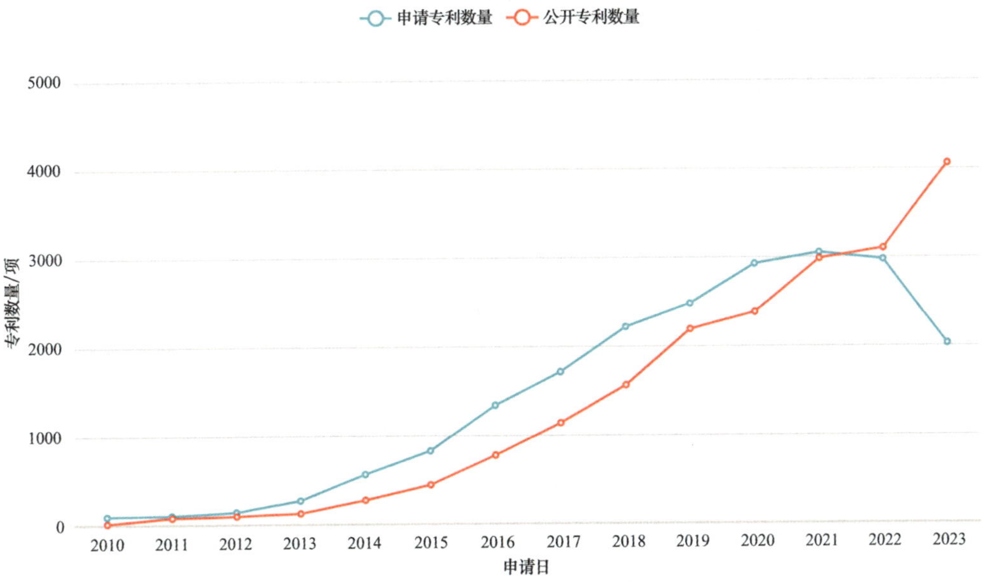

图 1　基因编辑专利申请趋势

中可以看出，基因编辑技术在2010—2011年专利申请量较少，年均申请专利量不到200项。2011—2013年该领域专利申请量处于缓慢增长期。2013年以张锋等为代表的研究人员CRISPR技术重大突破，2015年专利申请量突破600项，2015年以后专利申请量进入快速增长期，年均专利申请量突破1000项。该领域专利申请趋势总体呈不断增长态势，特别是在近两年该技术得到快速发展，专利申请量增长较快。申请数量的统计范围是目前已公开的专利。一般发明专利在申请后3~18个月公开，实用新型专利和外观设计专利在申请后6个月左右公开。

（二）生命周期分析

生命周期分析是专利定量分析中最常用的方法之一。通过分析专利技术所处的发展阶段，推测未来技术发展方向。它针对的研究对象可以是某件专利文献所代表技术的生命周期，也可以是某一技术领域整体技术生命周期。一般来说，技术专利生命周期包括技术萌芽期、发展期、成熟期、衰退期和复苏期5个阶段，从全球基因编辑技术专利生命周期图可以看出（图2），2015年以前为该技术萌芽期，2015—2023年为技术发展期，特别是近几年得到快速发展，从目前看，该技术还处于发展期，尚未到成熟期。

（三）市场布局分析

通过分析各个国家或地区的专利数量分布情况，即市场布局情况，可以了解该技术在不同国家技术创新的活跃情况，从而发现主要的技术创新来源国和重要的目标市场。全球基因编辑技术专利市场布局区域主要在美国、中国、印度、韩国、日本、俄罗斯、加拿大、英国等国家。

在基因编辑技术领域，专利公开国家最多的是美国，第二是我国，说明美国和中国在该领域市场最为活跃，其次为印度、韩国、日本、加拿大、

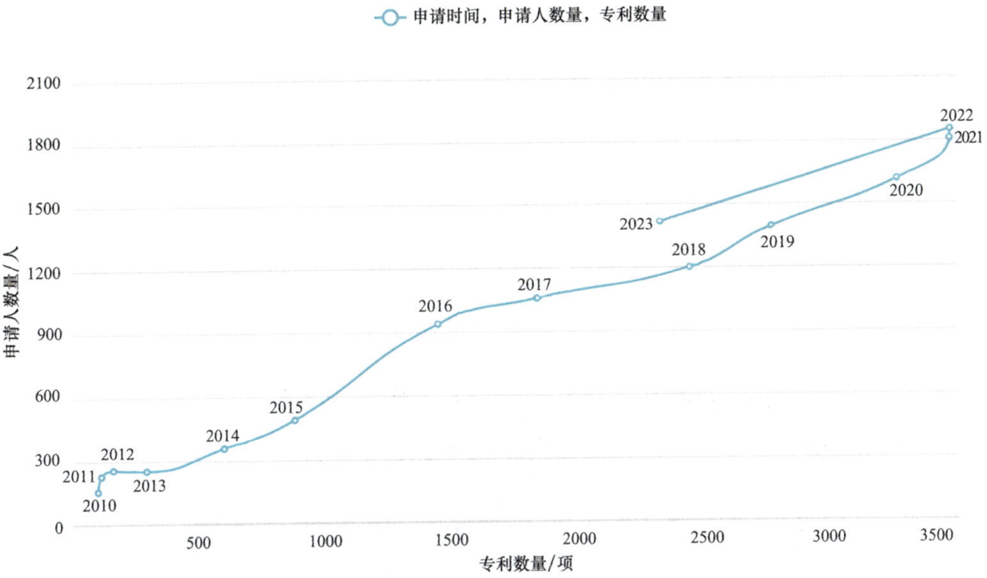

图 2　全球基因编辑技术生命周期图

英国、俄罗斯等国家或地区（表 1）。可见，全球基因编辑技术在中国、美国市场布局较多，竞争也最为激烈。

表 1　基因组编辑技术专利主要市场布局区域

序号	布局区域	专利公开数量/项
1	美国	2692
2	中国	2079
3	印度	125
4	韩国	106
5	日本	48
6	俄罗斯	53
7	加拿大	44
8	英国	24
9	德国	14
10	阿根廷	9

美国较注重在中国市场布局。通过分析我国专利的申请人国别分布情况，可以了解来自不同国家的申请人在我国申请保护的专利数量，从而可以了解各国创新主体在我国的市场布局情况、保护策略及技术实力。国外在我国申请专利最多的是美国，专利申请量为591项，占到国外在我国申请专利总数的73%，可见美国比较注重中国市场，在我国布局大量专利（图3）。其次是瑞士、英国、法国、韩国、荷兰、德国、日本、以色列等。

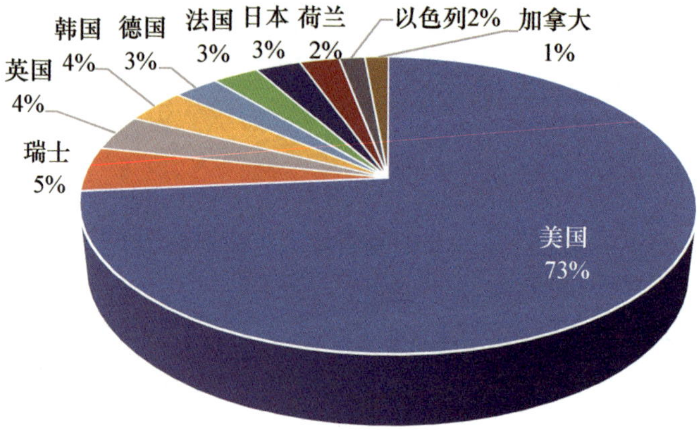

图3　国外在中国基因编辑技术专利布局情况

（四）创新能力分析

基因编辑技术专利申请国别可以反映出某个国家在该领域的技术创新能力。基因组编辑技术的专利主要来源于研发实力较强的国家。从基因编辑技术主要专利来源国（表2）可以看出，美国在该领域全球申请专利最多，达到4643项，说明美国在该领域创新能力最强，研发实力也最强。其次是中国，专利研发量为2229项，说明中国在该领域创新能力也较强。其他国家分别为德国、韩国、英国、瑞士、法国、日本、加拿大、荷兰，与美国、中国专利申请量差距较大。

表 2　基因编辑技术专利主要来源国

序号	技术来源国	专利数量/项
1	美国	4643
2	中国	2229
3	德国	205
4	瑞士	180
5	韩国	173
6	英国	168
7	法国	141
8	日本	138
9	加拿大	85
10	荷兰	71

（五）重点技术方向分析

为了更深入地了解基因编辑技术专利的研发重点，本文利用国际专利分类号（IPC）来做技术分类统计分析，主要选取专利技术所在的 IPC 分类号小类进行分析。通过该分析可以了解分析对象覆盖的技术类别，以及各技术分支的创新热度。分析发现，基因组编辑技术领域的专利主要分布在 C12N（微生物或酶）、A61K（医用配制品）、C12Q（含酶或微生物的测定或检验方法）、C07K（肽）、A61P（化合物或药物制剂的特定治疗活性）等小类。其中 C12N（微生物或酶）方面的专利申请量最多达到 4915 项，其次为 A61K，申请专利达到 1613 项，可以看出，基因编辑技术研究主要主题聚焦在基因敲除、基因插入、基因靶向修复、调控基因表达等（图 4 和表 3）。

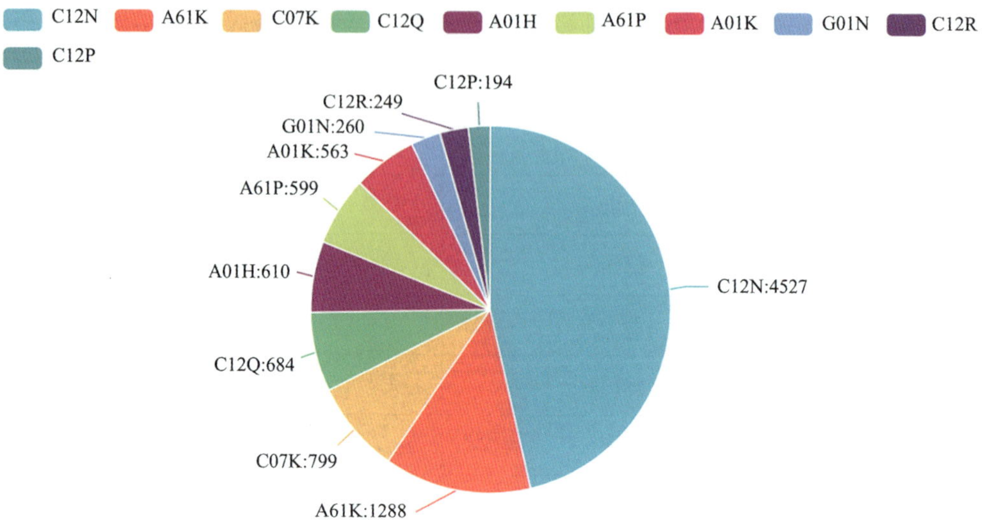

图 4　基因编辑技术专利主要 IPC 分类

表 3　基因编辑技术专利 IPC 专利分类情况

序号	IPC 分类号	专利数量/项	注释
1	C12N	4915	微生物或酶；调节基因表达的非编码核酸，如反义寡核苷酸；核酸；有关基因工程的 DNA 或 RNAC12N15、C12N9、C12N5、C12Q1
2	A61K	1613	医用、牙科用或梳妆用的配制品；A61K48/00 含有插入到活体细胞中的遗传物质以治疗遗传病的医药配制品；基因治疗
3	C07K	838	肽
4	C12Q	761	酶、核酸或微生物的测定或检验方法
5	A61P	639	化合物或药物制剂的特定治疗活性
6	A01H	581	新植物或获得新植物的方法；通过组织培养技术的植物再生
7	A01K	559	畜牧业；禽类、鱼类、昆虫的管理
8	G01N	288	借助于测定材料的化学或物理性质来测试或分析材料
9	C12P	197	发酵或使用酶的方法合成目标化合物或组合物或从外消旋混合物中分离旋光异构体
10	C12R	187	微生物

中美专利技术研发重点。通过对各个国家基因编辑专利 IPC 研发重点，可以了解和判断该国的技术创新重点和技术布局，可以反映出该国的技术优势领域。从图 5 可以看出，美国、中国都比较注重 C12N（微生物或酶）的研发。美国的主要研发重点技术还包括 A61K（医用配制品）、C07K（肽）、C12Q（包含酶、核酸或微生物的测定或检验方法）、A61P（化合物或药物制剂的特定治疗活性）等。我国主要的研发重点技术要还包括 A61K（医用配制品）、C07K（肽）、C12Q（包含酶、核酸或微生物的测定或检验方法）、A61P（化合物或药物制剂的特定治疗活性）、A01H（新植物或获得新植物的方法；通过组织培养技术的植物再生）、A01K（畜牧业）等。

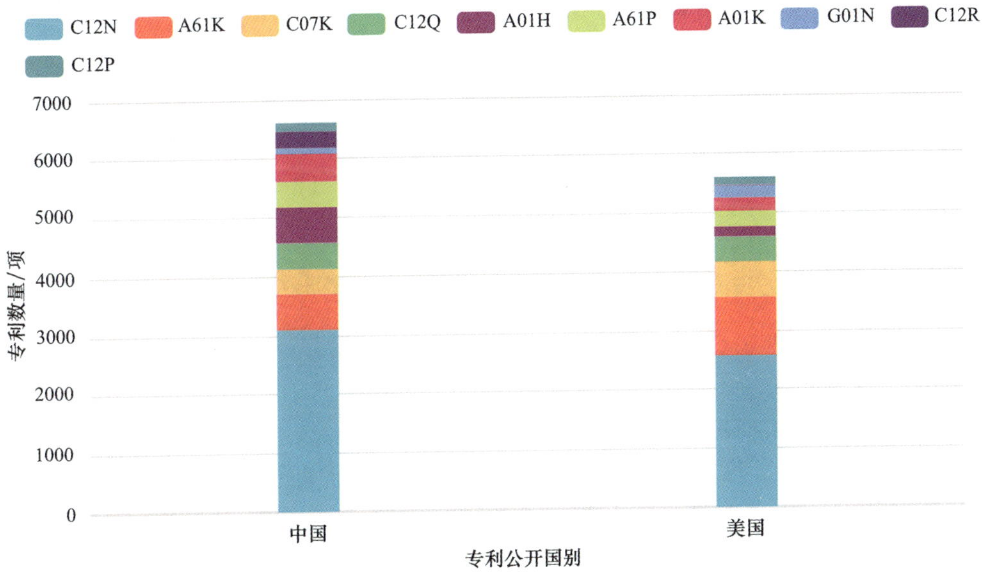

图 5　中美基因编辑技术专利 IPC 研发重点

（六）发明人分析

通过对专利发明人进行分析，可以确定分析基因编辑领域专利主要发明人，帮助进一步理清该技术或申请人的核心技术人才，可以进一步挖掘该领域的人才竞争情况。图 6 展示的是按照专利数量统计的发明人排名情况，从图中可以看出华人科学家张锋（Zhang Feng）在该领域发明专利最多，达到 700 多项，遥遥领先于其他发明人。张峰为哈佛-麻省理工 Broad 研究所教授，并创办了 Editas Medicine 公司，首次实现 CRISPR/Cas9 基因编辑技术在哺乳动物细胞中应用，率先获得了美国专利。2020 年，张锋教授团队发布了使用基于 CRISPR/Cas13 的 SHERLOCK 技术检测新型冠状病毒的详细操作流程。该技术可以解决目前 RT-PCR 检测试剂盒假阴性率较高，耗时长，操作复杂，难以满足快速增长的疑似病例排查需求等问题，相比之下，SHERLOCK 技术检测新冠病毒异常灵敏，且该方法操作简单，1 小时内即可完成检测。

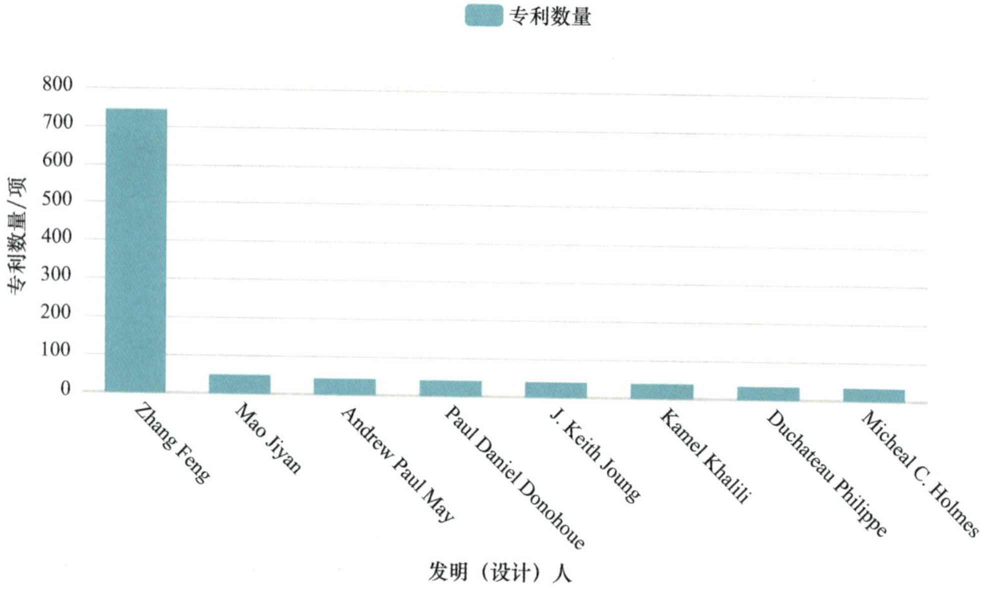

图 6　基因编辑技术专利主要发明人情况

（七）申请机构分析

在基因编辑技术领域专利申请机构进行对比分析发现，美国专利申请较强的机构均为全球专利申请较强的机构，为麻省理工学院、博德研究所和哈佛大学，说明美国在该领域研发实力最强，美国其他机构与前3位机构相比数量差距较大，表明美国在该领域核心技术主要在上述3家机构，研发力量较为集中。美国基因编辑技术专利申请前10家机构有4家是大学和科研院所，6家为企业，企业积极在基因编辑技术专利布局，其中包括生物医药企业编辑医药公司，致力于基因编辑工具优化的西格玛奥尔德里奇有限公司、桑加莫生物科学公司，以及农业科技企业陶氏益农、先锋国际公司。研发机构间合作紧密，主要形成了两大研究合作团队：一是以哈佛大学、麻省理工大学、博德研究所为首的合作团队；二是以加州大学为首的合作团队。但基因编辑领域的产学研联动还未大面积展开，合作主要存在于机构与机构间以及少量的企业与企业间。

（八）核心专利分析

根据专利引证情况，筛选出基因编辑技术领域主要核心专利。合享价值度主要依赖于数据库自主研发的专利价值模型实现，该专利价值模型融合了专利分析行业内最常见和重要的技术指标，如技术稳定性、技术先进性、保护范围层面等20多个技术指标，并通过设定指标权重、计算顺序等参数，使得能对每项专利进行专利强度自动评价，可以为快速遴选重点专利提供参考。合享价值度分值是1~10分，分值越高代表价值度越高。

从基因编辑技术专利被引次数排名，可以看出前5位引证最高的专利均来自美国，其中被引次数最高的专利来自麻省理工大学的张锋发明的专利，用于改变基因产物表达CRISPR-CAS系统和方法，被引次数为453次，远远高于其他4项专利，合享价值度为10。被引次数排名前5位的专利中2项专利来自于麻省理工大学，其发明人都是张锋（表4）。

表4　基因编辑技术专利被引次数排名（Top5）

公开号	专利名称	合享价值度	被引次数	申请机构	发明人	国家
US8697359B1	CRISPR－Cas systems and methods for altering expression of gene products	10	630	Massachusetts Institute of Technology	Zhang Feng	美国
US20110145940	Altal effector－mediated DNA modification	10	330	National Science Foundation	Voytas F. Daniel; Bogdanove Adam; Zhang Feng	美国
US20100076057A1	Target DNA Interference with crRNA	10	315	Northwestern University	Erik J. Sontheimer; Luciano A. Marraffini	美国
WO2014089290A1	CRISPR－based genome modification and regulation	10	281	Sigma Aldrich Co LLC	Chen Fuqiang	美国
US20140179006A1	CRISPR－Cas component systems, methods and compositions for sequence manipulation	10	173	Massachusetts Institute of Technology	Zhang Feng	美国

（九）专利沙盘对抗分析

从全球基因编辑技术专利分析发现，美国和中国是主要技术研发国家，综合考虑专利数量、专利价值度、技术影响力、权力范围、运用经验值等因素，对中美专利进行综合对比分析。专利数量指的是对应数据样本中的专利数，专利价值度评估平均合享价值度，技术影响力参考引证信息，权力范围参考权利要求的数量，运用经验值根据许可、转让、质押等法律事件评估。

红方代表中国专利，蓝方代表美国专利，从图7中可以看出，美国在基因编辑技术专利综合得分为 8.59，中国得分为 2.86。在专利价值度方面，中方得分为 6.44，美方得分为 6.59；在技术影响力方面，中方得分为 1.93，美方得分为 9.21；在权利范围方面，中方得分为 1.21，美方得分为 9.27；在运用经验值方面，中方得分为 0.65，美方得分为 9.27。可见，中国基因编辑专利在技术影响力、权利范围和运用经验值方面还有较大差距，说明我国比较注重专利的申请，在专利的应用推广、成果转化方面还应进一步提高，这与我国在该领域技术研发主要以大学和科研院所为主有很大关系。

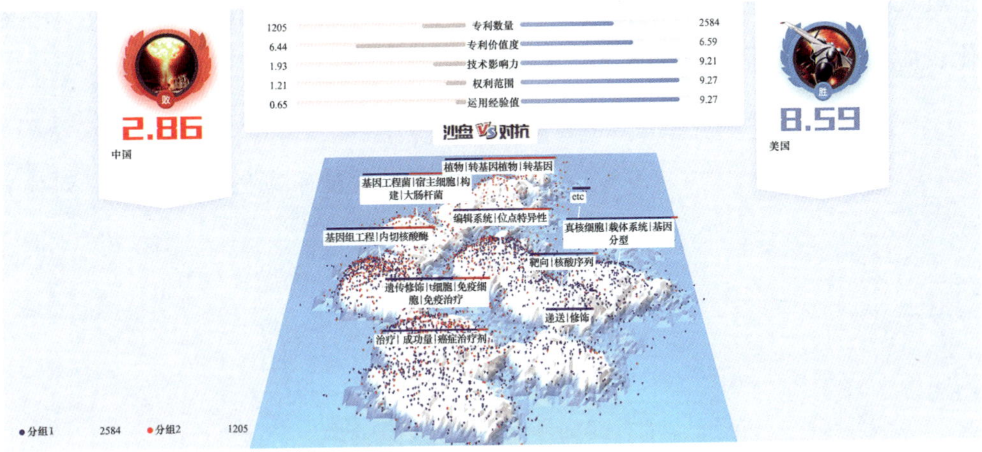

图 7　基因编辑技术专利沙盘对抗

四、小结

基因编辑技术能够高效率、低成本地定点修改以及编辑更多物种的基因，其未来的发展将会对医学界、产业界以及国家层面的竞争力产生一定的影响。通过对全球基因编辑技术专利进行分析，该领域专利申请量呈不断上升的趋势。从市场布局来看，全球基因编辑技术在我国市场公开专利最多，其次是美国市场，中美市场竞争最为激烈；从创新能力方面来看，美国、中国是基因编辑技术主要创新来源国，美国在该领域创新能力最强，研发实力最强；从研发机构来看，美国基因编辑技术顶尖机构研发实力较强，我国机构技术实力普遍较弱，全球基因编辑技术专利最多的机构是麻省理工学院、博德研究所和哈佛大学，处于世界领先地位。同时，美国研发比较注重机构之间的合作，我国在该领域缺乏合作。综上所述，美国在基因编辑技术领域研发实力领先全球，在中国市场有大量专利布局。中国在该领域应用研究起步较晚，但发展较快，专利申请量有较大幅度提升，在近几年开始反超美国，但缺乏专利国外布局，专利质量、专利的成果转化、应用推广方面有待进一步提高。

（军事科学院军事医学研究院　刘伟）

附录

发展

报告

2023年国外国防生物与医学领域重要战略政策概览

文件名称	广泛保护性冠状病毒疫苗研发路线图		
发布时间	2023年2月	发布机构	美国明尼苏达大学 传染病研究和政策中心
内容概要	该路线图提到，广泛保护性冠状病毒疫苗是预防未来新冠病毒变种及新出现冠状病毒的重要工具，可在未来应对疫情或大流行的方面发挥关键作用。该路线图分为5个主题领域：病毒学、免疫学、疫苗学、动物与人类感染模型以及政策与金融		
文件名称	国防部生物制造战略		
发布时间	2023年3月	发布机构	美国国防部
内容概要	该战略根据美国2022年版《国防战略》和关于“生物技术和生物制造”的14081号行政命令制定，旨在开发关键生物技术，快速实现原型和规模化生产，维护国防供应链的安全性，提供作战能力支持。该战略有助于美国未来主导建立国际标准体系，提高国际对其产品技术的黏附力和依赖性，打造更加硬核的竞争优势		
文件名称	2023年全球生物实验室报告		
发布时间	2023年3月	发布机构	英国伦敦国王学院
内容概要	该报告主要内容包括全球生物安全四级实验室整体情况、全球生物安全三级实验室整体情况、各国生物风险管理评价、各国生物实验室管理与稳定性评价、生物风险管理的国际管控等。报告提到，加强生物风险管理需要多方共同努力，包括高等级生物安全实验室、国内政府机构以及政府间组织、国际条约组织和非政府组织等		

文件名称	国家生物安全战略		
发布时间	2023 年 6 月	发布机构	英国政府
内容概要	该战略提出，到 2030 年英国需有能力应对各种生物威胁，成为科技创新的全球领导者，不断提升其生物安全防御能力和全球领导力。重点提出四大支柱和三大措施，着力推进英国生物安全的跨越式发展。强化科学研究，进一步推动英国对生物安全的投资，重点开展下一代测序和监测、工程化生物剂检测、100 天疫苗和药物研发等重大科研任务，激发英国科技创新能力		
文件名称	生物防御态势评估		
发布时间	2023 年 8 月	发布机构	美国国防部
内容概要	首次出台的生物防御领域的态势评估，美军针对“中国威胁”做出的具体部署。该报告从战略政策、伙伴关系、管理体系、防御能力、物资供应体系等角度，对美军生物安全防御能力和差距进行系统评估，提出建立国防部层面的管理机构、加强态势感知、提升战备能力、实现快速响应等任务，为美国国防部生物安全防御能力建设提供了战略指引		
文件名称	应对大规模杀伤性武器战略		
发布时间	2023 年 9 月	发布机构	美国国防部
内容概要	该战略将中国视为“步步紧逼的挑战”，提出保卫美国国土免受大规模杀伤性武器攻击，阻止对美国及其盟友使用大规模杀伤性武器，确保联合部队具备在化生放核环境中取胜的能力，防止新的大规模杀伤性武器威胁 4 个战略优先事项。提出应在情报信息、领导者培养、人力资源、研发、采办 5 个方面加强投入		

2023 年国防生物与医学领域科技发展大事记

美军研发血液生物制品。2023 年 1 月，美国国防高级研究计划局（DARPA）宣布了“出血治疗人工生物复苏制品”项目（FSHARP）承研单位。马里兰大学巴尔的摩分校主要承担项目研究，其他参与机构包括凯斯西储大学、查尔斯河实验室、莱瑟姆生物制药集团、俄亥俄州立大学、Pumas-AI 公司、西南研究所、加州大学圣地亚哥分校、匹兹堡大学、俄勒冈健康科学大学、得克萨斯大学奥斯汀分校、北卡罗莱纳大学，以及自主研发生物合成血液成分的 Haima Therapeutics、KaloCyte、Teleflex 公司。“出血治疗人工生物复苏制品”项目由 DARPA 于 2021 年 5 月推出，旨在开发一种可现场部署的、储存稳定的全血替代品，在战场无法获得血液产品时用于伤员复苏。该项目为期 4 年，资助资金 4640 万美元。

美军开发新技术保障粮食安全。2023 年 1 月，DARPA 发布“粮食安全”（Foundational Security for Food Systems，FS2）项目。该项目旨在探索一种基于信号通路的新技术（Pathway-based Approach），该技术可以在玉米、大米和小麦等农作物感染病原体、尚未出现症状阶段，检测到特定信号通路被激活的情况，并发出农作物损害警告和生物威胁监测预警。该项目的愿景是将美军生物威胁监测的重心从以烈性病原体为主变为病原体与特定信号通路激活相结合，从生物威胁被动应对向主动防御转型。FS2 项目为期 18 个月，包括两个阶段：第一阶段通过分析玉米中锈菌感染的实际情况与信号通路激活的关联性，开展遗传建模研究；第二阶段为 8 个月，通过在其他农作物中开展验证研究，揭示该模型在生物威胁监测和早期预警中的实际应用效果。FS2 项目将不涉及任何生物体的基因改造，所有研究都将按照批准的监管标准进行。

美国情报部门启动气溶胶快速检测项目。2023 年 2 月，美国情报高级研究计划局（IARPA）官网发布消息称将启动“智能复合气溶胶快速检测”（PICARD）项目，旨在准确、快速检测有害气溶胶并降低其风险。该项目将研发可在现场环境中快速识别气溶胶颗粒化学成分的传感平台，重点解决尺寸、形状、结构、化学成分和挑战性环境中的探测问题。主要用途包括监测可疑制造场所，追踪运输流程，为工业和核场所故意或意外释放气溶胶提供预警，以及在大型公众集会上筛查可疑气溶胶颗粒，以进行早期预警。该项目为期 42 个月，分为两个阶段：第一阶段为 18 个月；第二阶段为 24 个月。

俄罗斯颁布危险生物设施规范性文件。2023 年 3 月，俄罗斯联邦政府出台的两个关于危险生物设施的规范性文件正式生效，分别是《潜在危险生物设施清单》和《遏制和消除因事故和（或）破坏而造成的生物污染区的措施规定》。根据俄罗斯政府 2022 年 7 月 4 日发布的第 1203 号政府令，出台这两个文件是落实《俄罗斯联邦生物安全法》第十二条第二款的具体措施，文件自生效之日起 6 年内有效。《潜在危险生物设施清单》规定了三类设施属于具有潜在危险的生物设施，分别是：①建立、维护和补充病原微生物和病毒库的机构所在的建筑物；②从事Ⅰ～Ⅲ类人类和动物传染病病原体研究工作的机构所属设施；③从事与Ⅰ～Ⅱ类病原体相关的工业生产活动、或经批准在封闭建筑内从事Ⅲ～Ⅳ类病原体相关工作的生物工业机构所属设施。《遏制和消除因事故和（或）破坏而造成的生物污染区的措施规定》明确了上述三类潜在危险生物设施因事故或蓄意破坏造成生物污染区时必须快速响应，采取措施保障公民和地区安全；具体的响应处理措施细则由俄罗斯联邦消费者权益保护和公益监督局负责制定；俄罗斯政府化学和生物安全委员会负责协调政府各部门和各联邦主体政府之间的行动，组建行动指挥部领导部门间合作；具体的消除后果措施由受过专门训练的政府机构、国有企业、地方政府、地方自治机构和组织等实施开展。

美国国防部发布生物制造战略。2023 年 3 月，美国国防部根据 2022 年《国家国防战略》和第 14081 号行政命令“推进生物技术和生物制造创新，实现美国生物经济可持续、安全和可靠发展”，发布了首份《国防部生物制造战略》。该战略认为：生物制造事关美国国家安全，急需加强生物制造技术研发，提升规模化生产能力。该战略旨在进一步加大生物制造投资，推动生物制造的领先发展、率先应用，保护美国国内生物制造、生物技术和生物安全。该战略明确提出未来 5 年向生物制造领域投资 14. 7 亿美元，其中 10 亿美元用于建立国内生物制造基地，确保商业和国防供应链韧性和安全；2. 7 亿美元用于启动“陆海空军种生物制造计划”，推动技术研发；2 亿美元重点投向生物安全领域。该战略发布的同时，美军还发布了一项关于生物制造技术的《模块化、可重复使用的分布式生物制造工业能力》需求，寻找与国防部系统和供应链中使用的生物制造材料的生产有关的信息，希望美国国内生物制造商提供有关其技术及其成熟度的数据。该需求明确指出，不接受外国公司和实验室申请，这也是美国在集成电路供应链及技术管控的另一个重要领域。

英国发布《2023年全球生物实验室报告》。2023年3月，英国乔治梅森大学和伦敦大学国王学院的科学家团队发布了《2023年全球生物实验室报告》。该团队于2021年启动了全球生物实验室计划，收集和分析全球高等级生物安全实验室的数据，其发布的报告主要分为6章。①全球BSL-4实验室整体情况。到2023年年初，全球总计27个国家/地区69个BSL-4实验室。其中，51个实验室建成运行，3个在建设中，15个在计划建设中。欧洲最多，共26个，包括2个在建实验室（英国和西班牙各1个）。全球BSL-4实验室的工作重点是公共卫生，而非生物防御。②全球BSL-3+实验室整体情况。该报告共收集到57个自称为BSL-3+的实验室，其中欧洲21个、北美19个、亚洲10个。BSL-3+主要为公共卫生和大学实验室。③各国生物风险管理评价。④各国生物实验室管理与稳定性评价。⑤生物风险管理的国际管控。⑥主要建议。该报告指出，加强生物风险管理需要多方共同努力，包括高等级生物安全实验室、国内政府机构以及政府间组织、国际条约组织和非政府组织等。

美军研发新型微生物传感器系统。2023年4月，DARPA发布“新型微生物传感器系统”（Tellus）项目指南。该项目将探索开发一种交互式平台技术，用于快速设计具有感知和检测功能的微生物设备，以实现对美军部队部署地相关环境的实时监测。具体而言，DARPA将研究确定微生物设备可以检测到化学和物理信号的范围，以及适合的环境条件和输出信号的类型，从而开发灵活、稳健、可靠和耐用的微生物传感器系统，实现对周围环境的监测。该项目研究周期为两年半，开发的微生物设备必须能够将检测到的输入信号转换为各种化学或物理输出信号，包括光、无毒有机化合物或电流等。

俄罗斯发布美国在乌克兰生物实验室的调查报告。2023 年 4 月，俄罗斯国家杜马和联邦委员会先后审议通过了关于美国在乌克兰生物实验室活动的最终调查报告。报告阐述了美国对全球生物安全造成的威胁、美国在乌克兰生物实验室活动详情、美乌违反《禁止生物武器公约》（以下简称《公约》）情况、俄罗斯对生物安全威胁的应对准备、加强《公约》制度的建议以及调查基本结论。委员会在评估美国和乌克兰的生物军事化活动方面，得出以下结论。一是美国在乌克兰系统开展生物军事化活动，与美军在其他国家开展的活动相似，乌克兰实际上已经变成了美国生物军事化活动的主要试验场。二是乌克兰境内的生物实验室储存了大量危险和烈性病原体。三是美国以生物医学活动为幌子开展的秘密军用项目，不仅对俄罗斯联邦安全构成越来越大的威胁，而且会成为整个人类的威胁，违背《公约》序言所述的人类良知。鉴于上述调查结论，委员会对美国的生物军事化活动表示严重关切，这些活动对世界其他国家和整个地区的安全构成了严重威胁，美国必须停止危害人类的生物军事化活动。

美军开发新型微生物传感系统。2023 年 4 月，DARPA 发布“新型微生物传感器系统”（Tellus）项目指南。该项目将研究确定微生物设备可检测化学和物理信号范围，以及适合的环境条件和输出信号的类型，从而开发灵活、稳健、可靠和耐用的微生物传感器系统，实现对周围环境的监测。该项目探索利用微生物悄无声息地监测敌人的活动并及时向美军发出警报，敌方活动包括坦克越境、核电站启动等。项目研究周期为两年半，将研究确定微生物设备可以检测到化学和物理信号的范围，以及适合的环境条件和输出信号的类型，从而开发灵活、稳定、可靠和耐用的微生物传感器系统，实现对周围环境的监测。项目的备选材料包括细菌、真菌和微藻。微生物可在各种极端环境中生存。一旦微生物探测到活动，将释放出化学或物理信号，包括光、无毒有机化合物或电流，并且不被敌人发现。在战术层面，改造微生物的基因结构，如有汽车或坦克从上面驶过，这些微生物会发光。该项目最终将探索开发一种交互式平台技术，实现快速设计具有感知和检测功能的微生物设备，以满足美军对部队部署环境的实时监测需求。

美国国立卫生研究院重启蝙蝠病毒研究。2023 年 5 月，美国国立卫生研究院重新启动生态健康联盟蝙蝠冠状病毒研究。重启该项目资助（资助周期4 年，每年 57.6 万美元），继续开展针对蝙蝠的冠状病毒研究，不再收集新的蝙蝠样本或活体病毒，将对存档的东南亚临床样本中 300 多个冠状病毒基因组和大基因片段进行表征分析，以确定冠状病毒重组过程，预测和确定具有高溢出风险的病毒株，寻找蝙蝠病毒感染人的“溢出”迹象。另外，该实验室还将把野生冠状病毒与不会引起人类疾病的病毒结合，制造“假病毒”开展病毒研究，测试病毒与人类受体结合能力。生态健康联盟是专门从事冠状病毒等传染病研究的非营利组织，主要目的是研究新冠病毒等如何从蝙蝠传到人类。该机构主要由美国国际开发署资助，从 2014 年开始与武汉病毒所等我国机构开展冠状病毒科研合作。

美军探索利用新技术提升战场生存率。2023 年 6 月，DARPA 发布“战伤救治新型麻醉剂”（Anesthetics for Battlefield Care，ABC）项目公告，旨在通过研发更加易于操作、使用安全的新型麻醉剂，提高美军战现场救治能力。DARPA 负责 ABC 项目的主管表示，目前通用的外科手术麻醉剂对医疗设施和操作人员的要求较高，只能在野战医院及更高救治阶梯的医疗设施中使用。这些医疗设施中不仅有医生、麻醉师、护士、药剂师等医务人员，还有生命支持和重症监测等设备，能够实时观察麻醉剂可能引发的呼吸抑制、肾上腺抑制等严重不良反应，并及时予以处理。新型麻醉剂则不受上述要求限制，能够在战现场环境中安全使用，同时无需实时监测伤员的各项生理指标数据，直接提升美军战现场救治的能力，从而大幅延长“黄金一小时”救治的时效性。ABC 项目为期 60 个月，将分为两个研发阶段。该项目聚焦两个技术领域：①开展麻醉剂作用的靶标和机制研究，避免麻醉剂可能产生的潜在致命性不良反应；②在作用机制研究的基础上，设计和筛选针对特定靶标的新型麻醉剂候选药物，开展单一（或多靶标）药物与单一靶标（或多靶标）之间的相互作用研究，并依次进行计算机生物信息学、体外动物模型实验和人体体内临床试验研究。

美军研发血液系统清除新技术。2023 年 6 月，DARPA 发布“定位和清除血液系统中病原体的合成技术”（SHIELD）项目指南。SHIELD 项目将通过研发新型技术，定位和清除人体血液系统中的多种细菌性和真菌性病原体，颠覆目前美军对于菌血症和败血症等血流感染的应对举措。SHIELD 项目的研究重点包括：①血流感染预防技术，这些技术可以在创伤初期清除血液系统中的病原体，减少血流感染的发生，防止疾病进程恶化（从菌血症发展为败血症）；②新型广谱治疗技术，这些技术对于未知病原体、新出现的病原体均具有显著的治疗效果；③可快速部署的长效治疗技术，这些技术适用于各类战场环境条件，作用效果持久、安全无副作用，能够显著地提升美军的战伤救治能力。SHIELD 项目研发的新型预防技术能够降低血流感染相关的发病率和死亡率，包括侵袭性真菌感染（IFI）以及脓毒血症等；治疗技术将为创伤后患者提供持久的保护，尤其是从菌血症发展为败血症等疾病进程恶化的关键时期。

英国发布《国家生物安全战略》。2023 年 6 月，英国政府发布《国家生物安全战略》，提出到 2030 年有能力应对各种生物威胁，成为科技创新的全球领导者等新的战略愿景，不断提升其生物安全防御能力和全球领导力。

重点提出四大支柱和三大措施，着力推进英国生物安全的跨越式发展。四大支柱为感知、预防、检测、应对。三大措施：①提高管理能力，成立由工业界和学术界专家组成的专家咨询委员会；②强化科学研究，进一步推动英国对生物安全的投资，重点开展下一代测序和监测、工程化生物剂检测、100 天疫苗和药物研发等重大科研任务，激发英国科技创新能力；③加强国际领导，英国将制定国际生物安全和生物安保规范、标准、做法，加强不扩散机制，同时实施“One HMG”（一个英国政府）计划，开展多边合作，在生物安全方面发挥更大的全球领导作用。

非洲启动建设卫生安全伙伴关系。2023 年 7 月，非洲疾病预防控制预防中心、世界卫生组织和德国罗伯特·科赫研究所启动建立卫生安全伙伴关系，以加强非洲的疾病监测和流行病情报交流。非洲卫生安全伙伴关系将加强非洲在生物安全、综合疾病监测、基于事件的监测、基因组监测和流行病情报等领域的卫生安全能力。该伙伴关系第一阶段将在冈比亚、马里、摩洛哥、纳米比亚、突尼斯和南非 6 个非洲联盟成员国实施，随后将延伸到其他国家。加强疾病监测是卫生安全的基本要求，过去 10 年中，整个非洲在疾病监测方面取得了实质性进展。但值得注意的是，非洲比其他地区的疫情和突发卫生事件更多，其中许多疫情和突发卫生事件可以通过有效的公共卫生干预措施来预防或控制。

美国国会议员提出《基因合成安全法》。2023 年 7 月，《基因合成安全法》意在改善美国医疗安全，减少基因合成带来的风险。该法案将指导卫生与公众服务部（HHS）评估基因合成产品不同法规的不确定性、风险、成本和收益，要求联邦政府资助的实体及联邦政府只能从符合规定的供应商处采购。美国专家认为，《基因合成安全法》既能降低基因合成带来的风险，又能确保不会给公司带来风险，要求基因合成公司及用户进行筛查，可以降低风险，促进美国经济发展。

ChatGPT 或可使制造生物恐怖主义事件变得异常简单。2023 年 8 月，美国 VOX 网站发布一则文章指出，ChatGPT 在助力生物工程发展的同时，可能会产生潜在的威胁。ChatGPT 可能成为生物武器威胁的倍增器。ChatGPT 作为一种大型语言模型，可能增加生物武器的可获取性。如在麻省理工学院的实验中，ChatGPT 在 1 小时内向学生系统介绍了 4 种潜在大流行的病原体及其制备方法，使得生物制剂的制造及改造门槛降低，提高制备的成功率。同时，ChatGPT 还可以进行实验方案的构思和设计，加速科学自动化的发展，减少大型项目所需科学家的人数，使秘密研发生物武器变得更加容易。ChatGPT 可简化生物武器设计。ChatGPT 通过对生物数据进行训练，已生成多个生物设计工具，如蛋白质结构预测模型 AlphaFold2、蛋白质设计框架 RDdiffusion 等。通过产生的新型蛋白质，可以进一步设计病毒等有害生物制剂，该生物制剂可能不受传统的进化限制，能够兼顾传播性以及致命性，具有人群和区域特异性等特点。文章指出，需加强对人工智能的干预措施。在新模型公开发布前需要对其危险性进行科学的预评估，以降低相关风险。

美国白宫启动大流行防范与应对政策办公室。2023 年 7 月，白宫启动大流行防范与应对政策办公室（OPPR）。该办公室职能包括：协调政府工作，以应对潜在大流行病和公共卫生威胁；推动和协调与疫情响应相关的科技工作，监督开发、制造和采购下一代医疗产品的工作，并与卫生与公众服务部合作开发下一代疫苗和治疗方法，以应对新冠肺炎和其他公共卫生威胁；每两年向国会提交一次工作审查报告，每 5 年提交一次工作展望报告。大流行防范与应对政策办公室的首任主任由美国退役少将保罗·弗里德里希斯担任。弗里德里希斯目前是总统特别助理和国家安全委员会全球卫生安全和生物防御局高级主任，曾担任美军联合参谋部军医主任，负责协调与卫生服务有关的问题，向参谋长联席会议主席提供医疗建议，并兼任国防部新冠肺炎工作组医疗顾问。

美国国会议员提出《人工智能与生物安全风险评估法案》。2023 年 7 月，美国国会议员提出《人工智能与生物安全风险评估法案》。该法案要求卫生与公众服务部战略准备和应对管理局（ASPR）开展风险评估并实施战略举措，以应对因人工智能和其他新兴技术领域（包括开源人工智能和大型语言模型）的技术进步对公共卫生和国家安全造成的潜在威胁。美国专家认为，该法案将标志着美国识别和应对重大新风险方面迈出了关键的一步，可确保美国始终走在创新前沿，同时优先考虑公众安全。

美国国务院成立全球卫生安全与外交局。2023 年 8 月，为应对全球卫生危机带来的国家安全挑战，进一步巩固美国在全球卫生安全合作与外交中的领导地位，美国整合多部门职能成立全球卫生安全与外交局。该局直接隶属于美国国务院，将整体提升美国生物安全管理机构层级，优化全球生物安全治理，系统提升美国生物安全能力。首要任务：加强全球卫生安全架构，有效预防、检测、控制和应对包括艾滋病在内的传染病，促进强有力的国际合作，加强对美国和全球的保护，使其免受健康威胁。未来，全球卫生安全将是美国国家安全和外交政策的核心。主要职能：该局整合美国全球艾滋病协调办公室、国际卫生和生物防御办公室、应对新冠肺炎与卫生安全办公室等机构职能，并与国会合作，更高效地发现、预防和应对现有和未来的健康威胁，领导全球卫生安全工作。

美国国防部发布《2023 年生物防御态势评估》报告。2023 年 8 月，美国国防部发布《2023 年生物防御态势评估》报告（以下简称《报告》）。该报告是美国国防部首次出台的生物防御领域的态势评估。报告指出，美军面临着前所未有的生物威胁，正处于生物防御的关键时刻，特别是美国国防部将我国列为其在相关领域的“关键长期威胁”，将“应对中国带来的多领域威胁及抵御与中国在印太地区的冲突”作为优先事项。该报告指出美军生物防御的战略目标：一是对标《国防战略》，打造自我维持能力，使国防部具备抵御生物风险能力，支撑其在生物威胁环境下开展军事行动；二是对标《国家生物防御战略和实施计划》，提供民事支援能力，作为政府应对生物事件的组成部分，国防部为民事当局提供行动支援；三是瞄准美国海外利益，与盟友加强合作，国防部赢得监视和打击中国等对手的能力。该报告从战略政策、伙伴关系、管理体系、防御能力、物资供应体系等角度，对美军生防能力和差距进行系统评估，提出建立国防部层面的管理机构（成立生物防御委员会）、加强态势感知（情报收集分析、生物监测、威胁表征）、提升战备能力（演习训练、以需求为牵引整合分散资源、生防研发能力建设、实验室生物风险管理）、实现快速响应（物资准备状态评估、物资输送和战略储备、供应链与制造、快速响应指南）、加强协作与合作（本土与海外能力建设、盟友合作）共5大类，14项任务，为美国国防部生防能力建设提供了战略指引。

美军研发可穿戴设备以提高战备能力。2023年8月，DARPA发布“研发可穿戴设备以提高战备能力”（WEAR）项目。该项目旨在研发一种能耗低、可长时间持续工作的新型可穿戴设备，保证部署到偏远地区或执行特种作战任务的部队均能够列装。同时，由于传感器数据涉及美军士兵的各种健康信息，出于安全考虑，该设备需要独立于现有的商业云服务平台来开展分析。WEAR项目为期3年，分为两个阶段：第一阶段，研究团队需要提交书面研究计划；第二阶段，研究团队将开发新型可穿戴设备，该设备可以对传感器数据进行实时分析，以监测美军士兵的健康状况和战备能力，同时该设备必须能够持续工作200天以上。

美军开发微生物保藏新系统。2023年8月，DARPA发布了“确保偏远地区微生物保藏”（AMPHORA）项目指南。该项目旨在通过开发一种无需冷链的系统，能够在常温条件下运输和存储病原微生物（细菌、真菌和病毒）样本，并确保其在到达生物实验室时仍保持着原有的生物性能指标。该项目的研究重点包括：①研发新型物理隔离材料，如人工或天然基质、封装等；②研究环境因素对病原微生物样本的影响，如化学和生物补充剂、大气变化、黏合剂等；③研究分离病原微生物样本中杂质的技术，如微流体、过滤等。该项目将有助于研究人员快速和有针对性地开发疫苗和治疗药物，极大地提升美军应对新发突发传染病的能力，为部队健康维护和作战准备提供有力支撑。

美国国防部发布新版《应对大规模杀伤性武器战略》。2023年9月，美国国防部网站发布新版《应对大规模杀伤性武器战略》（以下简称《战略》），取代2014年发布的颁本。新版《战略》将我国视为“步步紧逼的挑战”。《战略》提出应对大规模杀伤性武器的4个战略优先事项：保卫美国国土免受大规模杀伤性武器攻击，阻止对美国及其盟友使用大规模杀伤性武器，确保联合部队具备在化生放核环境中取胜的能力，防止新的大规模杀伤性武器威胁。《战略》提出将采取6项措施推动优先事项落实，包括提供可信方案阻止大规模杀伤性武器使用并增强盟友信心，建立在化生放核环境中行动并取胜的联合部队，增强盟友抵御大规模杀伤性武器扩散及使用的能力，削弱行为体发展、获取或使用大规模杀伤性武器的能力，政府应采取措施防止大规模杀伤性武器的扩散和使用，开展前沿技术研发应对未来化生威胁等。该战略也提到应在情报信息、领导者培养、人力资源、研发、采办5个方面加强投入。

英国政府成立生物安全领导委员会并举行首次会议。2023 年 9 月，英国政府成立生物安全领导委员会并举行首次会议。委员会旨在推动英国在安全和负责任地使用工程生物学方面的全球领导地位。委员会将制定工程生物学的风险管理方法，完备随时应对突发和长期生物安全风险的能力，防范潜在生物安全风险，同时确保英国在生物、健康卫生和生命科学方面的领先地位，促进英国卫生健康和经济增长。该委员会的成立是英国《国家生物安全战略》的目标之一。该委员会成员包括来自伦敦国王学院和剑桥大学等顶尖大学的专家，葛兰素史克、谷歌深度思维、阿斯利康、牛津纳米孔以及包括英国生物工业协会等单位的领导人。

美英智库关注人工智能对生物武器研发的影响。2023 年 10 月，美英智库分别发布报告，探讨了生物攻击背景下降低人工智能技术相关风险，以及大语言模型对增强生物武器杀伤力的有效性和可行性。2023 年 10 月 16 日，美国兰德公司发布题为“人工智能在大规模生物攻击中的风险”的报告。该报告阐述了大型语言模型在鼠疫大流行和肉毒毒素气溶胶传播两个虚拟场景中的应用案例。研究人员利用大语言模型明确大规模生物袭击的生物剂，分析了获取和分发鼠疫耶尔森菌感染标本过程中面临的实际问题与预计死亡人数，研究了肉毒毒素气溶胶传播的投放方式、风险、专业知识要求及其合法获取途径。报告总结认为，大语言模型确实可协助策划和实施生物袭击，但无法明确在真实世界中对生物武器袭击的影响。2023 年 10 月 18 日，英国非盈利组织长期复原力中心发布题为“人工智能助力生物武器开发”的报告。该报告探讨了人工智能对生物武器开发的影响，具体包括：研判人工智能工具在生命科学领域的应用风险，可视化分析生物武器开发风险链，生物武器开发风险链中使用的大语言模型和 AI 驱动的生物学工具。

俄罗斯联邦成立生物安全委员会，高效应对现代生物安全威胁。2023 年 10 月，俄罗斯总统普京签署命令成立生物安全委员会，隶属于俄罗斯联邦安全会议（俄罗斯国家安全战略最高咨询决策机构）。其主要职能包括评估俄罗斯面临的生物安全威胁、参与制定国家生物安全战略规划、促进生物科学技术研究开发、监督成立国家预防新发传染病系统等。此次调整突显俄罗斯对生物安全的高度重视，将生物安全应对重点由传染病扩展至全领域。①委员会成员涵盖多个强力实权部门领导。委员会由俄罗斯 26 个部门和机构负责人联合组成，主要包括俄罗斯国防部、外交部、内务部、卫生部、科学与高等教育部、自然资源与生态环境部等。②将生物技术发展纳入生物安全工作整体框架。该委员会首次将促进生物技术发展作为其职能任务的重要方面。

全球首款 CRISPR 基因编辑疗法获批上市。2023 年 11 月，英国药品与保健品管理局（MHRA）官网宣布，批准美国药企福泰制药（Vertex Pharmaceuticals）与瑞士基因编辑公司（CRISPR Therapeutics）合作开发的 CRISPR 基因编辑治疗药物 Casgevy 有条件上市许可，旨在治疗 12 岁及以上患者的镰状细胞病和输血依赖型 β 地中海贫血症，这是全世界首款获批上市的 CRISPR 基因编辑疗法。英国药品与保健品管理局表示，试验期间没有发现重大安全问题，但仍在密切监测该药物的安全性。该药物的有条件许可有效期为一年，但受批主体可基于临床数据的持续更新通过年审。该疗法的价格尚未确定，但估计每位患者的费用可能约为 200 万美元，与其他基因疗法的定价一致。同时，该药物也在接受欧洲药品管理局（EMA）、沙特食品药品监督管理局和美国食品药品监督管理局（FDA）的审评，美国食品药品监督管理局已授予该疗法用以治疗镰刀型细胞贫血病的优先审评资格。